A LITERATURA BRASILEIRA EM CENÁRIO INTERNACIONAL

UM ESTUDO DO CASO DE JOSÉ DE ALENCAR

A LITERATURA BRASILEIRA EM CENÁRIO INTERNACIONAL

UM ESTUDO DO CASO DE JOSÉ DE ALENCAR

Valéria Cristina Bezerra

© Relicário Edições
© Valéria Cristina Bezerra

CIP –Brasil Catalogação-na-Fonte | Sindicato Nacional dos Editores de Livro, RJ

B574l

Bezerra, Valéria Cristina

A literatura brasileira em cenário internacional: um estudo do caso de José de Alencar / Valéria Cristina Bezerra. – Belo Horizonte, MG : Relicário, 2018.

268 p. : il. ; 14cm x 21cm.

ISBN: 978-85-66786-74-3

1. Literatura brasileira. 2. Crítica literária. 3. Alencar, José de. I. Título.
2018-936

CDD 869.909
CDU 821.134.3(81).09

ABRALIC
(Associação Brasileira de Literatura Comparada) | 2016-2017

João Cezar de Castro Rocha (UERJ) – Presidente
Maria Elizabeth Chaves de Mello (UFF) – Vice-Presidente
Elena C. Palmero González (UFRJ) – Primeira Secretária
Alexandre Montaury (PUC-Rio) – Segundo Secretário
Marcus Vinicius Nogueira Soares (UERJ) – Primeiro Tesoureiro
Johannes Kretschmer – Segundo Tesoureiro (UFF)

Prêmio Dirce Côrtes Riedel – Tese de Doutorado
Prof. Dr. Ivo Biasio Barbieri (UERJ)– Presidente da Comissão Avaliadora
Profa. Dra. Maria Elizabeth Chaves de Mello (UFF)
Prof. Dr. Nabil Araújo de Souza (UERJ)

RELICÁRIO EDIÇÕES
COORDENAÇÃO EDITORIAL Maíra Nassif Passos
PROJETO GRÁFICO & DIAGRAMAÇÃO Ana C. Bahia
REVISÃO Lucas Morais

Rua Machado, 155, casa 2, Colégio Batista | Belo Horizonte, MG, 31110-080
relicarioedicoes.com | contato@relicarioedicoes.com

INTRODUÇÃO 9

CAPÍTULO 1
UM COMÉRCIO DISPUTADO: LIVROS NACIONAIS E ESTRANGEIROS NO RIO DE JANEIRO   15
O mercado livreiro e a presença de romances na corte   15
Incentivador das letras nacionais e promotor de romances estrangeiros:
o caso de Salvador de Mendonça   58

CAPÍTULO 2
A CONSTRUÇÃO DE UM DISCURSO NACIONAL FRENTE À PRESENÇA ESTRANGEIRA   81
Com quais ingredientes se faz uma nacionalidade   81
A recepção crítica de José de Alencar e sua relação com a cultura estrangeira   105

CAPÍTULO 3
ALÉM DO ATLÂNTICO: CIRCULAÇÃO ESTRANGEIRA E CONSOLIDAÇÃO LITERÁRIA   121
A literatura brasileira vai à Europa   121
Pela rota portuguesa   158
Enquanto a França não vem... êxito na Itália e Alemanha   177
Os mediadores culturais e a circulação de Alencar em língua inglesa   195
Enfim a França   213

CONCLUSÃO
POR UMA LITERATURA BRASILEIRA TRANSNACIONAL   237

REFERÊNCIAS   243

AGRADECIMENTOS

A elaboração deste estudo e sua publicação em livro foram possíveis graças à contribuição de pessoas e de instituições a quem devo minha gratidão.

Agradeço à Professora Márcia Abreu, pela dedicada e competente orientação.

Ao Professor Jean-Yves Mollier, pela supervisão durante meu estágio de pesquisa na França.

Aos Professores Ilana Heineberg, Marcus Vinicius Nogueira Soares, Eduardo Vieira Martins e Jefferson Cano, pelas leituras deste trabalho e por suas sugestões.

A todos os professores e pesquisadores do projeto de pesquisa "A Circulação Transatlântica dos Impressos - a globalização da cultura no século XIX".

Ao Instituto de Estudos da Linguagem da Universidade Estadual de Campinas.

Ao Conselho Nacional de Desenvolvimento Científico e Tecnológico e à Fundação de Amparo à Pesquisa do Estado de São Paulo, pela bolsa de doutorado e pelos recursos financeiros que permitiram a execução das investigações.

Aos Professores Maria Elizabeth Chaves de Mello e Nabil Araújo de Souza, que integraram a comissão avaliadora do Prêmio Dirce Côrtes Riedel, ao presidente da comissão, Professor Ivo Barbieri, à diretoria da Associação Brasileira de Literatura Comparada presidida pelo Professor João Cezar de Castro Rocha e à atual diretoria, presidida pelo Professor Rogério da Silva Lima.

INTRODUÇÃO

Os estudos sobre a história da edição e do livro redefiniram a compreensão do texto literário, ao lançar luzes sobre a ação de uma série de agentes que tornam possível a existência de uma obra. Os estudiosos revelaram como editores, revisores, impressores, encadernadores, livreiros, críticos, tradutores, dentre muitos outros profissionais, ao lado de escritores, deixam suas marcas no material impresso que chega às mãos do leitor e contribuem para o tipo de recepção de uma obra junto ao público. Mais recentemente, esses pesquisadores, imersos num ambiente contemporâneo marcado pela globalização, foram estimulados a pensar sobre as interações no passado entre agentes e literatos de diferentes países, revelando que suas atividades, muitas vezes, transcendiam fronteiras, por trabalharem em articulação com pessoas de diferentes territórios e por tornarem obras conhecidas e lidas em diversas partes do globo.

Os estudos em literatura ganharam um outro sentido, pois a análise de uma obra ou da atuação de um escritor por si só não é mais suficiente para se entender o seu impacto em seu tempo e na posteridade. Ao debruçarmo-nos sobre a atuação de José de Alencar – escritor representativo das letras brasileiras e que detém uma extensa bibliografia a seu respeito – a partir desse prisma, levando em conta os agentes literários em contato com sua obra e os fatores do comércio livreiro, os dados que emergem revelam uma faceta de Alencar ignorada ou minimizada pela história literária: a de um escritor comprometido com a promoção de seu nome e da literatura brasileira não apenas em seu país, mas também em um âmbito internacional. Alinhavam-se a esse anseio muitas outras personalidades atuantes na literatura brasileira, cujos debates e iniciativas primavam pela firmação da nacionalidade e da tradição literária do país. Para eles, o reconhecimento da literatura brasileira por instâncias no exterior concorria para legitimar a literatura do Brasil diante das demais literaturas nacionais, que passavam, igualmente, por um processo de definição identitária.

Nessa perspectiva, foi em Paris que ocorreu o lançamento da revista *Nitheroy*, que, dentre seus objetivos, buscou servir como um marco para a literatura brasileira; outros periódicos brasileiros foram redigidos em idiomas estrangeiros a fim de propagar informações sobre o Brasil, os quais veicularam obras brasileiras; escritores do país tiveram suas obras traduzidas ou originalmente escritas em língua estrangeira, como Tomás Antônio Gonzaga, Santa Rita Durão, Gonçalves Dias, Joaquim Nabuco, Alfredo d'Escragnolle Taunay, Machado de Assis, José de Alencar, para citar apenas autores ainda conhecidos hoje pelo público. Diante desses dados, seria válido continuar a sustentar que a formação da literatura brasileira se restringiu às fronteiras brasileiras?

A tese defendida neste estudo é a de que a afinidade de propósitos entre literatos e outros agentes em prol da divulgação da literatura brasileira no exterior pressupõe que o processo de constituição da literatura nacional não foi uma empreitada nativista e local, como fez crer a história literária tradicional. Seu desenvolvimento contou com a mediação de pessoas de diferentes países, que tornaram essa repercussão possível, e teve um cenário muito mais amplo do que se imaginava até então, consistindo, na verdade, numa tarefa de caráter internacional.

Para desvendar as estratégias adotadas em vista da consolidação da literatura brasileira, recorremos, portanto, ao caso de José de Alencar, cujos romances foram vertidos para o italiano, alemão, inglês e francês de meados ao final do chamado longo século XIX. Em alguns dos países estrangeiros, essas traduções alcançaram sucesso e contaram com reedições. No Brasil, os dados levantados a partir do mercado livreiro e do discurso literário na imprensa indicam o sucesso de suas obras perante a crítica e o público. Contudo, a produção literária desse escritor foi também objeto de ataques e polêmicas. Tal repercussão permite considerar o nome de Alencar como bastante sugestivo das relações que se estabeleceram em nome da elaboração da nacionalidade da literatura brasileira. Além disso, o próprio Alencar foi atuante na defesa e na difusão de sua obra e da literatura nacional por meio de uma produção jornalística e ensaística que deixa entrever os termos dos debates em vigor.

A análise proposta neste trabalho concentra-se em três aspectos: o mercado de livros, que propicia a existência material das criações literárias e sua acolhida pelos leitores; o debate crítico suscitado pelas obras, que contribui para o delineamento de seu status e de sua trajetória em direção à consagração ou, ao contrário, ao esquecimento; a difusão no exterior, o que favorece o reconhecimento e a legitimação literária. Na apreciação de todas essas etapas, sobressaem-se nomes de diversas pessoas que interferiram na maneira como as obras de Alencar repercutiram no Brasil e no exterior.

O primeiro capítulo deste livro enfoca a presença de romances no Rio de Janeiro por meio do estudo do mercado livreiro e da atuação dos principais livreiros-editores do século XIX, Paula Brito, Eduardo e Henrique Laemmert e Baptiste-Louis Garnier, entre as décadas de 1840 e 1870. As datas que balizam a primeira e a segunda parte deste livro se limitam, sobretudo, aos anos de atuação de José de Alencar enquanto romancista, entre 1856 e 1877, mas, para considerar os casos dos principais editores da época, tivemos de recuar um pouco nesse recorte.

Esses profissionais do ramo do livro concorreram para a conformação de um meio literário ativo, fomentando o exercício profissional de homens de letras brasileiros e a publicação de suas obras. Ao mesmo tempo, provocaram um ambiente conflitivo, pela inserção de um grande volume de romances estrangeiros, que colaboraram com o desenvolvimento literário no Brasil, mas geravam uma concorrência para as obras nacionais. Para traduzir em dados numéricos os aspectos dessa disputa, lançamos mão das contribuições das Humanidades Digitais. Por meio de um banco de dados, realizamos uma análise quantitativa dos catálogos de Baptiste-Louis Garnier, o que permitiu detectar o volume de produções estrangeiras e brasileiras no negócio do editor e na oferta de livros que dispunha ao público. Além disso, esses dados colocam em evidência as estratégias de publicidade adotadas por Garnier, que parecia investir mais na divulgação da literatura brasileira do que na da estrangeira.

A intersecção entre a literatura nacional e a estrangeira é observada também na atividade dos escritores. O caso de Salvador de Mendonça ilustra essa relação, pois esse escritor ganhou renome por seu trabalho enquanto autor de obras nacionais e como tradutor de romances franceses, testemunhando, assim, o impacto da literatura estrangeira no processo de estabelecimento do espaço das letras no Brasil e da literatura nacional.

Essa coadunação entre literatura importada e local mobilizou a opinião dos críticos, que exprimiram, em seus escritos, os efeitos da presença da literatura estrangeira na criação da identidade literária nacional. Os elementos simbólicos dessa identidade foram insistentemente explorados pela história literária, como a cor local, o nativo, o idioma, a história nacional, a forma literária, enquanto fatores exclusivos da formação da individualidade brasileira. No entanto, esses aspectos podem ser percebidos também no desenvolvimento das literaturas nacionais de outros países, inclusive europeus, que se lançavam igualmente à missão de construção identitária durante o século XIX. O capítulo 2 explora a referência à literatura estrangeira na reflexão sobre a literatura brasileira feita por escritores e críticos brasileiros, dentre eles, José de Alencar, que demostrou conhecer as iniciativas dos demais países na busca de uma especificidade literária e elaborou, com base nos exemplos dos literatos estrangeiros, propostas para o desenvolvimento do caráter literário brasileiro.

A compreensão que Alencar teve da literatura produzida no mundo permitiu-lhe a composição de obras capazes de despertar a atenção não apenas do público brasileiro, mas também de leitores de além-mar. A partir da década de 1860, *O Guarani* começou a fazer suas incursões em território europeu, inicialmente por meio da tradução de alguns capítulos no jornal *Le Brésil*, em seguida através da versão italiana do romance, que deu origem à célebre ópera musicada por Antônio Carlos Gomes. O capítulo 3 dedica-se ao estudo das condições de circulação e de recepção da literatura brasileira no exterior, mais especificamente das obras de José de Alencar. Para tanto, verifica o perfil dos intermediários que viabilizaram essa repercussão internacional, como tradutores, editores, críticos; dos veículos em que seus romances foram publicados, como jornais, revistas, edições em livro; bem como examina a recepção crítica estrangeira do nome e das obras de Alencar e da literatura brasileira. Investiga, ainda, as circunstâncias do âmbito literário do meio de acolhida que favoreceram a tradução e a publicação dos romances de Alencar e dão pistas sobre os fatores que possibilitaram tal interesse.

Dessa forma, observamos, inicialmente, as formas de avaliação da literatura brasileira na França e em Portugal entre a década de 1850, quando teve início a atuação de Alencar, e 1908 – um ano após a última versão estrangeira de um romance desse escritor aparecer dentro dos limites do longo século XIX –, a fim de entendermos os critérios e as expectativas relativos às obras brasileiras que permitiram sua entrada no âmbito europeu. Na sequência, analisamos, em ordem cronológica, as diferentes iniciativas, os fracassos e os êxitos na inserção das obras de Alencar em países como Itália, Alemanha, Inglaterra, Estados Unidos e no mais cobiçado dos países, a França, entre 1863, ano de aparição da primeira tradução de um romance de Alencar, ainda que incompleta, e 1908.

Este estudo é resultado de uma tese de doutorado, agora publicado em livro graças à Associação Brasileira de Literatura Comparada (ABRALIC), que agraciou este trabalho com o prêmio Dirce Côrtes Riedel. Com ele, buscamos redimensionar o espaço em que se deu a discussão sobre a literatura brasileira de forma a compreender o caráter transnacional de sua constituição.

CAPÍTULO 1
UM COMÉRCIO DISPUTADO:
LIVROS NACIONAIS E ESTRANGEIROS NO RIO DE JANEIRO

O mercado livreiro e a presença de romances na corte

Em meados do século XIX, o comércio livreiro no Rio de Janeiro dava mostras de desenvolvimento, tornando-se atrativo para os estrangeiros que ali vinham buscar enriquecimento com a venda de livros. Entre 1856 e 1877, mais de 80 livrarias estiveram em atividade, segundo o *Almanak Laemmert*. Esse número pode ter sido muito superior, principalmente se levarmos em conta os estabelecimentos que, além de livros, vendiam uma variedade de outros produtos e, por isso, não foram considerados "mercadores de livros", tal qual a designação do almanaque.[1] É bem verdade que várias dessas livrarias não tiveram vida longa, mas muitas delas passavam de associado em associado, mudavam a razão social e endereço e mantinham-se durante décadas. Uma averiguação detida no *Almanak Laemmert* revela quais dentre elas foram de fato efêmeras e quais, na verdade, foram objeto dessas mudanças, alcançando a sua manutenção no mercado.

A geografia das livrarias chamou a atenção de Alessandra El Far, que informa ser a localização de cada estabelecimento um indício do nicho em que investia. Nas vias mais famosas estavam os livros novos e as livrarias prestigiadas, como a Laemmert e Garnier, na rua do

---

1. *Almanak administrativo, mercantil e industrial da corte e da província do Rio de Janeiro*. Rio de Janeiro: Casa dos editores-proprietários Eduardo e Henrique Laemmert. Disponível em: <http://www-apps.crl.edu/brazil/almanak>.

Ouvidor. Nos arredores e em ruas mais afastadas ficavam os alfarrabistas e comerciantes de livros populares. Tudo em nome do melhor negócio.

Assim, Augusto Maria d'Abreu e Mello mudou sua loja da rua de São José para a rua do Carmo; Francisco Fernandes da Costa, da rua da Ajuda para a rua de São José; Francisco Alves de Oliveira, da rua de São José para a rua Uruguaiana, mesmo movimento feito pelo estabelecimento de João Martins Ribeiro. Outro caso ilustrativo de mobilidade, o negócio representado por Pinto & Waldemar, em 1854, passou a ter como razão social, em 1858, Pinto & C.; em 1872, aparecia como pertencendo a Frederico Thompson; em 1873, Viúva Thompson e, em 1874, foi indicado como de propriedade de Ernesto Germack Possolo. Essa dinamicidade evidencia, em vez de decadência, na verdade, uma interessante atividade do ramo livreiro. Do contrário, qualquer uma dessas empresas teria desaparecido, mas, em vez disso, não deixaram de encontrar espaços mais propícios para o seu funcionamento e novos sócios ou proprietários dispostos a investirem no negócio. A tabela abaixo sintetiza quantitativamente o quadro das livrarias em atividade entre 1856 e 1877.

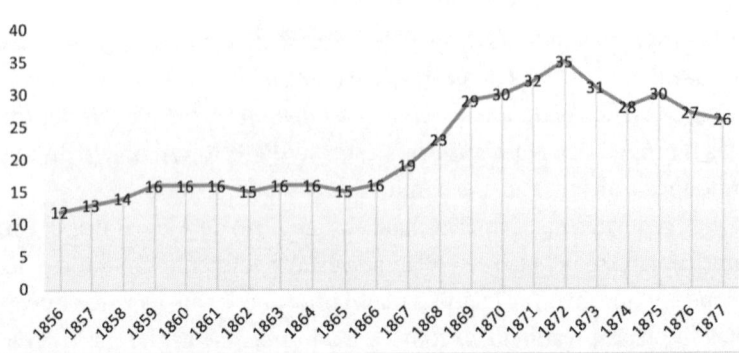

Gráfico 1: Livrarias em atividade no Rio de Janeiro entre 1856 e 1877. Fonte: *Almanak Laemmert*.

Os dados foram retirados do *Almanak Laemmert* entre os referidos anos de 1856 e 1877. Vê-se um aquecimento do mercado a partir do final dos anos de 1860, que se acentuou ao longo da década de 1870. O período contou com uma maior produtividade dos escritores nacionais e conheceu um incremento da imprensa, com a ampliação do número de periódicos e da produção livresca no país, suscitada ainda pelas facilidades de importação e comunicação, com a ampliação das linhas transatlânticas a vapor para o país e com o desenvolvimento dos telégrafos terrestres e dos cabos submarinos (Molina, 2014). Essas inovações, além de proporcionarem maior contato e rapidez nas viagens entre o Brasil e a Europa, possibilitaram também a comunicação entre as províncias e facilitavam a distribuição pelo país das obras que se imprimiam ou se importavam no Rio de Janeiro. Essa fase testemunhou ainda o crescimento das tipografias no Rio de Janeiro. Entre 1856 e 1877, foi possível identificar mais de 100 casas do ramo em atividade, das quais quase a metade chegou a atuar ao mesmo tempo, conforme se verifica no gráfico abaixo:

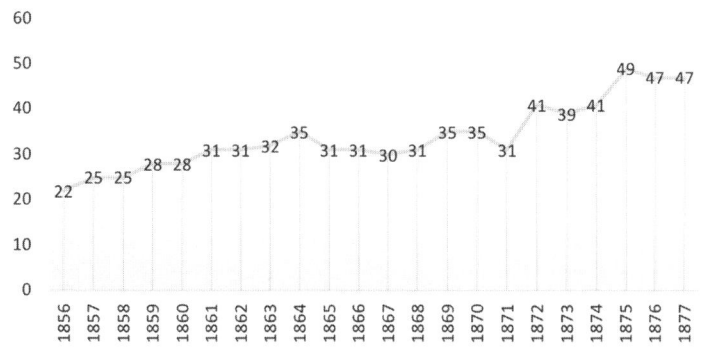

Gráfico 2: Tipografias em atividade no Rio de Janeiro entre 1856 e 1877. Fonte: *Almanak Laemmert*.

Os dados, como já esclarecemos, levam em consideração as menções a tipografias feitas anualmente pelo *Almanak Laemmert*. Dos

17

novos estabelecimentos surgidos nos anos de 1871 e 1873, assim como 1874 e 1875, muitos tiveram vida curta. Outros merecem menção pela importância em seu tempo, como o caso da Tipografia Acadêmica, em 1871, especializada em obras acadêmicas – mas que imprimia também títulos de literatura, como *Sonhos d'ouro*, saídos de seus prelos –, e a Tipografia do Globo, em 1874, onde era dado à estampa o célebre jornal *O Globo*, dentre outras publicações da casa, inclusive romances. Mesmo assim, é patente a curva ascendente de empresas tipográficas em funcionamento a partir do final da década de 1860, coincidindo com momento de maior expansão das livrarias no Rio de Janeiro. O crescimento da imprensa periódica impulsionou a atividade tipográfica da corte, e quase todos os principais jornais do Rio de Janeiro adquiriram a sua própria tipografia. Esses estabelecimentos constituíam-se em lugares de impressão não apenas de folhas periódicas, mas também de publicação e venda de romances, uma vez que muitos jornais ofereciam a versão em livro das narrativas recentemente publicadas no folhetim. Além disso, vários livreiros mantiveram sua própria tipografia, enriquecendo o seu catálogo com obras impressas em seus prelos. Destes, destacam-se pela longevidade de seus empreendimentos Eduardo e Henrique Laemmert, com a Tipografia Universal, e Francisco de Paula Brito, com a Tipografia Dous de Dezembro, os quais contribuíram de maneira efetiva para o avanço da atividade editorial e livreira no país. Ao lado deles, figura ainda o nome de Baptiste-Louis Garnier, que, diferentemente desses concorrentes, manteve durante muito pouco tempo uma tipografia, mas soube, igualmente, inovar em estratégias de investimento, impressão e publicidade que marcaram o seu exercício e o mercado de livros do país.

Principais editores e a publicação da literatura nacional

Eduardo Laemmert, ao lado de seu irmão Henrique Laemmert, fundou um grande empreendimento editorial, a Tipografia Universal, que deu origem a célebres publicações, como as *Folhinhas de Laemmert* e o *Almanak Administrativo, Mercantil e Industrial do Rio de Janeiro*.[2] As folhinhas tiveram sua primeira circulação no ano de 1839, saíam uma vez por ano e apresentavam a retrospectiva do ano anterior, o calendário e principais eventos do ano, poesias, narrativas, crônicas históricas, artigos sobre conduta moral, textos de caráter devocional, peças dramáticas, além de informações úteis para a sociedade da época. O sucesso da publicação é testemunhado pela elevada tiragem, que alcançou 80 mil exemplares anualmente durante a década de 1860 e 100 mil no final do século XIX. O *Almanak Laemmert*, destinado, sobretudo, à veiculação de endereços de pessoas, instituições e estabelecimentos comerciais da corte, foi outro empreendimento de sucesso, que durou de 1843 a 1928 e expandiu o negócio dos irmãos editores.

Quanto às obras literárias, Donegá informa, a partir de dois catálogos da livraria dos Laemmert, um de 1864 e outro de 1866, o perfil dos livros disponíveis para venda. No catálogo de 1864, a estudiosa contabiliza 32 títulos de autores estrangeiros e apenas 8 de escritores brasileiros. A proporção aumentou posteriormente, visto que o catálogo de 1866 anuncia um total de 76 livros estrangeiros e 26 obras nacionais. Donegá identifica que os editores investiam prioritariamente em obras antigas, que se mantinham no gosto do público e eram sinônimo de venda garantida – como as fábulas de La Fontaine e de Florian, *Os Lusíadas* de Camões, novelas populares, como *A Princesa Magalona*, *Roberto do Diabo*, *Carlos Magno* –, mas também ofereciam obras de nomes da contemporaneidade, como Eugène Sue, Victor Hugo, Almeida Garrett, Camilo Castelo Branco. Dentre as obras tidas como nacionais, constam *Marília de Dirceu* e as *Cartas Chilenas*, de Tomás Antônio Gonzaga, poesias de Américo Elísio, pseudônimo de José Bonifácio de Andrade Silva, *Primeiros Cantos*, de Gonçalves Dias, *Harpas selvagens*, de Sousândrade, e o *Parnaso Brasileiro ou Seleção de poesias dos melhores poetas brasileiros desde o descobrimento do Brasil precedida de uma introdução histórica e biográfica sobre a literatura brasileira*, organizado por Pereira da

---

2. As informações sobre os irmãos Laemmert foram consultadas em Donegá (2013).

Silva. Ainda que os profissionais da pena encontrassem oportunidade de trabalho na redação das folhas periódicas dos Laemmert, a publicação em livro dos autores nacionais não contou com expressivo investimento pelos irmãos editores. Se, por um lado, a imprensa periódica garantia a visibilidade do escritor brasileiro, era a edição em livro que favorecia a sua legitimação. Para tanto, os olhos dos homens de letras brasileiros se voltaram para dois outros editores, que, ao longo de seu exercício, fizeram parcerias mais efetivas com escritores nacionais.

Um dos primeiros editores a dar espaço para a produção literária nacional contemporânea foi Francisco de Paula Brito, que concebeu empreendimentos com a intenção de modernizar a imprensa no Brasil e estimular a produção brasileira. Em crônica para o *Diário do Rio de Janeiro*, de 3 de janeiro de 1865, Machado de Assis aproximou a atuação de Paula Brito à de Garnier, por serem ambos reconhecidamente interessados na edição da literatura brasileira. Machado ressaltou ter sido Paula Brito o primeiro editor "digno desse nome", posição ocupada, após seu desaparecimento, por Garnier, que teria a vantagem de contar com mais amplas relações internacionais. Em 1835, Paula Brito fundou a Tipografia Imparcial de Brito, que publicou obras como *Antonio José, ou O Poeta e a Inquisição* e *Olgiato*, de Gonçalves de Magalhães (Godoi, 2014, p. 246).[3] Como mostra a análise de Rodrigo Camargo de Godoi, apesar de editar autores brasileiros, no catálogo do livreiro, publicado na *Gazeta dos Tribunais* em 1845, Paula Brito oferecia 65% dos livros disponíveis em sua livraria em idioma francês, o que, no entender do pesquisador, sugere sua adequação ao filão comercial da época.

Em 1845, ao lado de Teixeira e Sousa, deu início a outro empreendimento, a Tipografia de Teixeira & Companhia, responsável pela edição do *Archivo romântico brasileiro*, periódico destinado à publicação de romances nacionais. Em anúncio redigido por Paula Brito, a preferência pelas narrativas brasileiras se justificava em virtude da

---

3. As informações sobre Paula Brito aqui apresentadas são baseadas nas pesquisas de Godoi.

importância do conhecimento das coisas do país e de sua história por parte do público, da ampliação da literatura do Brasil e do incentivo aos jovens escritores. Mas a principal das razões, segundo sua argumentação, residia no fato de que todas as iniciativas semelhantes que se voltaram para a veiculação de romances estrangeiros logo perdiam a exclusividade de suas publicações ao vê-las reproduzidas em outros jornais, dada a falta de vigilância ou de proteção autoral das obras vindas do exterior ao país. Para garantir a exclusividade do *Archivo Romântico Brasileiro* e as vendas, Teixeira e Sousa e Paula Brito priorizaram as narrativas nacionais, mostrando que, menos que dar publicidade à literatura pátria, para os editores, conforme palavras de Godoi, "publicar autores nacionais significava antes de tudo oferecer um produto distinto das traduções francesas que inundavam os rodapés dos jornais e as livrarias do Rio de Janeiro" (Godoi, 2014, p. 104-105), atitude denotadora, portanto, de uma inserção mercadológica. Os demais jornais de Paula Brito também deram grande espaço às narrativas de autores brasileiros, sobretudo de Teixeira e Souza e Joaquim Manoel de Macedo.

Quanto às edições em livro, na década de 1840, a Tipografia Imparcial de Paula Brito deu à estampa *Três dias de um noivado e Cânticos Líricos*, de Teixeira e Sousa, *Olgiato*, de Gonçalves de Magalhães, e peças de Martins Pena, obras que constam em catálogo de 1845. Godoi informa que, dos 203 títulos anunciados, de diferentes gêneros e temáticas, 131 são de livros em idioma francês (65%), 53 são obras brasileiras (26%). Os demais 19 títulos (9%) estão em latim, italiano e inglês. Em se tratando de obras literárias, no entanto, a participação de livros em língua portuguesa nesse catálogo era bem pequena. Godoi contabiliza apenas três romances, quatro livros de poesias e 13 peças de teatro brasileiros (9%). O destaque dado às obras teatrais, segundo Godoi, ocorreu em razão da proximidade da loja de Paula Brito ao teatro de São Pedro, uma vez que se tratava de um hábito da época comprar a versão impressa dos espetáculos em cena. Quanto aos livros de belas-letras em língua francesa, também é pequena a quantidade e marcam presença os clássicos *Aventures de*

Télémaque, Paul et Virginie, Fables de la Fontaine, Les mille et une nuits, Le nouveau Robinson, Nouvelles de Musset, Odyssée. Conseguimos identificar, no catálogo de 1845 anexo ao estudo de Godoi, 24 títulos de livros de belas-letras dentre os 131 em idioma francês (11% do total do catálogo).

Em 1858, a *Marmota* veiculou um catálogo intitulado "Catálogo do que se vende na Rua do Cano, n. 44, nova tipografia e loja de Paula Brito e na Praça da Constituição, n. 64", em que são listados 93 itens, como estampas, partituras, figurinos e livros. Dentre estes, Godoi identificou 24 peças de teatro, 13 títulos de poesias e apenas cinco romances: *Fatalidades de dois jovens*, de Teixeira e Sousa; *O forasteiro*, *A carteira de meu tio* e *Vicentina*, de Macedo; e *O canário*, tradução do escritor alemão Schimdt, único romance estrangeiro do catálogo. Acrescente-se a isso o fato de não haver nenhuma obra em língua francesa anunciada, atestando, assim, o crescimento do espaço da produção em língua portuguesa, sobretudo brasileira, no negócio de Paula Brito.

As letras nacionais seriam, ainda, argumento para iniciativas mais ousadas do editor. Em 1850, Paula Brito fundava a Empresa Tipográfica Dous de Dezembro, que tinha como proposta "auxiliar o progresso das Ciências e das Letras". O propósito nacionalista do empreendimento era expresso no próprio nome, dado que dois de dezembro era o aniversário do imperador, data escolhida, inclusive, para a inauguração do estabelecimento. Para tanto, contava, além da proteção imperial, com a venda de 150 ações, por meio das quais tencionava angariar um total de 60 contos de réis a fim de investir no que seria a maior empresa tipográfica do país, com maquinário avançado, alinhada aos modernos centros de impressão na Europa, onde o impressor desejava se aprimorar na arte. Contudo, a firma não teve a prosperidade que Paula Brito esperou, o que o fez idealizar outro projeto ainda mais ousado com o objetivo de angariar maior investimento.

A literatura nacional, mais uma vez, se tornava o carro-chefe de sua propaganda de convencimento do imperador e investidores, pois a nova empresa passava a se chamar Empresa Literária Dous de Dezembro, com a qual pretendia alcançar 500 contos de réis em 2.500 ações. No plano de ação a favor da literatura, o estatuto da empresa propunha prêmio às obras dos autores nacionais, compra de manuscritos, com uma reserva de 20 contos a serem investidos de acordo com o "interesse das letras, dos autores ou tradutores" (*apud* Godoi, 2014, p. 237). Nesse caso, a literatura estrangeira fazia parte do interesse dessa empresa de caráter nacionalista, que tinha como meta o desenvolvimento da imprensa e das letras do país. A importância das traduções e dos livros estrangeiros é reforçada em outra passagem, em que se elencam os ramos em que o administrador desejaria atuar, dentre os quais estava a "impressão de livros nacionais e estrangeiros" e "venda dos mesmos, mandados vir da Europa".[4] Para isso, Paula Brito contava com a subvenção do imperador, de quem solicitava a compra de 400 ações, num valor total de 80 contos de reis, sem devolução dos rendimentos ao longo de cinco anos. Em vez da venda das ações, o que Paula Brito conseguiu junto ao governo foi um empréstimo no mesmo valor de 80 contos de réis. Como mostra Godoi, a medida não chegou a tempo de evitar a concordata da empresa, que a esse tempo enfrentava sérios problemas financeiros com seus acionistas e credores. Não se sabe até que ponto o capital obtido por esses empreendimentos que se propunham investir na literatura nacional foi de fato usado nesse sentido, uma vez que, conforme informa o estudo de Godoi, era muito comum a adoção, por parte do editor, do sistema de subscrição na edição de obras brasileiras.

Durante a estreia de *Luxo e Vaidade*, por exemplo, Paula Brito abriu uma lista de subscrição para a publicação da peça de Macedo. Outras sete obras desse escritor, entre peças e romances, foram impressas por Paula Brito, sem que sejam esclarecidas as condições (Godoi, 2014, p. 239). Casimiro de Abreu só viu suas *Primaveras* impressas por Paula Brito por meio de lista de subscrição e com o

---

4. *A Marmota Fluminense*, 26 de junho de 1855, n. 594.

auxílio de recursos do pai;[5] o romance *Um roubo na Pavuna*, de Luís da Silva Alves de Azambuja Susano, também saiu por subscrição, assim como uma parte dos exemplares de *A Confederação dos Tamoios*, considerando que o imperador pagou apenas uma tiragem reduzida em impressão de luxo para distribuição própria. As peças de Teixeira e Souza também foram postas em subscrição, em coleção intitulada *Teatro Brasileiro*.

A subscrição era uma prática comum no levantamento de recursos para os mais variados fins, inclusive para a impressão de livros e periódicos. Os editores ou autores que pretendiam dar à publicidade uma obra podiam lançar mão das listas de subscrição, aguardando que interessados apoiassem a iniciativa. Muitas vezes, para atrair os subscritores, oferecia-se o exemplar a um preço mais baixo do que aquele que seria praticado com sua venda no comércio posteriormente. É possível identificar a divulgação dessas listas nas páginas de anúncios dos periódicos, que ficavam à disposição do público nos estabelecimentos comerciais de venda de livros e tipografias, nas redações dos jornais ou mesmo em casa de particulares. Em geral, quando se alcançava a quantidade mínima de assinantes esperada, dava-se início à impressão. Dessa forma, evitavam-se prejuízos e garantia-se um público para o livro. A prática foi adotada para os livros de escritores brasileiros, caso ilustrado pelo exercício de Paula Brito, mas não se restringia a estes. Nem dizia respeito unicamente à primeira edição de obras, portanto desconhecidas e sem garantias de sucesso. *A Moreninha*, de Macedo, por exemplo, que teve grande sucesso em sua primeira circulação, foi objeto de subscrição para a publicação da segunda edição.

O êxito desse romance e a sua procura pelo público afiançariam a venda dos novos exemplares, mas, mesmo assim, Dutra e Mello, empenhado na publicação de nova tiragem da *Moreninha*, solicitou do autor a permissão para a reimpressão e recorreu à subscrição para cobrir parte dos custos. Outro romance de sucesso passou pelo

---

5. Godoi (2014, p. 235) extrai essa informação de Mário Alves de Oliveira, organizador da correspondência de Casimiro de Abreu.

mesmo procedimento. Em 1855, o *Correio Mercantil* mandava que "os srs. que se incumbiram das listas de subscritores para o romance *As Memórias de um sargento* são rogadas de as mandar entregar neste escritório, a fim de se fazer a distribuição".[6] Publicada entre 1852 e 1853 no suplemento dominical "A Pacotilha", do *Correio Mercantil*, a obra de Manuel Antônio de Almeida teve sua primeira edição datada do ano de 1854, quando foi feita uma campanha pela sua assinatura, tendo sido distribuída apenas em 1855.

Essa estratégia de pôr romances em subscrição durante sua veiculação no jornal foi adotada também para traduções. Em dezembro de 1858, um romance provindo da Argentina, intitulado *Amalia* (1851), de José Marmol, era oferecido em subscrição aos leitores do *Correio Mercantil*, ainda durante sua publicação em folhetins no periódico. A origem inusitada do romance assim como o seu tema, a ditadura de José Manuel de Rosas, eram enunciados na nota publicitária, apelando ao convencimento do público para o incentivo a tal publicação, de caráter político e de origem distinta da produção romanesca mais apreciada na época. Mas um escritor francês, de grande popularidade no Rio de Janeiro à época, também motivou listas de subscrição, Paul Féval. Seu romance *O rei dos mendigos* (*Le roi des gueux*), traduzido por Manuel Antônio de Almeida, foi publicado em folhetim no *Correio Mercantil* em 1860 e teve a subscrição da edição em livro anunciada no mesmo ano, antes mesmo da finalização dos capítulos veiculados no folhetim. Outra obra saída nesse periódico, *Calabar*, do português Mendes Leal, contou com assinaturas para a edição em livro.[7] A subscrição era, portanto, bastante disseminada e podia ser destinada à publicação de romances nacionais, estrangeiros, estreantes ou populares, prática que se configurava como uma maneira a mais de dar publicidade aos livros na corte, proporcionando a vantagem de eliminar os riscos de edição. A partir da década de 1860, quando

---

6. *Correio Mercantil*, 24 de janeiro de 1855, n. 23.
7. *Correio Mercantil*, 3 de agosto de 1863, n. 212. *Calabar* foi veiculado por duas vezes no *Correio Mercantil*, a primeira parcialmente em 1853 e segunda em 1863, de maneira integral.

o mercado se tornou mais variado e competitivo, vemos um arrefecimento desse tipo de estratégia para a venda de romances, que continuavam sendo objeto de assinatura, mas através de folhetos, jornais ou outras publicações periódicas. Era natural, então, que Paula Brito adotasse esse recurso em voga durante o tempo de seu exercício para a edição de livros.

Rodrigo Camargo de Godoi questiona o fato de Alencar, um nome que adquiria projeção nas letras brasileiras nesse momento, não fazer parte do corpo de escritores editados por Paula Brito, tendo publicada por esse editor apenas a peça *Mãe*, em 1862.[8] Para tanto, o pesquisador aponta como razões para essa ausência a polêmica provocada pelo romancista contra o poema de Magalhães, impresso pela tipografia do editor e beneficiado pela proteção imperial, e a contenda em torno da encenação de *O demônio familiar*, quando Paula Brito atacou a peça de Alencar em seu periódico *A Marmota*.

Quando Alencar começou sua atuação enquanto literato, contou com uma oportunidade sem igual de dar publicidade às suas próprias obras, prescindindo de qualquer intermédio, já que, enquanto redator-chefe do *Diário do Rio de Janeiro*, pôde se beneficiar das páginas de um dos principais jornais diários da corte e de sua tipografia para oferecer aos leitores seus primeiros escritos literários. Suas quatro publicações iniciais (*Cinco Minutos*, *Cartas sobre a Confederação dos Tamoios*, *Noite de São João*, *O Guarani* e *Verso e Reverso*) foram impressas na Empresa Tipográfica Nacional do Diário. Em seguida, duas obras tiveram publicação na tipografia de Soares & irmão. *O demônio familiar* e *As asas de um anjo* foram editadas pelos irmãos livreiros, que as colocaram em subscrição. Pelo que se depreende da nota publicitária de chamada de subscrição de *As asas de um anjo*, os próprios livreiros solicitaram a Alencar a permissão para publicação da peça.[9] As duas peças tiveram grande repercussão, *As asas de um*

---

8. Antes disso, Paula Brito tinha publicado também a ópera *A noite de São João*, em 1860.
9. *Correio Mercantil*, 19 de novembro de 1859, n. 317. Alencar (1860, p. I) reforça a hipótese do interesse dos livreiros pelas peças ao fazer a seguinte declaração em

anjo devido à interdição pela polícia e *O demônio familiar* pelo embate causado pelas críticas justamente de Paula Brito. A edição conjunta de *A viuvinha* e *Cinco minutos* apareceu em 1860 pela tipografia do *Correio Mercantil* sob intensa publicidade da folha. Desse período, apenas *Lucíola* saiu às custas do próprio escritor (Alencar, 2005, p. 66). *As minas de prata* saíram parcialmente nesse mesmo ano de 1862, pela coleção de Quintino Bocaiúva, intitulada Biblioteca Brasileira, impressa na Tipografia do Diário do Rio de Janeiro. Quando Paula Brito ofereceu a edição de *Mãe*, já estava em difíceis situações financeiras e não mais exercia o mesmo papel de relevância enquanto editor e difusor das letras brasileiras. Outro nome ascendia naquele momento em favor da literatura do país: Baptiste-Louis Garnier, provavelmente o editor que teve maior destaque comercial no século XIX brasileiro.

Apesar de sua trajetória inspirar diversos pesquisadores, que se propuseram a escrever sobre sua atuação, sua história ainda se apresenta fragmentada e um tanto obscura. A bibliografia que se tem hoje sobre o editor informa que sua vinda ao Brasil ocorreu em meados da década de 1840, atendendo ao interesse dos irmãos livreiros, já estabelecidos em Paris, de expandir os seus negócios, com a conquista dos mercados da América do Sul. Mollier defende, inclusive, que sua atividade no Brasil esteve relacionada com o escoamento de literatura erótica, interdita na França (Mollier, 2010, p. 324). A sociedade de Baptiste-Louis Garnier com os irmãos era expressa na razão social da firma até 1852, quando a empresa passou a se chamar "B. L. Garnier" (Hallewell, 2012, p. 222-223). Os estudiosos defendem que, mesmo depois disso, os seus laços com os irmãos livreiros continuaram estreitos. Lúcia Granja revelou que parentes do editor estiveram no Rio de Janeiro a trabalho, ou ajudando Garnier em sua loja ou fundando firmas de mesmo gênero na cidade (Granja, 2013, p. 41-49).

---

introdução à edição de *As asas de um anjo*: "A boa vontade dos editores, que o ano passado deram à estampa o *Demônio Familiar*, traz agora à luz da imprensa as *Asas de um anjo*, no momento em que tudo me afasta das lides literárias".

Os contatos que tinha no Velho Mundo facilitaram a sua política de mandar imprimir suas edições naquele continente, sobretudo em Paris, onde manteve um revisor e um impressor, que lhe prestavam serviços na cidade (Granja, 2013, p. 81-95). O resultado pode ser identificado nos testemunhos da época, que destacavam a qualidade tipográfica das edições saídas da casa Garnier. O editor também mandava imprimir ocasionalmente nos prelos da corte e o nível de exigência que impunha estimulou o desenvolvimento da qualidade das edições locais (Santos, 2007). Ganho ainda para os escritores brasileiros de seu catálogo, já que livros bem impressos, dados à publicidade pela afamada Garnier, homônima da editora de Paris – que também era selo de grandes obras estrangeiras –, certamente contribuíam para a legitimação do escritor nacional (Granja, 2013, p. 81-95). O editor foi condecorado com o título de oficial da Ordem da Rosa por seus "serviços prestados às letras nacionais" (El Far, 2004, p. 38-39), mas tal designação não teve assentimento unânime entre os letrados, pois alguns queixosos o acusavam de explorar os escritores e de editar apenas as obras de autores de "reputação feita", com vistas tão somente aos lucros que poderia angariar, sem investir de fato na nascente literatura nacional (Santos, 2007). Na verdade, de acordo com os dados de que dispomos, nenhum outro editor estabeleceu tantos contratos e remunerou tão assiduamente os escritores do país, mandando imprimir as obras de seu próprio bolso e pagando aos escritores os direitos autorais de suas obras.

As letras nacionais e estrangeiras no empreendimento editorial de B. L. Garnier

Em 1864, Garnier fez vir a público as primeiras publicações de José de Alencar feitas pela casa. Das quatro obras saídas nesse ano, apenas uma era inédita, *Diva*, as demais eram as segundas edições de *O demônio familiar* e *Verso e reverso* e a segunda e terceira edição, ao mesmo tempo, de *O Guarani*. Conforme análise de Lúcia Granja, para ambas as edições desse romance, impressas em Paris, aproveita-se a mesma matriz tipográfica na execução de exemplares de qualidades materiais distintas, que sugerem públicos ou usos diferenciados: a segunda edição foi feita "em papel de boa qualidade, formato in-8º, costurada, com capa luxuosa, em papel cartão adequado e resistente", enquanto a terceira "feita no formato popular in-18º, foi impressa em papel bastante ordinário, capa em papel colorido de baixa gramatura" (Granja, 2013, p. 88). *Verso e reverso* e *O demônio familiar* também foram impressos na capital francesa.

Hallewell elenca como razões para essa preferência a redução do tempo da viagem entre Brasil e Europa depois da implementação dos vapores transatlânticos, o atrativo causado ao público por tudo que provinha da França e a economia dos custos de impressão, já que os serviços dos prelos brasileiros eram mais caros (Hallewell, 2012, p. 223-226). Diana Cooper-Richet (2009, p. 539-555) apresenta que diversos países lusófonos e do mundo recorreram, por diferentes razões, a esse procedimento de enviar seus escritos a serem impressos na cidade de Paris, que atuava como um importante centro editorial à época. Outros livros de Alencar continuaram sendo publicados por Garnier naquela capital: em 1865 saíram *A viuvinha* e *Cinco minutos*, em segunda edição conjunta, e *As asas de um anjo*, também em sua segunda edição. Lúcia Granja (2013, p. 90) propõe que essas edições francesas dos livros brasileiros tinham em vista não apenas voltar para serem injetados no mercado brasileiro, mas alguns se destinavam a ficar por lá mesmo, entre a comunidade lusófona do país. Os frontispícios revelam a variedade dos contatos e ações empreendidos por Garnier na publicação dos livros (ver fig. 1, fig. 2 e fig 3).

Os frontispícios mostram as edições vinculadas a duas cidades e a livreiros diferentes. *Verso e reverso* tem como cidade de impressão Paris e está sob os auspícios de Baptiste-Louis Garnier ao lado de seus irmãos instalados na França. A edição de *O Guarani*, do mesmo ano, também foi impressa na capital francesa e apresenta como editores Garnier e August Durand. Tanto *Verso e reverso* como *O Guarani* foram dados à estampa na Imprimerie de Simon Rançon et Companhie. Já a segunda edição de *Diva* saiu dos prelos da Lainé et

Havard, em parceria com Durand e Pedone Lauriel. Não foi por acaso que Garnier destacou-se no ramo e esteve, durante décadas, à frente do comércio livreiro no Rio de Janeiro, pois soube adotar dinâmicas que favorecessem o seu negócio, seja na seleção, publicação e difusão do material de sua livraria, encarnando em seu próprio exercício a marca das atividades comerciais e culturais do Brasil do seu tempo: a inter-relação entre o local e o estrangeiro.

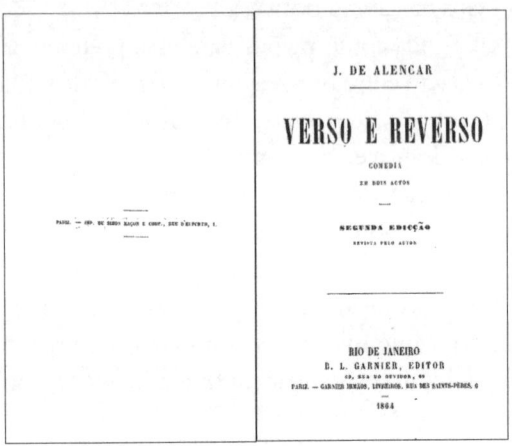

Figura 1: Páginas iniciais da segunda edição de *Verso e reverso*.

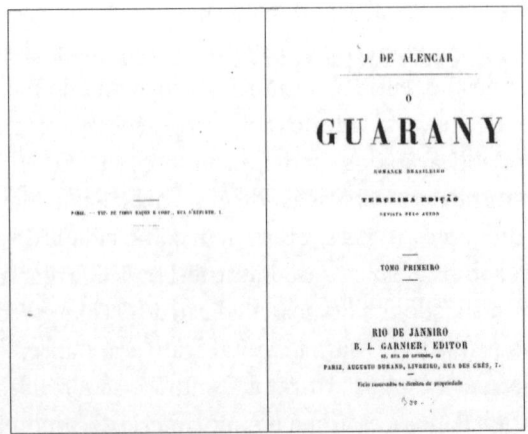

Figura 2: Páginas iniciais da terceira edição de *O Guarani*.

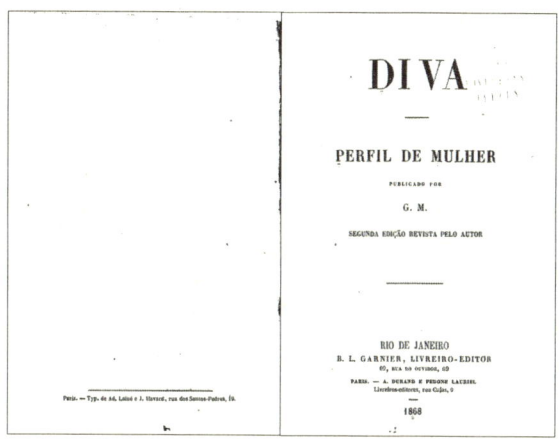

Figura 3: Páginas iniciais da segunda edição de *Diva*.

A publicação das obras de Alencar pareceu atender aos interesses do livreiro, já que elas eram dadas à estampa sucessivamente pela casa Garnier: ainda no ano de 1865 foram impressas as segundas edições de *Lucíola* e *Mãe* e os volumes I, II e III de *As minas de prata*. No ano seguinte saíram os demais três volumes desse romance. Em 1868, veio a lume a segunda edição de *Diva*. No entanto, de 1864, ano em que Garnier passou a publicar as composições do escritor, até 1870, quando se firmou um contrato de compra e venda da propriedade definitiva das obras de Alencar por Garnier, algumas de suas produções tiveram publicação por outros editores. Foi o caso de *Iracema*, custeada pelo próprio autor e impressa pela Typographia Vianna & Filhos, e de *Expiação*, editada por A. A. da Cruz Coutinho. É difícil cogitar por quais razões as duas obras não saíram pela casa Garnier.

Em 1870, Garnier passou a ser o editor exclusivo de Alencar, das antigas e também das novas obras, como revela contrato assinado em maio daquele ano, por meio do qual Alencar se comprometia a vender a Garnier a "propriedade dos romances inéditos de um até dois volumes que publicar de hoje em diante". A segunda cláusula limitava o valor da venda de cada volume a 800$000 (oitocentos mil reis). As demais cláusulas, seis no total, estabeleciam que o escritor só seria remunerado depois da entrega integral do manuscrito, referente a todos os volumes a serem impressos. Após isso, o editor teria um prazo de um ano para publicar as obras compostas de um volume, dois anos para aquelas constituídas de dois volumes, caso contrário, perderia os direitos sobre o manuscrito. Qualquer uma das partes estava livre para romper o contrato, desde que houvesse notificação com três meses de antecedência, mas, aparentemente, a rescisão do acordo não parecia um bom negócio nem para o editor nem para o escritor.[10] O momento coincidiu com a fase intensa de ataques realizados na imprensa contra Alencar, empreendidos por homens de letras que contestavam a sua centralidade e popularidade. O seu ritmo de produção e as oportunidades de publicação e remuneração junto a Garnier foram ainda razões de críticas (Bezerra, 2012). Sintetizamos abaixo os valores recebidos por Alencar pagos por B. L. Garnier:

	Obra(s)	Valor
Recibo de 23/08/1870	*Guarani*; *Lucíola*; *Cinco minutos* e *A viuvinha*	1:000$000
Recibo de 20/05/1872	*Til*	2:000$000
Recibo de 04/12/1872	*Sonhos d'ouro*	1:600$000
Recibo de 17/05/1873	*O Garatuja*	800$000
Recibo de 27/12/1873	Segundo volume dos *Alfarrábios*[11]	800$000
Recibo de 10/12/1874	*Guerra dos mascates*	1:600$000
Contrato de 11/12/1874	*Diva*; *As minas de prata*; *Iracema*	1:100$000
Recibo de 09/03/1876	*O Sertanejo*	1:600$000

Tabela 1: Valores pagos por Baptiste-Louis Garnier a José de Alencar.

Til revela uma valorização em relação aos demais romances, explicada, provavelmente, pela evidência da obra no momento – uma vez que fazia apenas dois meses que sua publicação no folhetim do

---

10. "Contrato entre o Sr. Conselheiro José Martiniano de Alencar e o Sr. B. L. Garnier". 25 de maio de 1870.
11. Considerando que a quantia paga pelo manuscrito de cada exemplar era de 800$000, subtende-se aqui que o valor correspondente ao primeiro volume desse romance já havia sido pago.

jornal *A República* havia sido concluída – e pela forma como foi vendido, em 4 volumes a um preço de 1$000 reis (mil reis) cada, o que certamente ampliou a margem de lucro e a possibilidade de maior remuneração. O valor de 2:000$000 (dois contos de reis), equivalente ao salário anual de um médico ou advogado (Lajolo; Zilberman, 2009, p. 321), não foi tudo que Alencar recebeu da algibeira de Garnier nesse ano de 1872. *Sonhos d'ouro* foi cedido por 1:600$000 (um conto e seiscentos mil réis), "de conformidade com o novo contrato geral".[12] Ou seja, apenas no ano de 1872, segundo os documentos de que dispomos hoje, Alencar recebeu um total de 3:600$00 (três contos e seiscentos mil réis), quantidade superior ao subsídio anual de um deputado, por exemplo. Entre 1870 e 1876, Alencar recebeu a vultuosa soma de 10:500$000 (10 contos e quinhentos mil reis) para a publicação pela livraria Garnier de 13 títulos de sua autoria. O valor pode ter sido ainda maior, visto que não dispomos de documentos relativos à venda de *A pata da gazela*, *O tronco do ipê*, *Ubirajara*, *Senhora*, dentre outras obras de Alencar publicadas pela editora. Com esse valor, Alencar poderia comprar, por exemplo, duas casas com chácara (num tempo em que poucos tinham sua casa própria) e ainda sobraria um bom troco.[13]

Para que Garnier custeasse tamanho investimento, é possível que as tiragens de suas publicações tenham sido superiores ao que faz acreditar a bibliografia a respeito da edição de livros no século XIX, que afirma que a quantidade de exemplares impressos girava em torno de 500 a 1000 por tiragem. Apesar das queixas de Garnier, relatadas por

---

12. Recibo passado ao editor B. L. Garnier, datado de 4 de dezembro de 1872 (cf. Santos *in* Abreu, 2008). Contratos celebrados entre os homens de letras e Garnier, assim como recibos assinados pelos escritores e destinados ao editor, encontram-se disponíveis em versão digital no site do projeto Circulação Transatlântica dos Impressos: <http://www.circulacaodosimpressos.iel.unicamp.br/index.php?cd=8&lang=pt>. Conferir texto de apresentação desses documentos de Lúcia Granja: *Fontes para o estudo da edição no Brasil: os contratos e recibos da editora B. L. Garnier.* Disponível em <http://www.circulacaodosimpressos.iel.unicamp.br/arquivos/contratos_Garnier_pt.pdf>.
13. Lajolo e Zilberman (2009, p. 321) informam que, em 1876, o valor de uma casa com chácara era de 4:200$00 (quatro contos e duzentos mil reis).

contemporâneos, de que o consumo de exemplares seria sempre o mesmo, independente do preço de capa (Machado, 2012, p. 67), Hallewell (2012, p. 246) desconfia que "Garnier tenha sido forçado pelos altos custos brasileiros a imprimir edições maiores do que as que desejaria". Contudo, é importante considerar que a primeira tiragem de cada obra representava a única vez que Alencar arrecadaria com ela, visto que todas as demais edições proporcionariam rendimentos apenas ao editor, proprietário perpétuo das obras. Um levantamento das edições de Alencar saídas entre 1856 e 1877 oferece o seguinte gráfico:

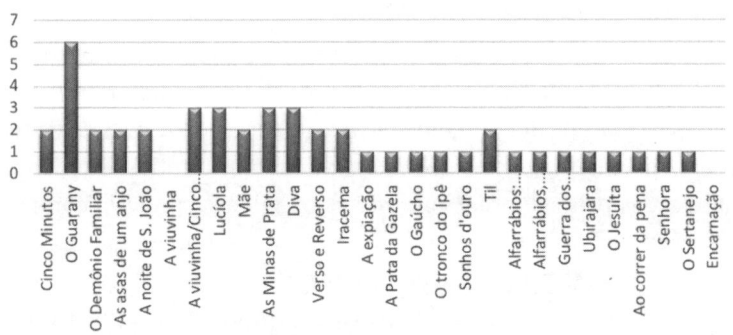

Gráfico 3: Número de edições das obras de Alencar publicadas entre 1856 e 1877.[14]

O Guarani mostra um grande destaque, com seis edições, seguido de *A viuvinha* e *Cinco minutos*, *Lucíola*, *As minas de prata* e *Diva*, com três cada.[15] *Cinco minutos* conta com cinco edições se somarmos as edições avulsas ou conjuntas com *A viuvinha*. Tomando como medida de comparação as obras e os autores com os quais a crítica, nacional e estrangeira, confrontou as produções de Alencar, veremos o relevante êxito dessas produções em idioma português. A tradução de *Atala* teve quatro edições em livro entre 1856 e 1877, das quais uma em conjunto com *René*, vertido em português com o título *Renato*, que

---
14. Consideramos, para a contagem, as publicações em folhetim e em livro.
15. *As minas de prata* tiveram uma primeira edição incompleta em 1862.

contou ainda com mais uma edição avulsa. *O gênio do Cristianismo*, que comporta os dois romances, teve quatro edições em português para o período. Gustave Aimard, cujo nome aparece mencionado em críticas a Alencar, teve 17 títulos traduzidos, com uma edição cada, excetuando *Os invisíveis de Paris*, com edições em 1871, 1872 e 1876. Fenimore Cooper, outro escritor recorrentemente lembrado, sobretudo pela crítica estrangeira, teve sete títulos traduzidos para o português, dos quais *O bravo*, *O carrasco* e *O corsário vermelho* tiveram duas edições. *A dama das camélias*, bastante lembrado nas referências à *Lucíola*, teve quatro edições em língua portuguesa. Outra narrativa mencionada na crítica a Alencar quando se resenhavam seus romances que tematizavam a disparidade social e econômica entre mocinho e mocinha foi *O romance de um jovem pobre*, de Octave Feuillet, obra de grande sucesso no período, com nove edições em língua portuguesa apenas no nosso recorte de estudo. Feuillet teve mais 10 títulos de prosa de ficção traduzidos.[16]

Verificando a distribuição da oferta de livros nacionais e estrangeiros nos catálogos da livraria B. L. Garnier, chegamos aos dados apresentados nos gráficos 4 e 5.

Os dados aqui apresentados foram extraídos do Banco de dados CiTrIm (Circulação Transatlântica dos Impressos).[17] Classificando as ocorrências por idioma, de um total de 2.324 títulos anunciados por Garnier em seus catálogos entre 1857 e 1876, 57% eram de obras de origem francesa e 35% de língua portuguesa. Constam apenas dois títulos em língua inglesa e um em alemão nos catálogos. Foram

---

16. Essas informações quanto às edições de tradução foram extraídas do banco de dados Circulação Transatlântica dos Impressos – CiTrIm. Uma das principais fontes para essa contagem foi o trabalho de A. A. Gonçalves Rodrigues, intitulado *A tradução em Portugal*, país de onde vinha grande parte das traduções que circularam no Brasil. Quanto às edições saídas de empresas locais, pautamo-nos nos catálogos de livreiros instalados no Brasil (cf. Rodrigues, 1992).
17. O banco de dados CiTrIm foi concebido por Márcia Abreu, Orna Messer Levin e Pablo Farias, com recursos do CNPq. Participaram da inserção dos dados alunos de iniciação científica, mestrado e doutorado, assim como pesquisadores de pós-doutorado e professores vinculados ao projeto Circulação Transatlântica dos Impressos.

identificadas traduções de obras originalmente compostas em alemão, castelhano, dinamarquês, espanhol, grego, holandês, inglês, italiano, latim, polonês e sueco, mas, ao que parece, todas foram traduzidas. Ao considerarmos a língua em que as obras foram anunciadas, ou seja, ao levarmos em conta as obras em língua portuguesa e traduções, esse quadro se inverte: 65% delas foram anunciadas em português, 35% em francês. A maior quantidade de obras francesas vendidas em língua original foi anunciada em um catálogo de 1857, intitulado "Catalogue de la librairie de B. L. Garnier à Rio de Janeiro", em que constam 723 títulos, num momento em que Garnier investia maciçamente no ramo de importação de livros da França. As traduções, portanto, representaram, ao longo dos anos, um grande filão para a editora e compuseram, ao lado das obras brasileiras e portuguesas, o quadro das letras no país num período em que Garnier era o maior representante do comércio de livros e desempenhava grande impacto na configuração desse contexto.

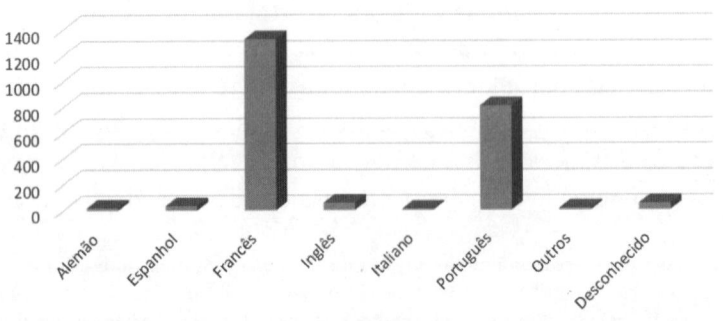

Gráfico 4: Língua original das obras anunciadas nos catálogos da livraria B. L. Garnier (1857-1876).

Diante desse sucesso da literatura estrangeira e do crescimento da produção nacional, na qual Garnier fazia um grande investimento através da compra dos direitos de impressão, fazia-se necessário que o editor buscasse formas de escoamento dos livros brasileiros. Os catálogos da casa, publicados mensalmente e distribuídos de maneira gratuita pelo correio em todo o território nacional para as pessoas que os solicitavam, parecem não ter se cansado de lembrar ao leitor da disponibilidade das obras nacionais na loja de B. L. Garnier:

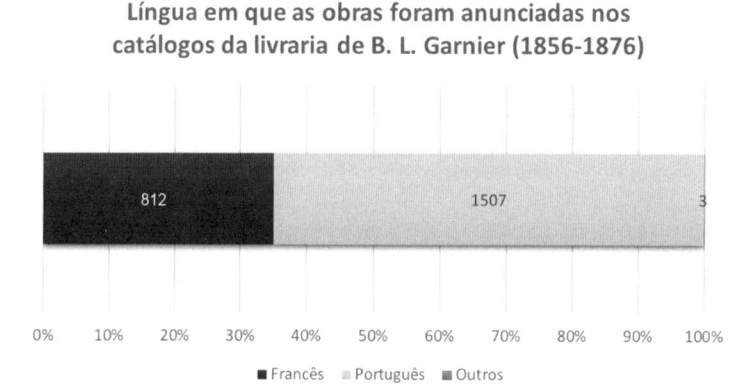

Língua em que as obras foram anunciadas nos catálogos da livraria de B. L. Garnier (1856-1876)

812 | 1507 | 3

■ Francês ■ Português ■ Outros

Gráfico 5: Língua em que as obras originalmente francesas foram anunciadas nos catálogos da livraria de B. L. Garnier (1857-1876).

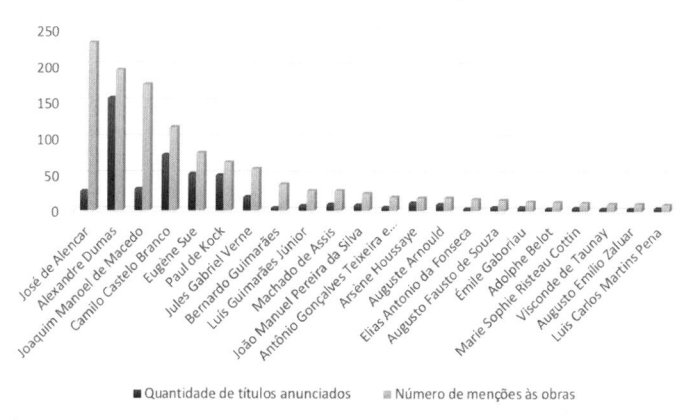

Autores mais anunciados nos catálogos da livraria Garnier (1857-1876)

■ Quantidade de títulos anunciados ■ Número de menções às obras

Gráfico 6: Autores mais anunciados nos catálogos da livraria Garnier (1857-1876).

Para este levantamento, somamos todas as vezes que uma obra foi mencionada nos catálogos do nosso *corpus* e agrupamos os números por autor. Algumas vezes, um mesmo título era anunciado duas vezes em um único catálogo. Os 27 títulos anunciados de obras literárias de Alencar foram mencionados num total de 232 vezes, contando com mais propaganda *O Guarani*, com 22 menções, e *Diva*, com 19. Em seguida, aparecem *Lucíola* e *As minas de prata*, com 17 menções, *Iracema*, com 16, *A Pata da Gazela* e *O Gaúcho*, com 15, e *O tronco do ipê*, com 14. A edição conjunta de *A Viuvinha* e *Cinco Minutos*, editada pela casa, foi referida apenas 4 vezes. Um primeiro fator a se reter desses dados é que a insistência de publicidade não está relacionada a encalhe ou pouco interesse do público, uma vez que *O Guarani*, obra tão anunciada, foi o romance mais editado de Alencar entre 1856 e 1877, conforme vimos no Gráfico 3.[18] *Lucíola* e *Iracema*, que usufruíram de grande publicidade, tiveram mais de uma edição.

Estão entre os escritores estrangeiros mais anunciados Alexandre Dumas, Camilo Castelo Branco, Eugène Sue, Paul de Kock e Jules Verne. Todos os autores franceses dessa lista tiveram suas obras vertidas para o português pelos tradutores contratados por Garnier. É importante salientar que esses escritores produziram uma quantidade muito maior de obras e, como se percebe no Gráfico 6, a correspondência entre a quantidade de títulos desses autores estrangeiros disponíveis aos leitores no Brasil e o número de menções é bastante proporcional, ao contrário da relação identificada entre os títulos dos escritores nacionais e a quantidade de anúncios que receberam. Alexandre Dumas teve 155 títulos anunciados, os quais foram mencionados num total de 194 vezes, ou seja, uma média de 1,3 por título. Já Joaquim Manoel de Macedo teve 30 títulos mencionados ao todo 174 vezes, numa proporção de 5,8 menções para cada título nos catálogos. Quanto a Alencar, essa média é de 8,6 vezes por cada

---

18. Consideramos para a contagem a publicação em folhetim de 1857 e a edição pirata publicada no Rio Grande do Sul no mesmo ano.

obra. Dos 22 escritores mais anunciados, 11 são brasileiros (50%),[19] 9 franceses (41%) e 2 portugueses (9%).

Abaixo, listamos as obras mais mencionadas pelos catálogos da livraria Garnier entre 1864 e 1876.

Obra anunciada	Autor	Menções
O Guarani	José de Alencar	22
Diva	José de Alencar	19
Lucíola	José de Alencar	17
As Minas de Prata	José de Alencar	17
Iracema	José de Alencar	16
A Pata da Gazela	José de Alencar	15
O Gaúcho	José de Alencar	15
O Tronco do Ipê	José de Alencar	14
O Ermitão de Muquém	Bernardo Guimarães	13
Sonhos D'Ouro	José de Alencar	11
Anathema	Camilo Castelo Branco	10
Lourenço de Mendonça	Manuel Duarte Moreira de Azevedo	10
Os Filhos do Capitão Grant	Jules Verne	10
Til	José de Alencar	10
Rosa	Joaquim Manoel de Macedo	10
A Morte Moral	Adadus Calpe / Antônio Deodoro de Pascual	9
A Luneta Mágica	Joaquim Manoel de Macedo	9
A Moreninha	Joaquim Manoel de Macedo	9
As Mulheres de Mantilha	Joaquim Manoel de Macedo	9
Memórias do Sobrinho do meu Tio	Joaquim Manoel de Macedo	9
O Moço Loiro	Joaquim Manoel de Macedo	9
Lendas e Romances	Bernardo Guimarães	9
O Bravo	James Fenimore Cooper	9
O Garimpeiro	Bernardo Guimarães	9
Os Romances da Semana	Joaquim Manoel de Macedo	9
Vicentina	Joaquim Manoel de Macedo	9

19. Apesar de Augusto Emílio Zaluar ter nascido em Portugal, foi naturalizado brasileiro.

As Vítimas Algozes	Joaquim Manoel de Macedo	9
A Inveja	Eugène Sue	8
A Ira	Eugène Sue	8
Martha, romance	Eugénie-Marie Soler / Max Valrey (pseud.)	8
Oito Dias no Castelo	Frédéric Soulié	8
A Guerra dos Mascates	José de Alencar	8
Histórias Para Gente Alegre: A Família Agulha e D. Cornélia Herculana	Luís Guimarães Júnior	8
Manuel de Moraes	João Manuel Pereira da Silva	8
Maria ou a Menina Roubada	Teixeira e Sousa	8
O Culto do Dever	Joaquim Manoel de Macedo	8
Os Dois Amores	Joaquim Manoel de Macedo	8
Curvas e Zig-zags	Luís Guimarães Júnior	8
Favos e Travos	Rozendo Moniz Barreto	8
Contos Fluminenses	Machado de Assis	8
Jerônimo Corte-Real	João Manuel Pereira da Silva	8
A Soberba	Eugène Sue	7
Carotin	Paul de Kock	7
Raphael e a Fornarina	Joseph Méry	7
Aventuras de Lyderico	Alexandre Dumas	7
História de um Morto	Alexandre Dumas	7
Sophia Printemps	Alexandre Dumas fils	7
Camilla, ou o Subterraneo	Benoît-Joseph Marsollier	7
A Força de uma Paixão	Elias Antonio da Fonseca	7
Senhora	José de Alencar	7
Ubirajara	José de Alencar	7
Doze Casamentos Felizes	Camilo Castelo Branco	7
O Filho do Pescador	Teixeira e Sousa	7
A Namoradeira	Joaquim Manoel de Macedo	7
Nina	Joaquim Manoel de Macedo	7
Os Franceses no Rio de Janeiro	Manuel Duarte Moreira de Azevedo	7
Um Noivo e Duas Noivas	Joaquim Manoel de Macedo	7

Tabela 2: Obras mais anunciadas nos catálogos da livraria B. L. Garnier entre 1856 e 1877.

A partir da tabela, vemos uma prevalência dos escritores brasileiros e das obras editadas por Ganier, que, como livreiro e editor, investiu mais na publicidade dos títulos cujos direitos de impressão havia adquirido. Entre os brasileiros, destacam-se José de Alencar e Joaquim Manoel de Macedo, que passavam a ter suas obras essencialmente publicadas por Garnier a partir da década de 1860. Constante colaborador de Paula Brito, após o desaparecimento desse livreiro, Macedo viu no editor francês as oportunidades de continuação de sua atividade, vendendo-lhe a propriedade de suas obras, para as quais Garnier proporcionava grande publicidade. Quanto a Alencar, o alto investimento na compra de suas composições constituiu uma das razões para a proeminente propaganda de que seus livros foram objeto. Bernardo Guimarães, outro nome de destaque nessa lista, teve as primeiras edições de seus romances publicadas por Garnier. Constam poucos títulos estrangeiros entre os mais anunciados da casa, talvez porque não precisassem de tanta publicidade para conquistarem os seus leitores ou ainda porque Garnier estivesse interessado em impulsionar a literatura nacional.

Dos 57 títulos de maior publicidade, é possível assegurar que 46 deles foram editados por Garnier, mas suspeitamos que todos, à exceção dos romances de Camilo Castelo Branco, sejam publicações próprias da casa, inclusive as traduções. Destas, comprovamos que as novelas *A inveja*, *A ira* e *A soberba*, de Eugène Sue, *Sophia Printemps*, de Dumas Fils, e *Os filhos do capitão Grant*, de Jules Verne, são traduções encomendadas por Garnier. De acordo com Hallewell, um tradutor ganhava em torno de entre 250$000 a 280$000 mil reis por volume. Alencar, como vimos, recebia em média 800$000 mil reis por volume. Considerando que os editores se desobrigavam dos pagamentos dos direitos autorais aos escritores estrangeiros, conforme veremos a seguir, e tendo em conta que era mais barato pagar um tradutor do que um escritor, visto que Garnier desembolsava entre 200$000 mil reis a 2:000$000 contos de reis na aquisição dos direitos de uma produção original de prosa de ficção (Hallewell, 2012, p. 233), acreditamos que há um esforço do editor na promoção da literatura brasileira e na formação de um público para os livros nacionais, o que certamente teve impacto na criação de um espaço para os livros brasileiros no país e para a legitimação da literatura nacional. Não devemos ver nisso uma atitude desinteressada de Garnier, pois há de se considerar que os escritores brasileiros vendiam perpetuamente seus escritos ao editor, que os publicava em sua coleção mais cara, a Biblioteca Universal, como veremos. Ao fomentar a literatura nacional, Garnier estimulava um nicho de mercado que poderia ampliar seus rendimentos. Alexandra Pinheiro já havia destacado o trabalho do editor junto aos escritores locais através do *Jornal das Famílias* (Santos, 2007). O mapeamento das estratégias de sua atuação como editor de livros também comprova o exercício colaborativo entre Garnier e os homens de letras brasileiros.

Testemunham esse empenho do editor as palavras de Machado de Assis, aludidas acima, e de outros homens de letras que mencionavam nos jornais os esforços de Garnier no desenvolvimento das letras do país, classificando-o como "o principal editor de trabalhos de escritores nacionais".[20] As coleções criadas pelo editor, Biblioteca de Algibeira e Biblioteca Universal, demostram o *status* que Garnier atribuía às publicações da casa. A primeira consistia numa coleção popular, "criada para chegar a todas as classes da sociedade",[21] e custava apenas 1$000 (mil reis), o que, para o jornalista do *Diário de Pernambuco* não causaria "grande gravame para a bolsa das classes menos abastadas".[22] Em formato in-12, o empreendimento editorial de Garnier teve visível inspiração francesa, através das coleções populares de sucesso de Charpentier, pioneiro, ainda na década de 1830, na inovação editorial por meio de coleções compostas de edições impressas nesse formato e mais baratas. Tal iniciativa conheceu maior desenvolvimento com Michel Lévy na década de 1850 (Mollier, 2010, p. 277). O *Jornal do Comércio* de 4 de setembro de 1873 oferece esclarecimentos quanto ao caráter da iniciativa de Garnier. Em nota, o jornal

---

20. *O Globo*, 8 de julho de 1876, n. 186, "Biblioteca Universal e de Algibeira", anônimo.
21. *Diário de Pernambuco*, 30 de setembro de 1874, n. 222.
22. *Diário de Pernambuco*, 28 de agosto de 1873, n. 197.

apresenta a coleção do "infatigável livreiro-editor Garnier", que, por um valor módico, oferecia aos leitores "leitura amena" por meio de obras originais de escritores brasileiros assim como de traduções de autores franceses de "melhor nota", como Adolphe Belot, Jules Dautin, Émile Gaboriau, Paul Féval e Xavier de Montépin, dentre outros.

A predominância na Biblioteca de Algibeira de obras estrangeiras a fez ser chamada de "coleção de traduções" pelo redator da *Reforma*[23] e certamente contribuiu para o sucesso do empreendimento, dados os sucessivos novos títulos que eram anunciados semanalmente nas páginas dos periódicos. A coleção contou também com autores nacionais de renome, como José de Alencar, de quem constam na coleção os quatro volumes de *Til*, e Bernardo Guimarães, com a edição de *O índio Afonso*, seguido de *A morte de Gonçalves Dias*. Deu, ainda, espaço a Augusto Fausto de Souza, autor de títulos como *Um casamento de tirar o chapéu* e *Dois dias de felicidade*, dentre outros de sua autoria que integraram a coleção.[24] A presença desses escritores na Biblioteca de Algibeira, juntamente com autores franceses, foi salientada pelo redator de *O Mosquito*: "Alencar, Bernardo Guimarães e Fausto são os autores que ali representam o engenho nacional em confronto com alguns dos mais bem recebidos nomes das letras francesas, Feuillet, Sandeau, Edmond About".[25] Outros livros nacionais integraram a Biblioteca de Algibeira, como a edição de contos intitulada *Flores Silvestres*, de Joaquim de Paula Souza, sob o pseudônimo Jorge Velho (Coutinho; Sousa, 2001, vol. 2, p. 1.531), e as novelas de escritor brasileiro que, curiosamente, assinava como Kock Junior. Tratava-se de Antônio José Soares de Souza Júnior, que, muito jovem, colaborou com narrativas para a casa Garnier.[26] Souza Junior, ao aludir com esse pseudônimo a Paul de Kock, pegou carona no sucesso desse nome com o fim certamente de tornar os seus escritos,

---

23. *A Reforma*, 12 de dezembro de 1873, n. 284.
24. Dentre esses títulos, constam narrativas que já haviam sido publicadas no *Jornal da Famílias*.
25. *O Mosquito*, 12 de julho de 1873, n. 200.
26. Sobre a identidade de Kock Júnior e a carreira de Antônio José Soares de Souza Júnior, consultar o necrológio em *O Álbum*, de fevereiro de 1893, ano 1, n. 7, p. 51-52.

ambientados em paisagens locais, tão conhecidos entre os leitores brasileiros quanto os do escritor francês, fator, dentre tantos outros, que denuncia o impasse entre a predominância das letras estrangeiras e a difícil trajetória de conquista de espaço pelos escritores nacionais. Saíram pela Biblioteca de Algibeira, de sua autoria, *Um marido por um pé de meia*, *O pândego*, *O bom do Sr. Leitão* e *Contos jocosos*.[27]

A Biblioteca Universal, por sua vez, contou com uma quantidade maior de obras brasileiras. Um anúncio do jornal *O Globo* de 9 de julho de 1876 trazia 15 títulos de José de Alencar integrando a coleção, ou seja, a quase totalidade das obras do escritor editadas por Garnier, enquanto a Biblioteca de Algibeira contava apenas com um título, *Til*.[28] Nomes como Taunay (Silvio Dinarte), Bernardo Guimarães, Machado de Assis, Guimarães Júnior, Joaquim Manoel de Macedo, Teixeira e Souza apareciam na Biblioteca Universal ao lado de Théophile Gautier, Émile Gaboriau, Jules Verne, George Sand, dentre outros. Além do maior destaque à literatura nacional, outra principal diferença em relação à Biblioteca de Algibeira residia no preço e, consequentemente, na qualidade do impresso. Publicados em formato in-8º, os livros da Biblioteca Universal custavam em média 2$500 o volume brochado e 3$000 o encadernado, ou seja, mais que o dobro, ou mesmo o triplo, do que valiam os volumes da Biblioteca de Algibeira, conferindo maior prestígio aos livros dos escritores nacionais e estrangeiros editados pela coleção, pela qualidade material mais sofisticada, mas também os tornando menos acessíveis ao público do que os livros dos autores que saíam pela coleção popular da casa.

Por esse tempo, Garnier cessou de fazer imprimir seus livros na França e investiu por alguns anos na impressão local. Por meio de sociedade com Charles Berry, o editor manteve a Tipografia

---

27. Um crítico apresentou Kock Júnior como um escritor nacional e recomendou aos leitores que acolhessem suas produções: "O público será benevolente para o novo escritor, que tem a seu favor ser muito moço e ter gosto pelas letras, e naturalmente apresentará sensíveis progressos nos seus trabalhos futuros". *A Reforma*, 12 de agosto de 1873, n. 183.

28. *O Globo*, 9 de julho de 1876, n. 187.

Franco-Americana, que impulsionou a edição de obras nacionais e de traduções próprias. Segundo Hallewell, a sociedade não teve longa duração, segundo consta em relatos, devido ao vício de Berry no jogo e na noitada, fato que levou Garnier a pôr fim ao empreendimento, não sem deixar no catálogo do editor uma lista considerável de obras estrangeiras vertidas pelo corpo de tradutores contratados especialmente durante a atividade dos prelos da tipografia Franco-Americana (Hallewell, 2012, 228-230).

Apesar de menos anunciados, Garnier não descuidava da promoção dos livros traduzidos pela casa, os quais, assim como os nacionais, recebiam resenhas ou comentários críticos de caráter publicitário nos catálogos mensais da livraria (Queiroz *in* Abreu, 2008). Essa medida é bastante semelhante à de livreiros-editores franceses, como Garnier Frères e Hachette, os quais, segundo Étiènne Sauthier, "valorizam os escritores dos quais adquiriram os direitos".[29] Não há qualquer indício de que Garnier tenha legitimamente adquirido os direitos de impressão dessas obras estrangeiras, mas sabemos que pagava a tradutores pelas versões. As edições deveriam, portanto, dar um retorno condizente ao investimento feito. Para tanto, o livreiro buscava mostrar nos catálogos quais traduções os leitores poderiam encontrar em sua livraria, oferecendo, para algumas, uma breve apreciação.

Outra forma de publicidade estimulada por Garnier a partir do envio de exemplares às redações dos periódicos do país, as resenhas ou notas de agradecimento também apresentam a convivência entre as letras nacionais e estrangeiras na meticulosa tática de divulgação empregada pelo editor para a venda das obras de sua livraria, de forma a atender todo território nacional ou até mesmo os leitores lusófonos do exterior. Em *O Pelicano*, de Belém do Pará, lê-se: "Fomos obsequiados pelo infatigável sr. Garnier com a oferta das seguintes e importantes obras: *Guerra dos Mascates* [José de Alencar], o Índio

---

29. "[...] *valorisent des écrivains dont ils ont acquis les droits.*" (Sauthier, 2016). Tradução nossa, assim como todas as citações em língua estrangeira feitas neste trabalho.

Afonso [Bernardo Guimarães], *João de Thommeray* [Jules Sandeau], *Dois dias de felicidade no campo* [Augusto Fausto de Souza], *O dr. Judasshon* (sic) [Alfred Assollant]".[30] A lista, como se vê, mistura obras nacionais e estrangeiras, mesmo expediente identificado em jornal sediado em lugar ainda mais distante da livraria Garnier, *O Novo Mundo*, de Nova York, onde se informa, sob a rubrica "Novos livros brasileiros", que: "das obras recentemente publicadas no Brasil, recebemos as que se intitulam como segue-se (...)".[31] Dos 25 títulos de diferentes origens e gêneros, 10 foram editados e remetidos por esse livreiro, dentre os quais constam *A guerra dos mascates*, de Alencar, *O filho do Capitão Grant*, de Jules Verne, *João de Thommeray*, de Jules Sandeau, *Dacolard e Lubin*, de Adolphe Belot e Jules Dautin, *Cincinnato quebra-louça*, de Joaquim Manoel de Macedo, *Um marido por um pé de meia*, de Kock Júnior. A Tipografia Nacional enviou um exemplar de *Inocência*, de Visconde de Taunay (Silvio Dinarte), além de cinco volumes de caráter político e um de saúde pública. Os demais títulos, de variadas tipografias e editoras, versam sobre política, direito ou ciência.

A imprensa, tão empenhada na promoção da literatura nacional, garantiu a Garnier e outros editores uma ferramenta bastante importante de publicidade e promoção de seus livros, fossem eles nacionais ou estrangeiros, os quais, remetidos às redações dos jornais, geraram uma interessante recepção crítica. Com o fim de compreender esse tipo de repercussão das obras de Garnier, selecionamos um *corpus* de 80 notas de agradecimento a livros de literatura enviados por esse editor às redações de 26 periódicos, 13 deles de nove províncias,[32] 1

---

30. *O Pelicano* – órgão da maçonaria do Pará. 24 de agosto de 1873, n. 16. À passagem, segue um breve comentário crítico.
31. *O Novo Mundo*, 23 de outubro de 1873, n. 37.
32. Os jornais da província utilizados no corpus são: *A Província* (Recife-PE); *O Espírito-santense* (Vitória-ES); *Pedro II* (Fortaleza-CE); *A Pátria* (Niterói-RJ); *O Cearense* (Fortaleza-CE); *Diário de Minas* (Ouro Preto-MG); *Opinião Conservadora* (Teresina-PI); *O Popular* (Areas-SP); *O Liberal do Pará* (Belém do Pará); *Correio Paulistano* (São Paulo-SP); *A Regeneração* (SC); *O Mineiro* (Pouso Alegre-MG).

do exterior[33] e os demais 12 da corte.[34] Essas notas contabilizam 127 livros, referentes a 83 títulos diferentes, isso devido à repetição de uma mesma obra em diferentes jornais ou em um mesmo jornal por ocasião da posterior remessa dos demais volumes que a compunham. Desses títulos, 54 eram traduções (65%) e 29 eram produções originais de autores brasileiros (35%). A quantidade inferior de livros brasileiros se deve à menor proporção de sua produtividade em relação ao desempenho editorial francês na época, quando Garnier, mesmo que interessado nos escritores nacionais, buscava oferecer aos leitores do país as traduções das produções de sucesso na França, gerando um ambiente um tanto desfavorável para os livros brasileiros que ele próprio colocava no mercado. De todos os 127 livros mencionados, cerca de um terço deles receberam algum tipo de comentário crítico. A seguinte nota exemplifica o caráter desse tipo de texto:

> Alfarrábios. – Sob este título encetou o Sr. conselheiro Alencar uma série de contos nacionais, cujo primeiro volume acaba de ser publicado pelo incansável editor o Sr. Garnier.
> *O Garatuja*, chama-se esta primeira parte, e nela mais uma vez revelou o Sr. conselheiro Alencar o seu grande talento, juntando mais um louro à sua já tão florida coroa literária.
> Acusando a recepção deste valioso presente, muito agradecemos ao Sr. Garnier e mais de espaço nos ocuparemos do merecimento da obra.[35]

A gentileza de Garnier exigia, portanto, uma contrapartida dos redatores em favor da promoção desses livros, e, para dar conta dessa demanda não apenas de Garnier, mas de vários editores que adotavam o mesmo tipo de prática, os jornais ofereciam, muitas vezes, a seção "Bibliografia", na qual emitiam seus pareceres acerca

---

33. *O Novo Mundo*.
34. *A Nação*; *O Mosquito*; *A Vida Fluminense*; *A Constituição*; *A Luz*; *A Reforma*; *O Mercantil*; *Mephistoles*; *O Caixeiro*; *Brazil Americano*; *O Apóstolo*; *O Figaro: folha ilustrada*.
35. *A Nação*, 7 de maio de 1873, n. 83, grifo original.

das recentes publicações, colocando nas suas apreciações as obras brasileiras e estrangeiras lado a lado.

Essas críticas obedeciam, em geral, a um padrão que, inicialmente, fazia apreciações gerais sobre o escritor; informava da aparição da obra e sua recepção no país de origem, em caso de tradução; apresentava o seu enredo, sem qualquer preocupação com o que hoje chamamos de *spoilers*; inferia sobre a sua moralidade, esclarecendo se era recomendada ou não às moças e à família; apelava ao leitor para o acolhimento da nova publicação; explicitava a qualidade da tradução e, por fim, muitas vezes enaltecia o empenho do "incansável Garnier" no desenvolvimento da instrução e das letras no país, independentemente de a obra ser nacional ou traduzida. Ora, para que a literatura brasileira encontrasse o devido reconhecimento e prestígio no país, fazia-se necessária a existência de um público instruído e a par das discussões em curso no mundo. Entende-se por essas críticas que o gênero romance significou um importante instrumento de vulgarização do conhecimento em meio aos leitores da época, pois significava um tipo de leitura fácil, que, ao mesmo tempo, deleitava e contribuía para a ilustração do público. O preceito horaciano foi uma tópica na época e esteve amplamente presente nas críticas aos livros publicados por Garnier: sobre o *Oceano Pacífico*, de Jules Verne, o crítico do jornal *A Reforma* declarava: "leitura instrutiva e ao mesmo tempo agradável";[36] sobre a leitura do romance *Confissão de um badense*, de Alfred Assolant, o mesmo jornal asseverou: "além de agradável, não deixa de ser instrutiva".[37]

Os temas, os mais variados em evidência na França, como ciência, costumes, história, foram contemplados nos romances por seus escritores. Esse recurso se mostrou atraente no olhar dos críticos

---

36. *A Reforma*, 13 de março de 1874, n. 56. Replicado em *A Nação*, 21 de março de 1874, n. 62. Era bastante comum a transcrição de críticas literárias provindas de outros jornais. Apesar de termos identificado o uso da seção "Bibliografia" em diversos periódicos e de termos analisado artigos de várias origens, como *A Nação*, *O Jornal do Comércio*, *A República*, *O Globo*, *O Cearense*, *O Mercantil*, a quase totalidade dos exemplos aqui citados provém do jornal *A Reforma*.
37. *A Reforma*, 13 de maio de 1873, n. 108.

na composição do repertório cultural dos leitores brasileiros. Nesse mesmo viés, buscou-se difundir o interesse pelo assunto nacional, pois a prosa de ficção, dentre os gêneros experimentados pelos escritores do país, representou uma ferramenta bastante sedutora na difusão dos temas nacionais. É assim que episódios do passado colonial, inacessíveis para o grande público, tornaram-se matéria de narrativa romanesca ao gosto dos leitores por meio de *O Garatuja*, de José de Alencar: "É portanto muito para louvar, quando um escritor de nota, depois de haver manuseado essas memórias, delas colhe uma particularidade interessante, um episódio digno de divulgação, e extrai leitura amena, de fácil digestão, e de sabor atraente".[38] O filão contou com largo investimento de Garnier, que oferecia, de um lado, o sabor da novidade europeia por meio das recentes publicações literárias francesas; do outro, a cor local, a história nacional e os costumes brasileiros nas produções dos escritores locais.

Tal combinação deveria atender a critérios, de acordo com os críticos da seção "Bibliografia", a qual, apesar de seu teor publicitário, não se eximia de fazer censuras quando as escolhas de Garnier feriam os princípios benquistos pelos letrados brasileiros. A tradução de *O Sobrevivente*, de Paul Féval, não teve boa acolhida entre os críticos, sobre a qual se disse: "Preferíamos ver outros romances vertidos para a língua vernácula".[39] Ponson du Terrail e Ernest Feydeau foram acusados pelos críticos brasileiros de terem estragado o paladar de leitores franceses, esteira que teria sido seguida por Adolphe Belot.[40] Em outra crítica, os romances de Paulo de Kock e, novamente, Ernest Feydeau foram tachados de imorais.[41] Os romances estrangeiros colocados por Garnier no mercado brasileiro eram bem-vindos, desde que atendessem ao interesse de instruir e de moralizar, aspectos que deveriam orientar as escolhas do editor, conforme propôs autor de artigo publicado no jornal *A Reforma* ("como não seria mais útil e

---

38. *A Reforma*, 08 de maio de 1873, n. 104.
39. *A Reforma*, 10 de setembro de 1873, n. 206.
40. *A Reforma*, 29 de abril de 1873, n. 96.
41. *A Reforma*, 28 de fevereiro de 1874, n. 45.

conveniente para as letras, para a moralidade e para o bom gosto, que houvesse melhor escolha nos romances que aquele senhor faz verter?"). Nesse caso, Belot e Dautin, em outro momento elogiados pelo jornalista do *Jornal do Comércio*, foram referidos nesse artigo como autores cujas obras proporcionariam apenas "emoção passageira", ao contrário dos romances de Jules Verne, que exemplificariam o tipo de gosto que os críticos almejavam propagar ("Por este gênero de leitura é que se deve fazer votos que se desenvolva o gosto no nosso público. O que não se aprende e aproveita-se com a leitura daqueles científicos livros?").[42]

Parece que Garnier deu ouvidos às queixas, pois, um mês depois, o crítico anônimo, lamentando a qualidade de algumas produções francesas e queixando-se de sua introdução entre os leitores brasileiros, constatava: "O sr. Garnier vai compreendendo isto, e nas traduções que tem no prelo há verdadeira escolha".[43] Diante da familiaridade do público em relação aos livros estrangeiros, os redatores ou colaboradores, que resenhavam tanto as traduções quanto os livros brasileiros, buscavam suscitar o interesse pelas criações nacionais não apenas por meio do destaque da cor local, dos costumes e paisagens do país, mas também pela referência às narrativas importadas que constituíam o gosto do público. Por exemplo, *Ressurreição* foi tratado como um "primoroso romance que vertido para o francês, poderia ser atribuído a Octavio Feuillet ou a Victor Cherbulier";[44] o índio Afonso, de romance homônimo de Bernardo Guimarães: "qual novo Rocambole das florestas, três vezes por meios quase sobrenaturais consegue escapar às garras dos seus perseguidores oficiais";[45] Alencar, nas descrições da série de *Alfarrábios*, se assemelharia a "Dickens indicando a vida íntima de Londres".[46] Mas não se pode desdenhar o esforço que faziam no sentido de constituir uma tradição própria

---

42. *A Reforma*, 29 de abril de 1873, n. 96.
43. *A Reforma*, 13 de maio de 1873, n. 108.
44. *A Reforma*, 10 de setembro de 1873, n. 206.
45. *A Reforma*, 1 de julho de 1873, n. 147.
46. *A Reforma*, 26 de agosto de 1873, n. 194.

que servisse de modelo: Jupira, personagem de *Histórias e tradições da província de Minas Gerais*, de Bernardo Guimarães, foi classificada como "uma irmã mais moça de *Iracema*";[47] quanto a *O Garatuja*, o crítico concluía: "é um simples conto, no gosto do *Sargento de Milícias* do desventurado Manuel Antônio de Almeida". Os redatores da seção "Bibliografia" usaram de recursos para colocar a literatura brasileira e estrangeira numa situação de igualdade,[48] e a frequência inferior com que as resenhas aos livros nacionais apareciam corresponde à proporção que eles ocupavam no mercado. Ainda que os críticos reconhecessem a atuação de Garnier em prol dos escritores locais, com declarações como "é já lugar comum dizer-se que muito [lhe] devem as letras pátrias";[49] "raras são as obras de autor brasileiro publicadas na capital do império, que não tenham sido editadas por aquele senhor",[50] parece que a prevalência de resenhas aos livros estrangeiros condizia com sua intensa presença no negócio desse editor, em detrimento dos romances brasileiros, conforme se depreende de protesto do folhetinista do *Globo*, que se queixou do desinteresse de editores para com as novas produções dos escritores brasileiros: "Que fim levou o *Prometeo* de Eschilo, traduzido por Otaviano? E os outros romances que formam a coleção de *Alfarrábios* de José de Alencar? E o poema satírico de Machado de Assis? E o *Evangelho nas selvas* de Fagundes Varella?".[51] Além desses títulos, o folhetinista lamentou que o romance *Marabá*, de Salvador de Mendonça, e os *Cantares*, de Luiz Guimarães, também não tivessem vindo a público até aquele momento.

Os romances que compõem os *Alfarrábios* tiveram, posteriormente, publicação integral por Garnier; *O Anchieta, ou Evangelho nas selvas*, por sua vez, saiu em 1875 pela Livraria Imperial; *Marabá* foi dado à estampa em livro em 1875 pela tipografia do Globo, ainda

---

47. *A República*, 19 de agosto de 1872, n. 445.
48. Aprofundamos o assunto no capítulo 2 deste livro.
49. *A República*, 19 de agosto de 1872, n. 445.
50. *A Reforma*, 9 de abril de 1873, n. 80.
51. *O Globo*, 27.09.1874, n. 54. "Folhetim do Globo: crônica do domingo".

que Salvador de Mendonça tenha tentado ver a edição saída pelo selo Garnier;[52] os *Cantares* foram aparentemente remetidos por esse editor ao prelo em 1872,[53] mas não tiveram publicação pela casa e só apareceram em 1880, sob o título *Sonetos e rimas*. Não temos notícias das demais obras mencionadas. Chama a atenção o fato de a tradução de *Prometeu*, por Francisco Otaviano, entrar no rol da literatura nacional, segundo o folhetinista. Vê-se que Garnier, embora contemplasse em seu catálogo obras e autores brasileiros e desse-lhe um relevante espaço em seu negócio, preferiu, muitas vezes, as traduções aos títulos nacionais, dada a frequência com que elas apareciam semana a semana, ramo que constituiu uma outra vertente de atuação profissional dos homens de letras junto ao editor nesse período.

Em 1886, Machado de Assis, atendendo à solicitação do amigo Lúcio de Mendonça de verificar junto a Garnier a possibilidade da publicação de uma tradução de *Sapho*, de Alphonse Daudet, respondeu-lhe em carta dizendo que o editor havia interrompido os trabalhos de tradução "por ter visto que não eram esgotadas ou por concorrência das de Lisboa, ou porque, em geral, o público preferia ler as obras em francês".[54] No entanto, uma grande quantidade de traduções foi oferecida aos leitores. É provável que Portugal tenha significado um forte obstáculo para a empresa de traduções de Garnier, uma vez que de lá comumente vinham as obras trasladadas, visando o editor inverter o fluxo e mandar para aquele país as suas versões dos romances franceses, como se lê no jornal *A Reforma*, que, em

---

52. Carta de Salvador de Mendonça a Francisco Ramos da Paz, de 4 de novembro de 1872. Original conservado no Acervo da Fundação Biblioteca Nacional-Brasil, setor manuscritos. Localização: 63,04,002, n. 027.
53. "A poesia que publicamos do notável escritor brasileiro o sr. Luiz Guimarães Júnior intitulada 'A alcova' faz parte de um volume de versos intitulado *Cantares*, que está sendo impresso no Rio de Janeiro por conta do conhecido editor daquela cidade, o sr. B. L. Garnier". In: *Artes e Letras*. Lisboa: Editores Rolland e Semiond, janeiro de 1873, p. 192.
54. Carta de Machado de Assis a Lúcio de Mendonça, de 4 de março de 1886 (*in* Rouanet; Moutinho; Eleutério, 2009, p. 308).

artigo crítico de autoria anônima, ressaltou a produtividade da casa Garnier, ao lançar semanalmente, no mercado brasileiro, as recentes produções francesas, que eram rapidamente traduzidas e oferecidas ao público, a um custo mais barato do que as versões vindas de Portugal, fazendo com que as traduções de Garnier se esgotassem rapidamente. O crítico chamou a atenção para o fato de Garnier colocar o público nacional em sintonia com os romances de sucesso na França, permitindo que os leitores pudessem lê-los em português "quase ao mesmo tempo que tais livros chegam aqui na língua original"[55]. Efetivamente, muitos romances franceses tinham versões brasileiras publicadas por Garnier apenas alguns meses depois de sua aparição no país de origem, conforme mostraremos no próximo item. Devido ao êxito desse empreendimento editorial, segundo o autor do artigo, em um futuro breve o editor estaria apto a exportar para Portugal as versões brasileiras dos romances franceses de sucesso. A rapidez e o preço tornavam os livros produzidos por Garnier competitivos no mercado português, que estava mais acostumado a exportar livros para o Brasil do que a importá-los.

Por essa época, em meados da década de 1870, Garnier, adepto das parcerias, começou um trabalho de colaboração com Ernesto Chardron – livreiro estabelecido em Porto, Braga e, posteriormente, Lisboa –, relação que, segundo Patrícia de Jesus Palma, tinha como meta, além de promover em Portugal os livros brasileiros editados por Garnier, reduzir a contrafação dos livros portugueses de Chardron no Brasil (Palma *in* Suriani; Vasconcelos, 2014). Pode-se entender que os livros em português desse editor não consistiam apenas em obras de autores daquele país, mas também em traduções, e que livros brasileiros não significavam apenas obras originalmente compostas por autores do Brasil. Assim, podemos identificar, no catálogo de 1879 de Chardron, uma seção intitulada "Publicações brasileiras", composta integralmente por livros editados por Garnier, sejam títulos de Alencar, Macedo, Machado de Assis, Bernardo Guimarães, Rozendo Muniz,

---

[55]. *A Reforma*, 10 de setembro de 1873, n. 206.

dentre muitos outros brasileiros, ao lado de traduções encomendadas e editadas por Garnier e impressas durante esse produtivo ciclo de atividade do grupo de tradutores nessa década de 1870. Um trecho do catálogo mostra a convivência desses dois nichos de investimento do editor em sua inserção no mercado português:

LIVRARIA DE ERNESTO CHARDRON

PUBLICAÇÕES BRAZILEIRAS

Figura 4: Detalhe da seção intitulada "Publicações Brazileiras", da *Bibliographia Portugueza e Estrangeira*.

Luciola. Um perfil de mulher, publicado por G. M. 1. vol. in-8.º 600
Lucubrações, de *Francisco Lobo da Costa*. 1 vol. in-8.º 500
Luneta (A) magica, por *J. M. de Macedo*. 2 vol. in-8.º .... 1$200
Lusbela, drama em 1 prologo e 4 actos, pelo *Dr. J. Manoel de Macedo*. 1 vol. in-8.º 450
Mademoiselle Cleopatra, historia parisiense, por *Arsenio Houssaye*. 1 vol. in-8.º 600
Mademoiselle Mariani, historia parisiense, por *Arsenio Houssaye*. 1 vol. in-8.º 600
Mademoiselle de Maupin, por *Theophilo Gautier*. 1 vol. in-8.º 600
Mãi, drama em 4 actos, por *J. de Alencar*. 1 vol. in-8.º 500
Manhas (As) da avó, leitura para a infancia, por *Victoria Colonna*. 1 vol. in-8.º............................. 600

Figura 5: Detalhe da seção intitulada "Publicações Brazileiras", da *Bibliographia portugueza e estrangeira*.

Mademoiselle Cleopatra, Mademoiselle Mariani e *Mademoiselle de Maupin*, indicados na passagem, são romances traduzidos por Salvador de Mendonça, tradutor a serviço da casa Garnier, cuja atuação será analisada no próximo item. Nesse mesmo catálogo, em alguns dos títulos traduzidos por Mendonça, seu nome chegou a ser mencionado. Victoria Colonna, referida na imagem acima, também foi uma tradutora de B. L. Garnier. O mercado do livro em Portugal, inclusive o de tradução, fazia concorrência às traduções brasileiras, pois muito do que se produzia naquele país era destinado ao público brasileiro. O acordo estabelecido entre Garnier e Chardron demonstra que esse mercado significou, ao contrário, mais uma oportunidade de expansão dos seus negócios, com a exportação dos livros dos escritores brasileiros e das traduções para aquele país. Os dois países, Portugal e Brasil, eram acusados pelos homens de letras franceses de espoliar suas obras e sofriam pressão para a criação de uma legislação que coibisse tal prática.[56] Nos primeiros anos da República, além de uma lei de propriedade literária, foi estabelecida uma convenção literária entre o Brasil e a França para garantir os direitos autorais dos escritores daquele país. José Avelino, deputado brasileiro empenhado no caso, endereçou uma carta a Teixeira Andrade em Paris em que, fazendo uma revisão histórica sobre a questão da propriedade literária no Brasil, revelou a resistência do imperador em aderir aos acordos internacionais de propriedade literária: "O imperador se opunha ao princípio da propriedade literária no Brasil para os autores estrangeiros; ele a considerava uma restrição das grandes leis econômicas e um obstáculo ao progresso intelectual de nossa pátria".[57] Ao que tudo indica, o imperador recusava-se a impedir o livre uso

---

56. Os termos dessas queixas e acusações podem ser lidos nos anais do congresso de Lisboa, ocorrido em 1880, com o objetivo de conter a contrafação. Consultar: *Bulletin de l'Association Littéraire Internationale*, n. 9, setembro de 1880.
57. "L'empereur était contraire au principe de la propriété littéraire au Brésil pour les auteurs étrangers; il la considérait comme une restriction des grandes lois économiques, et comme un obstacle au progrès intellectuel de notre patrie." Transcrito em *La Revue Diplomatique*, 15 de outubro de 1892, n. 42.

desse material vindo do exterior, por entender que isso atrasaria a expansão das luzes e da civilização na nascente nação brasileira.

Avelino lembrou ainda a iniciativa de Alencar para a criação de uma lei de propriedade literária no Brasil ("Vendo seus direitos violados no Brasil e no exterior, José de Alencar procurou se defender, dando início na imprensa a uma campanha, da qual encontramos um vestígio luminoso em um projeto apresentado na Câmara dos deputados").[58] Sua ação não deu grandes resultados, pois já existia uma lei em torno da propriedade, de modo geral, que era considerada para o caso de julgamento e defesa dos direitos literários, o que não levava em conta suas especificidades.[59] A atuação de Garnier estava em conformidade, portanto, com os princípios constitucionais brasileiros, ao remunerar os autores nacionais, que, de alguma forma, tinham seus direitos assegurados, e espoliar as obras estrangeiras que não usufruíam de proteção autoral junto à legislação do país. Além disso, segundo informação do *Journal des débats*, "de acordo com as disposições [da constituição imperial], o tradutor de uma obra qualquer se tornaria, pelo ato da tradução, proprietário da obra, da qual obteria única e integralmente os lucros".[60] Durante muito tempo, editores brasileiros e portugueses se beneficiaram da falta de uma regulamentação de direitos autorais dos escritores estrangeiros e garantiram grande desenvolvimento aos seus negócios, fazendo circular entre os dois países as contrafações, além de obras de autores brasileiros e portugueses, lidos nos dois lados do Atlântico.[61]

---

58. "*Voyant ses droits violés au Brésil et à l'étranger, José de Alencar chercha à les défendre, en ouvrant dans la presse une campagne, dont on trouve, d'ailleurs, une trace lumineuse dans un projet présenté à la Chambre des députés [...]*". Transcrito em *La Revue Diplomatique*, 15 de outubro de 1892, n. 42.
59. Valéria Augusti analisa o projeto submetido por José de Alencar à Câmara dos Deputados em 7 de julho de 1875. Cf. Os fundamentos da propriedade literária por José de Alencar. In *Todas as Letras*. São Paulo, v. 14, n. 1, p. 209-216, 2012.
60. "[...] *suivant des dispositions [du Code Impérial], le traducteur d'une œuvre quelconque devenait, par le fait même de la traduction, propriétaire de l'œuvre, et en touchait seul et intégralement le bénéfice.*" Journal des débats politiques et littéraires. 6 de junho de 1893. "La propriété littéraire au Brésil", anônimo.
61. Tratamos da recepção da literatura brasileira em Portugal no terceiro capítulo deste estudo.

Ainda que o negócio de Garnier levasse em conta a questão financeira, como é natural a qualquer empreendimento empresarial, não podemos ignorar que sua atuação foi crucial na formatação das letras no Brasil, ao editar obras nacionais e não se limitar à publicação de traduções de livros de sucesso no exterior. Garnier foi o maior importador de livros e um grande editor de traduções e de obras nacionais no país, o que sugere a possibilidade de que tenha executado a seleção dos títulos editados e comercializados atendendo a algum critério de afinidade entre esses dois tipos de produção, ou seja, entre as escolhas das obras estrangeiras e nacionais na configuração do catálogo de sua livraria.

Os Laemmert, Paula Brito e Garnier, principais editores em exercício durante o processo de fundação de uma literatura nacional brasileira, compreenderam a importância desse esforço para o país e cada um, a seu modo e medida, tomou parte na tarefa, incentivando escritores locais e dando publicidade aos seus escritos em livros ou periódicos, seja para promoverem seus próprios negócios diante da elite do país, seja para garantirem exclusividade do repertório oferecido ao público ou, simplesmente, por acreditarem na importância do desenvolvimento das letras brasileiras. Contudo, o sucesso dos escritores estrangeiros, especialmente dos franceses, entre os leitores do Brasil representou um forte desafio para o desabrochar e para a expansão da literatura nacional, que teve de lidar com essa concorrência de forma a não ser sufocada ainda em seu berço. Para tanto, foi preciso contar com editores interessados em sua difusão bem como com leitores motivados a comprar e ler os livros. Foi preciso, também, lutar por seu reconhecimento não apenas pelas instâncias do país, mas também do exterior, dado que o termo "literatura brasileira" só teria sentido em confronto com outras tantas literaturas nacionais que, no mesmo momento, faziam esforço equivalente para conquistar o seu espaço e consolidar uma identidade.

Os dados aqui expostos revelam que a discussão do tema da nacionalidade na literatura no século XIX não pode prescindir da abordagem da presença estrangeira. A constituição da literatura brasileira enfrentou a disputa com produções internacionais e a sustentação da literatura nacional se deveu a um empenho coletivo, de pessoas de naturalidade e funções distintas, cujos exercícios e discursos testemunham as concessões e resistências perante o impacto da produção estrangeira. Os críticos, em geral incentivadores da produção brasileira, gastaram muitas tiras de papel escrevendo resenhas e críticas para os jornais sobre os romances estrangeiros. Os editores, se por um lado buscaram publicar obras nacionais, por outro recorreram aos livros estrangeiros e às traduções a fim de garantir o sucesso de suas empresas. Os escritores brasileiros não apenas dialogaram de maneira próxima com os romances europeus, mas também os traduziram e os colocaram em circulação entre o público leitor de língua portuguesa, como veremos, na sequência, a partir da análise da atuação de uma personalidade que ilustra esse duplo papel do homem de letras do século XIX.

Incentivador das letras nacionais e promotor de romances estrangeiros: o caso de Salvador de Mendonça

Salvador de Mendonça desempenhou um relevante papel nas letras brasileiras por meio de uma produção bastante variada, que contempla artigos de teor político e cultural, poemas, peças de teatro, estudos históricos e biográficos, ensaios e um romance, intitulado *Marabá*. A sua atuação enquanto escritor, editor e colaborador de periódicos sugere uma posição multifacetada em um período no qual os homens de letras buscavam a consolidação da literatura pátria por meio de um constante diálogo ou confronto com a produção estrangeira, intensamente presente no país. Seu discurso crítico tinha por finalidade incentivar a produção nacional, para a qual concedia algum espaço nos periódicos dos quais foi editor e proprietário – *O Ypiranga* e *A República*. Neste último, Mendonça foi voz influente ou mesmo decisiva nas escolhas de pauta do veículo. *A República* saía três vezes por semana e tinha seções fixas e estáveis, entre elas a seção "Folhetim" e a coluna "Litteratura", assinada por diferentes redatores. Na primeira eram publicados romances ou outros tipos de prosa de ficção, sobretudo franceses, ou folhetins de variedades, de autoria de Ferreira de Menezes. Vez por outra surgia nesse espaço alguma crítica.

A seção folhetim estreou com a publicação de *O Processo dos Cesares* (Garrido, 1871), do historiador Charles Ernest Beulé. A publicação se estendeu ao longo de dois anos, entre 13 de dezembro de 1870 e 17 de dezembro de 1872. Devido ao seu caráter mais sério e à sua dimensão, talvez os redatores tenham considerado que deveriam substituir a publicação da obra no folhetim por leituras mais ligeiras, que atendessem o gosto do amplo público. *O Processo dos Cesares* continuou a ser publicado posteriormente, a partir de sua terceira parte, nas colunas do periódico, dando o lugar do folhetim à publicação de contos e romances de escritores de sucesso. Em 1º de setembro de 1871, teve início a publicação do conto "Uma noite de Cleópatra", de Théophile Gautier, seguido do romance *Francia*, de George Sand, publicado entre 12 de setembro e 15 de outubro de 1871. Logo no dia seguinte, apareceu o conto "O Gladiador", de Méry; na sequência, foi publicada ainda a novela *Lokis: o manuscrito do professor Wittembach*, de Prosper Merimée, encerrada em 29 de outubro de 1871. No dia 3 de novembro do mesmo ano, o espaço do folhetim foi inteiramente destinado ao seguinte anúncio (figura 6).

O destaque do anúncio evidencia o renome de José de Alencar e a importância de seu romance frente às produções estrangeiras que tiveram publicação no periódico. A chamada enfatiza também a nacionalidade de *Til*, com o acréscimo do subtítulo "romance brasileiro". Nenhuma das obras francesas anteriormente veiculadas no folhetim desse jornal tiveram a mesma publicidade, sequer contaram com alguma nota informativa anunciando ao leitor a sua publicação pela folha. O fato aponta para a excepcionalidade da estratégia empregada pela *República*, anulando um espaço que poderia ser utilizado nesse dia para publicar ficção ou unido às colunas para acrescentar espaço aos artigos e às notícias, com o fim de dar destaque à obra de Alencar ou mesmo de angariar as vendas, pois, ao longo de sua atuação na folha, Salvador de Mendonça, juntamente com os demais redatores-gerentes, empenhou-se em ampliar o número de leitores, por meio de várias medidas apelativas, como oferecimento de prêmios, chamado pelos proprietários de "participação dos lucros" aos assinantes.[62] É possível pensar que o interesse por um escrito de Alencar fizesse parte das estratégias de busca de público para o jornal. A novidade reservava ainda outra surpresa aos leitores: tratava-se de um periódico republicano veiculando um romance de um escritor monarquista e conservador. Em carta destinada aos dirigentes de *A República*, Alencar autorizou a publicação dos manuscritos do romance *Til*, cedidos pelo seu editor B. L. Garnier. Diante da divergência política, Alencar demonstrou sentir-se honrado pelo interesse manifestado por adversários políticos, ressaltando o seu posicionamento monarquista, o que, a seu ver, seria objeto de muitas críticas: "Não me demove a consideração de se ter sua folha consagrado à opinião adversa; embora esteja bem convencido de que há de ser o fato mui explorado pela intriga".[63]

Figura 6: Primeira página de *A República* de 10 de novembro de 1871.

---

62. Em 1873, o periódico contava com tiragem de 10.000 exemplares.
63. *A República*, 25 de outubro de 1871, n. 172.

A missiva foi veiculada no mesmo dia do anúncio, em seção da página 3 intitulada em destaque com o nome do periódico. Isso ocorreu apenas quinze dias depois de Alencar ter sido acusado de anacronismo político na mesma folha, em artigo de Francisco Cunha.[64] A publicação da carta no dia do anúncio do romance provavelmente tinha como objetivo esclarecer ao leitor que, embora se opusesse às ideias políticas defendidas por Alencar, o jornal devotava respeito à carreira literária do escritor. Prova disso é que, no mesmo ano, em uma das Conferências Populares, oferecidas por notabilidades no Club Republicano e transcritas pela folha, Quintino Bocaiúva afirmava sobre Alencar: "sendo como é uma das mais altas glórias literárias de que se pode orgulhar a nossa pátria, sempre que os seus adversários políticos querem atacá-lo, buscam feri-lo pelo lado dos títulos de sua glória de escritor".[65] Não era o caso de Salvador de Mendonça e Quintino Bocaiúva, os quais, mesmo liberais e depois republicanos, procuravam prestigiar o escritor. Já Feliciano de Castilho não deixou o episódio passar em branco e, em um de seus artigos das *Questões do Dia*, escreveu que um dos jornais da corte, "de aspirações adiantadíssimas", oferecia ao "orbe intelectual" a notícia da futura publicação de "uma nova brilhantura romântica do Sr. José de Alencar, o conservador". Seguindo com sua ironia, Castilho arrematou: "Podes imaginar com que ansiedade é esperado o novo parto da fecunda musa, para a glória nacional, orgulho e desvanecimento da pátria" (Cincinato, 1871, p. 8).

Em meio aos ataques de que Alencar era alvo nesse início da década de 1870, *A República* reforçava o discurso do prestígio do escritor e de seu sucesso junto ao público a fim de atrair a atenção do leitor para a publicação. Ainda que tenha havido algum acordo financeiro para a publicação do romance entre os editores de *A República*, Garnier e Alencar, a obtenção da difusão desse romance inédito pode

---

64. *A República*, 10 de novembro de 1871, n. 163. "Coalição dos partidos". Francisco Cunha.
65. *A República*, 20 de abril de 1871, n. 172. "Conferências populares". Quintino Bocaiúva.

indicar o bom relacionamento que tinham os editores do periódico junto ao escritor e ao editor, iniciativa que possivelmente teve Salvador de Mendonça à frente. À carta de Alencar, os dirigentes de *A República* responderam que o jornal "não podia pretender maior lustre para as suas páginas, nem melhor serviço aos seus assinantes" ao oferecer aos leitores um romance de Alencar, "justamente considerado chefe da moderna literatura brasileira". A despeito das diferenças políticas, para os redatores, o nome de Alencar impunha o reconhecimento de sua atuação em prol da literatura nacional,[66] campo que, ao ver dos dirigentes, era suprapartidário, no qual se congregaram vários escritores e críticos brasileiros, que veicularam nas páginas de *A República* suas produções e suas apreciações críticas.

No entanto, a presença da literatura brasileira nesse periódico aparecia entremeada por composições importadas, constituindo-se *A República* uma amostra dessa convivência entre as letras nacionais e estrangeiras nas letras no Brasil no século XIX. O romance *Til* teve seu primeiro capítulo publicado em 21 de novembro de 1871 e foi apresentado pelo periódico no mesmo dia em uma breve nota de caráter laudatório.[67] Seu último capítulo saiu em 20 de março de 1872, ao qual se seguiram, no folhetim, durante a gestão de Mendonça, *A Condessinha*, de Octave Feuillet; *Julia*, do mesmo autor, e *Desmoronamento*, de Émile Gaboriau. Todos esses romances veiculados pela *República*, à exceção de *Francia*, de George Sand, apareceram anunciados nos catálogos da Livraria Garnier, o que sugere a existência de algum acordo mantido entre o editor francês e os dirigentes desse jornal. *A Condessinha* foi anunciada no catálogo de 1865; *Julia*, traduzida por Salvador de Mendonça, teve menção no catálogo de 1872; *Desmoronamento* recebeu anúncios em dois catálogos de 1876. Não localizamos *Uma noite de Cleópatra* nos catálogos, mas esse título aparece anunciado por Garnier nos periódicos a partir de 1875. Com exceção de *A Condessinha*, que já constava no catálogo da casa anteriormente, os demais romances foram editados em livro

---

66. *A República*, 10 de novembro de 1871, n. 172.
67. *A República*, 21 de novembro de 1871, n. 189.

depois de sua veiculação na *República*, o que permite identificar uma estratégia editorial de Garnier junto ao jornal para angariar público e assegurar a venda das edições. Esse dado pode justificar ainda a entrada de um romance de um escritor conservador nas páginas de um periódico republicano, pautada não apenas pelo declamado prestígio do autor, segundo o jornal, ou pela relação de amizade entre Alencar, Salvador de Mendonça e Quintino Bocaiúva, mas também por um possível acordo comercial firmado com Garnier.

A escolha do romance que substituiu *Til* foi apresentada da seguinte maneira: "Terminando hoje o formosíssimo romance *Til*, por J. de Alencar, no intuito de manter na mesma altura o nosso folhetim, encetaremos amanhã a publicação do magnífico romance *A Condessinha*, por Octavio Feuillet".[68] A produção nacional, representada pelos escritos de Alencar, ao ver dos redatores, se encontrava no mesmo patamar das composições de escritores célebres da literatura popular francesa. Ainda que se beneficiando dessa popularidade da produção estrangeira, o periódico não deixou de enaltecer os escritores nacionais, mas esse destaque recaía, sobretudo, sobre a poesia, atendendo ao intento de "nacionalizar a poesia brasileira", como se dizia nos artigos e notas escritos sobre os poemas e livros de poesia brasileiros na seção "Literatura". Foram veiculadas também, em menor quantidade, algumas críticas a romances, nacionais e estrangeiros. Em uma delas, Salvador de Mendonça, mais uma vez, buscou valorizar um romance brasileiro frente aos estrangeiros. Em artigo sobre *O Tronco do Ipê* publicado na *República* em dezembro de 1871, Mendonça usou um tom de polêmica, defendendo que "os focos de civilização são tão prolíficos para o bem como para o mal". A sentença referia-se à literatura francesa, que, no seu entender, desempenhava uma "influência (...) na literatura das demais nações latinas" assim como provocava "um influxo pernicioso nos escritores de Portugal e Brasil". A causa do efeito danoso da literatura francesa estaria na difusão dos romances de escritores populares franceses entre

---

68. *A República*, 20 de março de 1872, n. 301.

o público brasileiro e português. Como consequência, os escritores desses dois países, atendendo à demanda dos editores e do público, tencionariam compor as suas obras coadunadas com os aspectos responsáveis pelo sucesso dos romances de Xavier de Montépin, Paul Féval, Ponson du Terrail, citados por Mendonça. Como solução para o prejuízo dessa interferência, Mendonça recomendava aos romancistas que não se pautassem nos escritores de sucesso ou nas exigências dos editores e propôs-lhes buscar na natureza brasileira os modelos para as criações verdadeiramente artísticas.[69]

A orientação não representava nenhuma novidade para as letras brasileiras: a cor local, segundo Mendonça, seria uma forma de fugir ao estigma da imitação e de conceber a legítima literatura nacional. José de Alencar seria o exemplo de eficiência na aplicação dessa fórmula, destacando-se como "o poeta que com maior brilho há até hoje inscrito o nome em nossos anais literários".[70] Mas a inscrição do nome de Alencar nos anais literários brasileiros, para usar as palavras de Mendonça, não se deu de maneira isenta das questões impostas pela produção estrangeira, sobretudo pela intensa circulação dos romances dos escritores populares franceses na corte. Menos isento ainda foi o papel de Mendonça no âmbito das letras brasileiras, pois, enquanto editor de *O Ypiranga* e de *A República*, Mendonça deu espaço às produções nacionais e estrangeiras, assim como deu voz a críticos brasileiros e estrangeiros, que expressaram o teor das disputas em seus artigos. Mendonça foi um incentivador da literatura nacional, postura verificável no artigo sobre *O Tronco do Ipê* e também nas próprias palavras de Alencar, que, no prefácio "Benção Paterna", reconhecia o empenho do crítico, juntamente com outros colegas: "Aos amigos, como Joaquim Serra, Salvador de Mendonça, Luiz Guimarães, e outros benévolos camaradas; tu lhes dirás, livrinho, que te poupem a qualquer elogio" (Alencar, 1872, p. VIII). Ao mesmo tempo, mesmo depreciando alguns romances e escritores franceses,

---

69. *A República*, 31 de dezembro de 1871, n. 224.
70. *A República*, 31 de dezembro de 1871, n. 224.

não pôde prescindir dessa produção estrangeira nos periódicos em que colaborou e, principalmente, em sua atividade como tradutor.

Com a diminuição de sua participação nas atividades de *A República*, seguida de sua saída da folha, Mendonça precisou encontrar meios para a sua manutenção e de sua família. Em carta a Francisco Ramos da Paz, revelava as dificuldades financeiras e seus planos de trabalho: "Hoje preciso que me arranje quarenta mil réis; manda-m'os pelo portador, pois preciso pagar à venda o mês passado. Dentro em 3 ou 4 dias destinados ao serviço da grosa e da lima [de um romance], conto meter-me nos cobres do Garnier, e a coisa seguirá em novidade".[71] Na carta, dispunha-se a terminar o seu "romance de estreia", sem mencionar o título. Acreditamos que se trate de *Marabá*, único romance que o autor publicou. O romance não foi dado à estampa por Garnier e só veio a público em 1875, mas os cobres desse editor chegaram, por meio da atuação de Mendonça, não como romancista, mas como tradutor. A sua trajetória na imprensa lhe rendeu nomeada e, quando passou a desenvolver as traduções requisitadas por Garnier, Salvador de Mendonça era um homem de letras bastante respeitado por seus pares e pelo público, conforme demonstram as menções ao seu trabalho de tradução veiculadas na imprensa periódica.

Entre 1872, ano em que se afastou das atividades do jornal *A República*, e 1875, quando alcançou uma nomeação como cônsul do Brasil nos Estados Unidos, Mendonça dedicou-se quase exclusivamente a essas traduções. Por meio da imprensa e de catálogos de livreiros, foi possível localizar um total de 21 obras traduzidas atribuídas a Salvador de Mendonça, publicadas entre 1873 e 1876. Ao lado do seu apreço às coisas nacionais, Mendonça incrementou a oferta de livros estrangeiros na corte, os quais dividiam os espaços com as produções brasileiras, como atesta nota de *O Mercantil*, de 19 de maio de 1875, que, sob o título "Livros novos", apresentou o

---

71. Carta de Salvador de Mendonça a Francisco Ramos da Paz, de 4 de novembro de 1872. Original conservado no Acervo da Fundação Biblioteca Nacional-Brasil, setor manuscritos. Localização: 63,04,002 n. 027.

romance *Ubirajara*, de Alencar, e *Dia de São Nunca*, de Albéric Second, traduzido por Salvador de Mendonça.

    O fato aponta para as condições das Letras na corte no período, quando havia uma vasta oferta de romances. As obras resultantes do esforço dos homens de letras brasileiros se misturavam nas prateleiras, anúncios, notas e críticas com inúmeros títulos de obras estrangeiras. Visando tornar a sua produção distinta e peculiar, muitos escritores nacionais adotavam, como recurso para essa diferenciação, o subtítulo "romance brasileiro" ou se muniam de nomes de prestígio no país para escrever apresentações a suas obras ou críticas na imprensa, de forma a destacar seus escritos em meio à imensa variedade literária disponível para os leitores no Rio de Janeiro. O nome do autor de *O Dia de São Nunca*, Albéric Second, sequer figurou na nota, que deu ênfase, na verdade, ao trabalho de tradução de Salvador de Mendonça, referido enquanto um "escritor nacional" ao lado de Alencar. A associação do romance ao nome do tradutor, em vez do de seu autor, revela o prestígio de Mendonça, verificável também nas inúmeras referências feitas pela imprensa à qualidade de suas traduções. O próprio Garnier buscava tirar proveito desse prestígio ao fazer menção, em seus catálogos, a Salvador de Mendonça como responsável por algumas das traduções oferecidas pelo livreiro-editor, o que não era comum.

    Havia vários tradutores trabalhando para a Casa B. L. Garnier no período. Hallewell apresentou dados sobre a remuneração dos contratados do livreiro-editor, que pagava aos tradutores, segundo o estudioso, $400 reis a cada mil palavras, totalizando em torno de 250$000 e 280$000 por volume, o que equivale a 10% do preço de capa, para obras a 2$500 o volume. Hallewell menciona, dentre os tradutores da casa, os nomes de Salvador de Mendonça, Fernandes Reis, Jacinto Cardoso, Abranches Gallo (Hallewell, 2012, p. 223-234). Consultando traduções publicadas por Garnier impressas entre 1872 e 1876, conservadas pelo Real Gabinete Português de Leitura, localizamos outros tradutores a serviço de Garnier, como Victoria Colonna, Fortúnio, João Fernandes Valdez, Cardoso de Almeida,

Narcisa Amália, Aureliano S. O. Coutinho, Aristides Serpa, Matheus de Magalhães, M. R. Carneiro. Ainda que Hallewell considere os valores a que se refere na passagem dentro dos padrões de remuneração, parece que não eram suficientes para garantir a manutenção de uma família, por exemplo, se forem levados em consideração os custos de vida da época.[72] Dessa forma, os tradutores teriam de verter inúmeros romances para conseguirem garantir uma vida minimamente confortável. Identificamos seis títulos de romances estrangeiros transladados por Mendonça e publicados em 1874, os quais totalizam dezesseis volumes; em 1875, saíram dez títulos, em um volume cada. Tendo em vista esses dados e as hipóteses de Hallewell, podemos supor que Mendonça tenha embolsado em torno de 4:000$000 no ano de 1874, ultrapassando o salário anual de um deputado; em 1876, teria arrecadado 2:500$000 por meio do trabalho de tradução de romances. Preocupado com os rendimentos, segundo Carlos Süssekind, Mendonça teria feito tabelas nas quais calculava o tempo gasto em cada tradução e o retorno financeiro que essa atividade poderia garantir. Numa delas, referente à tradução de *Noventa e Três*, de Victor Hugo, Mendonça registra que teria dado início ao trabalho no dia 14 de março, às 10 horas da manhã, e terminado em 18 de abril, às 14 horas, totalizando em torno de 211 horas dedicadas à leitura, tradução e revisão dos três volumes do romance. Süssekind ressalta que Mendonça não traduzia "por amor à arte", mas para obter o necessário à sua manutenção. Diante dos registros e da rapidez com que Mendonça (1960, p. 87) fazia suas versões, completa: "Quem traduz assim, sob a pressão dessas anotações diárias, não pode fazer trabalhos burilados 'com ciúmes de artista'".[73]

---

72. Observando preços de produtos apresentados por Marisa Lajolo e Regina Zilberman (2009, p. 321), podemos perceber que os salários e os gastos nessa mesma década de 1870 podiam chegar a ser muito superiores aos rendimentos oferecidos pela tradução de um romance, como visto acima. A renda de um professor variava em torno de 1:000$ anuais, a de um médico ou advogado 2:000$; a de um deputado 3:000$. Os aluguéis variavam entre 45$ e 85$000 anuais.
73. Buscamos por essa tabela na coleção Salvador de Mendonça na Casa de Rui Barbosa, que conserva o seu espólio doado pela viúva de Carlos Süssekind de

De fato, se se considerar a quantidade de títulos que Mendonça traduziu ao longo de apenas três anos, a média seria de 7 títulos por ano aproximadamente. Vale lembrar que muitas dessas obras eram compostas por três ou quatro volumes. Apenas um trabalho de cotejo de textos poderia revelar qual seria o caráter dessas traduções (fiel ao texto original, adaptado ao gosto do público) e o nível da qualidade de escrita da nova versão, o que não faz parte dos objetivos deste trabalho. O que interessa aqui observar é como um homem de letras incentivador e atuante na literatura nacional, em razão de fatores materiais, acabou tendo de desempenhar um papel duplo nas letras do Brasil, ao oferecer ao público traduções dos escritores mais populares na França, cuja produção era considerada por ele próprio um mau exemplo para a literatura nacional.

Em crítica ao romance *O tronco do Ipê*, de Alencar, publicada no jornal *A República* em dezembro de 1871, conforme se viu, Mendonça condenou o gosto do público, corrompido pela leitura de traduções de escritores populares franceses, e o interesse pecuniário dos editores, que incentivariam os escritores nacionais a seguirem os passos desses autores estrangeiros e a escreverem de forma a atender os aspectos responsáveis pelo sucesso de público. Dentre os escritores franceses criticados por Mendonça, estava Paul Féval: "O romance principalmente deperece e amesquinha-se às mãos dos imitadores da escola dos Montépin e Féval, senão da obra de fancaria do autor de Rocambole".[74] No entanto, o romance *O Sobrevivente*, de Paul Féval, foi traduzido por Mendonça, editado em 4 volumes, tendo o primeiro saído a lume em 1873. A versão original intitula-se *Le dernier vivant* e foi publicado em dois volumes pelo editor Édouard Dentu em 1873.[75] A versão brasileira desse romance, assim como de

---

Mendonça, e também na Academia Brasileira de Letras, mas não a encontramos.
74. *A República*, 31 de dezembro de 1871, n. 224.
75. *La Bibliographie Contemporaine*: revue bimensuelle de tous les ouvrages nouveaux ou nouvellement réédités. 15 mai 1873, p. 69. Carlos Süssekind de Mendonça atribui ainda à pena de Mendonça a tradução de outro romance de Feuillet, *Os amores de Philippe* (*Les amours de Philippe*), publicado pela Garnier. Não foi localizado nenhum indício que pudesse certificar que o trabalho de tradução desse

outros, disputava abertamente os espaços com a produção nacional, como testemunha nota do jornal *A Nação*, de 10 de setembro de 1873, sobre o lançamento pela coleção Bibliotheca de Algibeira do romance *O Sobrevivente*, que vinha "tomar lugar nessa galeria em que figuram, de par com os romances de José de Alencar e Bernardo Guimarães, versões tão estimadas como as que se devem a Salvador de Mendonça". Garnier era congratulado pela sua atuação enquanto um "incansável editor", devido ao seu "particular empenho em enriquecer a preciosa coleção de livros" com romances estrangeiros que sairiam em breve pelo selo, como *A viscondessa Alice*, de Albéric Second, *Acacia*, de Alfred Assolant, *Lúcia* e *Mademoiselle Cleópatra*, de Arsène Houssaye, juntamente com obras de autores nacionais. A publicação de tal repertório, que incluía produções brasileiras e traduções, era vista como um "inestimável o serviço que por este modo presta o Sr. Garnier à literatura pátria".

A literatura do país ganhava, como se vê, uma acepção bastante genérica, por incluir obras nacionais e estrangeiras na sua conformação. O fato já foi verificado quando se colocou Mendonça e Alencar no mesmo patamar de "escritores nacionais", ainda que o trabalho de Mendonça referido na nota se tratasse de uma tradução. Victoria Colonna, em prefácio ao romance *O espião prussiano*, de V. Valmont (1872), alegava: "Julgamos prestar algum serviço às letras pátrias naturalizando no nosso idioma o excelente romance de Valmont, notável pela imparcialidade com que foi escrito",[76] reforçando o discurso de que a literatura estrangeira, traduzida para a língua portuguesa, contribuía com o enriquecimento das letras no país ao ser incorporada ao quadro literário nacional. O exercício de formação da literatura brasileira, portanto, não competia apenas aos trabalhos originais de seus escritores, pois as obras estrangeiras também concorriam para o seu enriquecimento. O editor, congratulado na

---

romance tenha sido realizado por Salvador de Mendonça. O exemplar da tradução conservado pela Fundação Biblioteca Nacional-Brasil aponta como tradutor Aidos, provavelmente um pseudônimo, cuja identidade permanece desconhecida.
76. Exemplar consultado no Real Gabinete Português de Leitura.

passagem, interferia no delineamento desse quadro, pois, de acordo com Süssekind, Mendonça não traduzia apenas os livros de sua predileção; segundo o biógrafo, a correspondência mostraria que a indicação era feita pelo editor (Mendonça, 1960, p. 87). Embora sua posição fosse de um artífice, por executar trabalhos sob encomenda, em meio às resenhas e notas a respeito dessas traduções, o nome de Salvador de Mendonça figura como o de um tradutor de bastante prestígio.

Sobre a sua versão de *Jean de Thommeray*, romance de Jules Sandeau, o redator anônimo de *A Reforma* declarou: "nenhum [livro] foi com tanto gosto e escrupulosa exatidão vertido como *João de Thommeray*. Isto que parece extraordinário, não causará surpresa, quando se souber que o tradutor é Salvador de Mendonça".[77] Esse romance foi originalmente publicado em 1873, na *Revue des Deux Mondes*, e adaptado para o teatro, com a colaboração de Émile Augier (cf. Champris, 1910, p. 256; Thomasseau, 1988, p. 173). No mesmo ano, a obra apareceu para o público brasileiro em edição em língua portuguesa lançada por Garnier. No artigo, o redator destaca ainda o sucesso desse editor no novo investimento, o que o motivou "a dar mais desenvolvimento àquele gênero de trabalho".[78] Como consequência, mais e mais traduções eram encomendadas ao corpo de tradutores, que se desdobraram para atender às exigências desse editor. Em seguida, são listadas as traduções realizadas por Salvador de Mendonça, ao lado de informações a respeito da aparição das mesmas obras no país de origem:

Título original/título da tradução/autor	Momento de aparição no Rio de Janeiro/ periódico ou editor	Momento de aparição em Paris/ periódico ou editor
Jean de Thommeray/João de Thommeray, Jules Sandeau	Em livro: julho de 1873, por Garnier.	Em folhetim: abril de 1873 na *Revue des Deux Mondes*; Em livro: agosto de 1874, por Michel Lévy.

77. *A Reforma*, 8 de julho de 1873, n. 153.
78. *A Reforma*, 8 de julho de 1873, n. 153.

Le dernier vivant/*O Sobrevivente*, Paul Féval	Em livro: setembro de 1873, por Garnier.	Em livro: maio de 1873, por E. Dentu.
Le Coureur des Bois ou les Chercheurs d'Or/*O Batedor dos Matos ou Os faiscadores; O Mateiro ou os Bandeirantes*, Gabriel Ferry	Em folhetim: janeiro e fevereiro de 1874, no jornal *A República*. Em livro: fevereiro de 1874, por Garnier.	Em revista: em 1850 na *Revue étrangère de la Littérature, des sciences et des arts*; Em livro: 1855-1856, por Louis Hachette.
Quatrevingt-treize/*Noventa e três*, Victor Hugo	Em livro: maio de 1874, por Garnier.	Em livro: fevereiro de 1874, por Michel Lévy.
De la terre à la lune/*Da terra à Lua*, Jules Verne	Em livro: agosto de 1874, por Garnier.	Em folhetim: setembro de 1865, no *Journal des Débats*; Em livro: 1865, por Hetzel.
La mouche; Histoire d'un Merle Blanc/ *Contos de Musset: A Pinta e Melro Branco*, Alfred de Musset	Em folhetim: "História de um Melro Branco" setembro de 1874 no jornal *O Globo*; "A Pinta": setembro de 1874 no jornal *O Globo*; Em livro: outubro de 1874, por Garnier.	*Histoire d'un Merle Blanc*: Em livro: janeiro de 1842, por J. Hetzel. Em folhetim: "La Mouche", dezembro de 1853 e janeiro de 1854, no periódico *Le Moniteur Universel*.
Vicomtesse Alice/ *Viscondessa Alice*, Albéric Second	Em folhetim: agosto e setembro de 1874 no jornal *O Globo*. Em livro: novembro de 1874, por Garnier	Em livro: junho de 1873, em *Le Petit Journal*, por E. Dentu.
La retraite de Laguna: épisode de la guerre du Paraguay/ *A retirada da Laguna*, Alfredo d'Escragnolle Taunay	Em livro: 1874, pela Tipographia Americana.	Em livro: 1871, pela Typographia Universal (Rio de Janeiro), de Laemmert. 1879, Paris, por E. Plon (Garraux, 1898, p. 100)
Mademoiselle de Maupin/ *Mademoiselle Maupin*, Théophile Gautier	Em livro: fevereiro de 1875, por Garnier.	Em livro: 1835/1836, por Renduel.
Docteur Ox, Maître Zacharius, Un hivernage dans les glaces, Un drame dans les airs (inclus *Quarantième ascension française au Mont Blanc*)/ *Doutor Ox, Mestre Zacarias, Uma invernada no gelo, Um drama nos ares*, Jules Verne.	Em livro: fevereiro de 1875, por Garnier.	Em livro: maio de 1874, por J. Hetzel.

La semaine des quatre jeudis/*O Dia de São Nunca*, Albéric Second	Em livro: maio de 1875, por Garnier.	Em livro: abril de 1872, por E. Dentu.
Mademoiselle Mariani/ *Mademoiselle Mariani*, Arsène Houssaye	Em livro: junho de 1875, por Garnier.	Em livro: junho de 1859, por Michel Lévy.
Une larme du Diable: *Une larme du Diable, La chaîne d'or, Omphale, histoire Rococo, Le Petit Chien da la Marquise, Le nid de Rossignols, La morte amoureuse, Une nuit de Cléopâtre* (dentre outros)/ *Contos de Théophile Gautier*: *Omphalia, O vellocinio, O Cãozinho da marquesa, a amante d'além-túmulo, a cadeia de ouro, uma noite de Cleópatra*, Théophile Gautier	Em livro: junho de 1875, por Garnier.	Em livro: 1839, por Desessart éditeur; 1874, por Charpentier.
Le secret de Javotte/*O segredo de Javotte*, Alfred de Musset	Em folhetim: abril e maio de 1875 no jornal *O Globo*; Em livro: outubro de 1875, por Garnier.	Em folhetim: junho de 1844 em *Le Constitutionnel*.
Mademoiselle Mimi Pinson: profil de grisette/*Mimi Pinson*, Alfred de Musset	Em folhetim: maio e junho no jornal *O Globo*. Em livro: novembro de 1875, por Garnier.	Em livro: 1845, por J. Hetzel.
Pierre et Camille/ *Pedro e Camilla*, Alfred de Musset	Em folhetim: maio de 1875 no jornal *O Globo*; Em livro: novembro de 1875 por Garnier.	Em folhetim: 1844 em *Le Constitutionnel*; Em livro: 1845 por J. Hetzel.
Le Roi Candaule; Fortunio/ *Novelas, O Rei Candaule e Fortunio*, Théophile Gautier	Em livro: agosto de 1875, por Garnier.	Em folhetim: "L'Eldorado ou Fortunio": maio e junho de 1837 em *Le Figaro*. Em livro: 1838, Desessart. Em folhetim: "Le Roi Candaule", outubro de 1844 no jornal *La Presse*; Em livro: 1845, por Charpentier.

Mademoiselle Cléopâtre: histoire parisienne/ Mademoiselle Cleopatra. História parisiense, Arsène Houssaye	Em folhetim: setembro de 1871. Em livro: abril de 1875, por Garnier.	Setembro de 1864, por Michel Lévy.
Prodigieuse découverte; Descobrimento prodigioso, Armand Audoy, sob o pseudônimo X. Nagrien	Em livro: março de 1876, por Garnier.	Em livro: *Prodigieuse découverte*, agosto de 1867, por J. Hetzel.
Quarantième ascension française au Mont Blanc/ Quadragésima ascensão dos franceses ao Monte Branco, Paul Verne	Em livro: março de 1876, por Garnier.	Em livro: maio de 1874, por J. Hetzel.
Avatar/Avatar, Théophile Gautier	Em livro: junho de 1876, por Garnier.	Em folhetim: fevereiro a abril de 1856, em *Le moniteur Universelle*. Em livro: 1857, por Hetzel.

Tabela 3: obras traduzidas por Salvador de Mendonça[79]

O tempo transcorrido entre a publicação do original na França e a disponibilidade da tradução no Rio de Janeiro revela que o processo se dava rapidamente muitas vezes, resultando que o leitor fluminense poderia ler uma obra traduzida alguns meses depois de seu lançamento em língua original. Chama a atenção o caso do romance *João de Thommeray*, de Jules Sandeau, oferecido ao público da corte antes que sua edição em livro saísse na França. Provavelmente, a tradução foi realizada a partir da publicação do romance na *Revue des Deux Mondes* em abril de 1873. *Le dernier vivant*, de Paul Féval, apareceu para o leitor francês em maio de 1873, e, em setembro do mesmo ano, recebeu crítica no jornal *A Reforma*, que apontava a

---

79. Para tal pesquisa, recorremos aos periódicos disponíveis *online* nos acervos digitalizados da Fundação Biblioteca Nacional e no Gallica, da Bibliothèque Nationale de France. Periódicos consultados: *A Reforma - órgão democrático*; *A República*; *O Globo*; *Revista Ilustrada*; *Vida Fluminense*; *Revue des Deux Mondes*; *La Bibliographie Contemporaine*: revue bimensuelle de tous les ouvrages nouveaux ou nouvellement réédités; *Journal des Débats*; *Magasin Illustré d'Éducation et de Récréation*; *Le Galois*; *Le Temps*; *Polybiblion*: revue bibliographique universelle; *Le Figaro*; *Le Constitutionnel*; *Le Moniteur Universel*; *La Presse*; *Le Petit Journal*.

tradução do romance como um dos lançamentos da casa Garnier. Outros títulos que chegaram ao Rio de Janeiro no mesmo ano de edição em livro na França são *Noventa e três*, de Victor Hugo, e *A ilha misteriosa: os náufragos do ar*, de Jules Verne. O romance *Noventa e três* era aguardado do público havia quase uma década no Brasil e na França, como revela nota do jornal *Diário do Rio de Janeiro* de 11 de dezembro de 1866, em que foi noticiado o interesse do editor Lacroix na compra do romance.[80] Em 14 de abril de 1874, um capítulo de *Noventa e Três* foi veiculado pelo jornal *A Reforma*, que também anunciava para breve a aparição do romance por Garnier. Em 2 de maio de 1874, foi publicada pelo mesmo jornal a introdução crítica escrita por Salvador de Mendonça, a qual figuraria na versão brasileira. Por meio das páginas dos periódicos, o público leitor fluminense estava se familiarizando a esse romance e aos debates em torno dele ao mesmo tempo em que o público francês. Três meses depois do lançamento em Paris, os leitores cariocas podiam ter acesso à obra em língua portuguesa.

Todos os títulos, ainda aqueles que tiveram sua primeira aparição décadas antes, como as novelas e os romances de Théophile Gautier, os contos de Alfred de Musset, os primeiros romances de Jules Verne e, ainda, os romances do hoje desconhecido Arsène Houssaye mantinham-se no gosto do público francês, uma vez que continuavam a acumular edições nas décadas de 1870 e 1880. Gabriel Ferry, ao longo da década de 1870, ainda estava em evidência, com publicações em jornais e revistas e novas edições em livro. Foi localizada uma edição de *Le Coureur des Bois ou les Chercheurs d'Or* de 1878 pela L. Hachette.

Seguindo as formas de circulação das traduções de Salvador de Mendonça, é possível verificar que nem todas são publicadas com exclusividade por Garnier. Os contos de Musset, por exemplo, foram veiculados antes pelo jornal *O Globo*. *Uma noite de Cleópatra*, de Théophile Gautier, como vimos, fora publicado pelo jornal *A República*. *A Viscondessa Alice*, de Albéric Second, saíra em folhetim pelo jornal *O Globo*, no qual foi anunciado pela editora Garnier dois

---

80. *Diário do Rio de Janeiro*, de 11 de dezembro de 1866, n. 295.

meses depois da veiculação do último capítulo. Um rápido cotejo entre os textos de *Pedro e Camilla*, publicados em folhetim em maio de 1875 no jornal *O Globo* e em livro em novembro do mesmo ano por Garnier, comprova que se trata da mesma versão. É possível aventar duas hipóteses acerca dessa difusão das mesmas traduções de Mendonça: a exemplo do que vimos quanto ao jornal *A República*, Garnier mantinha acordos com vários periódicos, nos quais publicava as obras que pretendia editar em livro para, assim, testar a sua audiência no Brasil; ou Salvador de Mendonça fazia vários acordos para multiplicar a renda proveniente do mesmo trabalho. As traduções veiculadas nos periódicos saíam anonimamente, mas as versões em livro traziam em seu frontispício o nome do tradutor:

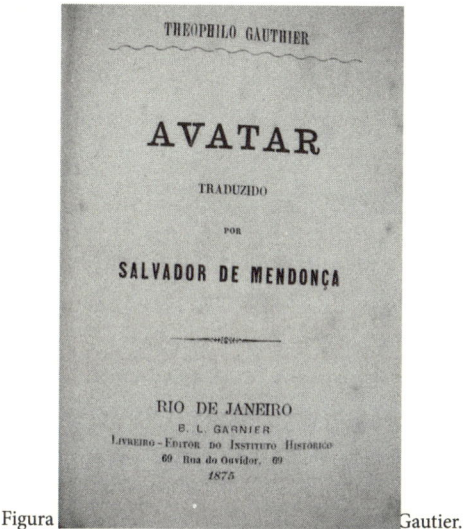

Figura ... Gautier.
Rio de Janeiro: B. L. Garnier, 1875.

As críticas, anúncios e catálogos destacavam o nome de Salvador de Mendonça, que, como já mostrado, era apontado como o de um competente tradutor e dava a "garantia de boa versão".[81] O mérito

---

81. *A Reforma*, 4 de maio de 1875, n. 97.

de sua tradução residiria ainda, segundo os críticos, na sua capacidade de aprimorar o texto original. Em crítica a *Mademoiselle de Maupin*, de Théophile Gautier, o jornalista anônimo afirmou que "conseguiu Salvador de Mendonça escrever em português de forma tal, que nenhuma das belezas do opulento estilo do autor foi perdida, e as asperezas do fundo foram disfarçadas do melhor modo possível".[82] Os elogios se replicavam: "traduzido primorosamente pelo Sr. Salvador de Mendonça";[83] "admiravelmente vertido por Salvador de Mendonça";[84] "a natureza dos escritos, e os nomes do autor e do tradutor são poderosas recomendações";[85] "*Avatar* é um conto de Theophilo Gautier traduzido por Salvador de Mendonça: aqui fica o maior elogio que se pode fazer ao livro";[86] "mencionando-se o nome do autor, e do festejado tradutor, nada mais é preciso acrescentar";[87] "...mais uma tradução por quem sempre as faz com primor o Sr. Dr. Salvador de Mendonça".[88] O seu nome chega a ser mais familiar que os dos próprios romancistas. Referindo-se à versão de *Jean de Thommeray*, de Jules Sandeau, o jornalista anônimo de *O Mosquito* destacou: "O nome do tradutor, mais conhecido entre nós que o do autor, parece ser uma garantia à bondade do trabalho".[89] Esse aspecto é comprovado pelo próprio frontispício da tradução do romance *Avatar*, ilustrado acima, no qual o nome de Mendonça tem maior destaque que o do autor, Théophile Gautier. Tal prestígio favoreceu a escolha do nome de Salvador de Mendonça para verter *La retraite de Laguna*. A obra de Taunay foi impressa em francês em 1871 por ordem do Visconde do Rio Branco, com o intuito de divulgar os feitos bélicos do Brasil entre os europeus. Sua tradução, saída pela Tipografia Americana em 1874, foi uma iniciativa do Ministro da

---

82. *A Reforma*, 26 de fevereiro de 1875, n. 42.
83. *A Reforma*, 24 de fevereiro de 1875, n. 40.
84. *A Reforma*, 26 de fevereiro de 1875, n. 42.
85. *A Reforma*, 17 de junho de 1875, n. 133.
86. *A Reforma*, 24 de junho 1876, n. 140.
87. *Gazeta de Notícias*, 7 de março de 1876, n. 66.
88. *O Globo*, 6 de agosto de 1875, n. 214.
89. *O Mosquito*, 12 de julho de 1873, n. 200.

Guerra, Senador João José de Oliveira Junqueira, para vulgarizar o livro entre os brasileiros.

Em princípio de 1875, Mendonça publicou enfim o seu romance *Marabá*, editado por Gomes de Oliveira e impresso na tipografia do *Globo*. O romance dialoga com temas recorrentes na literatura estrangeira e guarda elementos que eram empregados na caracterização da nacionalidade, como a cor local, a mistura e convivência de raças, o retrato dos costumes. Esse romance, devido à atuação política e partidária de Salvador de Mendonça em prol da República, apresenta também caráter panfletário contra o regime monárquico e contra a política dos conservadores e dos liberais. Posicionava-se a favor do modelo político dos Estados Unidos, cuja defesa era feita através da voz do protagonista Agenor. A edição em livro do romance contou com uma apresentação pelo próprio Mendonça, na qual expressou o seu desejo de contribuir com o romance para a firmação da nacionalidade da literatura brasileira: "Natural é, porém, que concorram todos, na proporção de suas forças, para o desenvolvimento da literatura nacional" (Mendonça, 1875, p. VI). O romance foi antecedido ainda de uma apreciação de José de Alencar em carta pessoal destinada a Mendonça, que a transcreveu nas páginas iniciais de seu romance com o fim de captar mais atenção para a obra. Na epístola, Alencar fez elogios e também reparos ao romancista: "Felicito-o por seu romance, que li com extremo prazer. (...) a *Marabá* não mostra todo o quilate de sua inspiração, nem dá a medida de seu talento, conhecido e provado em outras províncias literárias" (Alencar *in* Mendonça, 1875, p. VII, "Carta de 12 de fevereiro de 1875 a Salvador de Mendonça").

A carta desempenhou um papel relevante na recepção que o romance teve na imprensa. O próprio jornal *O Globo* fez uso do fato para legitimar o romance publicado em suas páginas e em sua própria tipografia: "Salvador de Mendonça acaba de ser sagrado talento superior por José de Alencar – o mestre desta geração".[90] Em *A Reforma*, uma crítica assinada por Dr. Malignus destacou que

---

90. *O Globo*, 17 de fevereiro de 1875, n. 47.

Mendonça "acaba de revelar-se o romancista de primeira ordem, na sua *Marabá*" e reconheceu no romance um papel no enriquecimento da literatura nacional: "Finalmente, meu amigo, a literatura pátria vai se avolumando aos poucos, um lugar de honra merece sem dúvida a *Marabá*. Deem-lho os críticos".[91]

Ainda no ano de 1875, Salvador de Mendonça foi convidado para o cargo de cônsul em Baltimore, nos Estados Unidos. Partiu em julho daquele ano, mas nem chegou a assumir, uma vez que surgiu uma vaga no consulado de Nova York, para a qual foi imediatamente escalado. A partir de agosto de 1876, não se têm mais notícias de novas traduções de Mendonça.

O caso de Salvador de Mendonça ilustra a tensão entre a formação da literatura nacional e a difusão da literatura estrangeira no país a partir de meados do Oitocentos, quando havia um empenho dos homens de letras em consolidar a literatura nacional, fazendo-a reconhecida no Brasil e no exterior. A produção nacional era inalienável da intensa presença da literatura estrangeira, que representou não apenas um repertório com o qual esses mesmos homens de letras buscavam dialogar para a conformação do pensamento literário no país, mas também a garantia de um espaço para o seu exercício profissional, por meio de traduções, resenhas e veiculação dessa literatura nos jornais. Salvador de Mendonça almejava ver a firmação da literatura nacional através de um debate consistente e de uma produção de qualidade, para os quais contribuiu como escritor, redigindo críticas e textos literários, e como editor de folhas periódicas, dando espaço para o debate e a produção literária nacional. Mas esses mesmos papéis de escritor e editor lhe exigiram tomar parte no comércio de circulação de obras estrangeiras, o qual dava sustentação ao mercado das letras no Brasil no período e a muitos profissionais que viviam da pena, divididos entre as letras pátrias e estrangeiras.

A constituição da literatura brasileira não pode ser pensada, portanto, sem se considerar esse abrangente quadro das letras da

---

[91]. *A Reforma*, 7 de março de 1875, n. 50.

época, que compreendia uma vasta presença de livros estrangeiros, originais e traduzidos, oferecidos aos leitores, gerando tensões e impasses para a firmação de um espaço de difusão dos impressos brasileiros e para a consolidação de uma tradição genuinamente nacional. O discurso que os homens de letras construíram a respeito da literatura brasileira mostra as suas ambições quanto à promoção da produção do país entre os seus patrícios, o que, diante desse quadro disputado, necessitou de um esforço no sentido de fomentar a aceitação, leitura e valorização dos livros brasileiros pelos leitores e de evidenciar o caráter de sua especificidade em relação à literatura importada. Revela também a integração da criação literária nacional num movimento literário de caráter transnacional, do qual os homens de letras tinham consciência, a julgar pelo diálogo estabelecido com as obras e com os termos da formação literária de diferentes países. Trataremos desses dois aspectos presentes no discurso de José de Alencar e dos críticos da época no próximo capítulo.

CAPÍTULO 2
A CONSTRUÇÃO DE UM DISCURSO NACIONAL FRENTE À PRESENÇA ESTRANGEIRA

Com quais ingredientes se faz uma nacionalidade

A construção de uma identidade nacional no século XIX não foi uma especificidade do Brasil ou dos países americanos. Conforme estudo de Anne-Marie Thiesse, esse esforço fez parte das atividades de indivíduos por toda a Europa, movimento que a leva a entender que "nada é mais internacional do que a formação das identidades nacionais", uma vez que essa formação foi resultado "de intensas trocas internacionais" entre os Estados-nações europeus. É possível, portanto, refletir sobre a participação nesse movimento dos países americanos, incluindo o Brasil, com os quais os europeus também estavam em contato. Havia, na verdade, um verdadeiro consórcio do mundo ocidental pela criação da nacionalidade em cada nação. Todos estavam empenhados em "inventariar" o seu patrimônio cultural, assim como em "inventá-lo", uns contribuindo com os outros ou mesmo imitando uns aos outros, tendo em vista as limitações históricas e as necessidades ideológicas de cada nação. Para tanto:

> A tarefa era ampla, e foi longa e coletiva. Um vasto atelier de experimentação, desprovido de mestre de obra e no entanto intensamente animado, teve início na Europa no século XVIII e conheceu sua mais

alta produtividade no século seguinte. Sua característica foi ser transnacional. Não que tenha havido concertação prévia e divisão de trabalho, mas todo esse grupo nacional se mostrava bastante atento ao que cumpriam seus pares e concorrentes, empenhando-se em adaptar por sua própria conta um novo achado identitário, sendo, por sua vez, imitado desde que ele tenha concebido um aperfeiçoamento ou uma inovação.[1]

O Brasil tomou parte dessa tarefa. A leitura que a historiografia brasileira fez do período considerou a atividade dos letrados como subordinadas e imitadoras da produção europeia, por ser o país uma nação nova e insuficiente para construir a sua especificidade. No entanto, essa visão é passível de ser refeita, uma vez que esses mesmos letrados, em especial José de Alencar, para o nosso caso de estudo, demonstravam bastante atenção ao que se passava no mundo ocidental com o fim de participar desse movimento de caráter transnacional. Alencar, em seus artigos críticos, revelou perspicácia no reconhecimento desse esforço nas demais nações, fazendo uso dos modelos estrangeiros que alcançaram êxito para o delineamento da identidade literária no Brasil, não só na sua obra, como nos conselhos e críticas às obras de seus pares. Como apresenta Thiesse, é comum entre os agentes a evocação de realizações estrangeiras da mesma matéria para destacar a necessidade de sua tarefa. A França foi uma importante referência não somente porque os brasileiros queriam se livrar do ranço colonial e do jugo português, mas porque ela significou um paradigma para o mundo, ainda que houvesse tensões em alguns países que procuravam subvertê-lo. Thiesse apresenta uma espécie de *check-list* identitária, formada por elementos simbólicos e materiais dos quais os grupos lançavam mão no processo de criação da

---

1. "*La tâche était d'ampleur, elle fut longue et collective. Un vaste atelier d'expérimentation, dépourvu de maître d'œuvre et pourtant intensément animé, s'est ouvert en Europe au XVIIIe siècle et a connu sa plus haute productivité au siècle suivant. Sa caractéristique fut d'être transnational. Non pas qu'il y ait eu concertation préalable et division de travail: mais tout groupe national se montrait fort attentif à ce qu'accomplissaient ses pairs et concurrents, s'empressant d'adapter pour son propre compte une nouvelle trouvaille identitaire, étant à son tour imité dès qu'il avait conçu un perfectionnement ou une innovation.*" (Thiesse, 2001, p. 13).

nacionalidade. Dentre eles, constavam a história, os heróis, a língua, os monumentos culturais, o folclore, a paisagem, as representações oficiais, como hino e bandeira, e o pitoresco (Thiesse, 2001, p. 13).

Todos esses itens são familiares aos que se debruçaram sobre o estudo da nacionalidade brasileira e constam nas iniciativas dos escritores brasileiros do século XIX. Vistos como específicos da construção da identidade brasileira, esses aspectos, na verdade, fazem parte de um padrão internacional, em voga no período, de construção de identidades nacionais. Cada país fazia suas "próprias montagens a partir dessas mesmas categorias elementares", buscando estabelecer "relações entre o universal e o particular" (Thiesse, 2001, p. 23). Tendo em vista a força da presença da cultura estrangeira no Brasil do Oitocentos, trabalharemos alguns desses itens na perspectiva de Alencar, para entender qual tipo de montagem o escritor propôs para a criação da especificidade brasileira.

O idioma

Cada estado europeu, durante o processo de formação da identidade nacional, dedicou-se à conformação de uma língua própria, incentivando a ampliação do uso da língua vulgar local ou concentrando os diferentes dialetos em uma língua comum, em detrimento do latim e do francês, que alcançava sua expansão e hegemonia no mundo (Casanova, 2002). A escrita de gramáticas e dicionários e o uso do vernáculo na imprensa contribuíram para a tomada de consciência de uma identidade linguística e nacional (Thiesse, 2001, p. 69) e proporcionavam ao idioma local a sensação de antiguidade. Thiesse destaca o caráter deliberado da conformação linguística pelos letrados: "De fato, da formulação inicial: 'A nação existe porque ela tem uma língua', passa-se, quando se difunde na Europa a ideia nacional, a uma formulação inteiramente diferente: 'A nação existe, então é necessário lhe dar uma língua'".[2]

---

2. "*En fait, de la formulation initiale: 'La nation existe puisqu'elle a une langue', on passe, lorsque se diffuse sur l'ensemble de l'Europe l'idée nationale, à une for-*

No caso do Brasil, Alencar discutiu a questão da língua na nacionalidade da literatura brasileira em diferentes escritos, a qual significou um dos elementos-chave de seu pensamento literário. Mirhiane Mendes de Abreu deteve-se nesse aspecto, mostrando ser a língua "um dos temas condutores da sedimentação do pensamento teórico-literário no período romântico" (Abreu, 2002, p. 85). Sobre o pensamento de Alencar e suas contribuições, a autora evidencia a importância da autenticidade da língua, ao lado da história e da natureza, para a conformação do estilo literário brasileiro, aspectos ressaltados pela estudiosa nas notas de pé de página de romances de Alencar, espaço em que o autor buscou elucidar ao leitor as novidades adotadas na escrita (Abreu, 2002, p. 85). A tensão na abordagem da língua pelos literatos brasileiros deu-se em razão da origem do idioma português, provindo da nação colonizadora, da qual o Brasil buscava se diferenciar. As regras linguísticas do português eram consideradas invioláveis pelos eruditos portugueses, mas tornavam-se insustentáveis no Brasil, devido às alterações sofridas em seu uso e à interferência de outras línguas, nativas e europeias. Essa relação com os idiomas estrangeiros aparece exemplificada numa nota do *Correio Mercantil* de 15 de janeiro de 1855, na qual um leitor da folha se queixou do emprego de palavras estrangeiras nos jornais do período, dando como exemplo termos presentes na crônica de Alencar da seção de *Ao correr da pena* do dia anterior. Ao final, questionou: "Mas não acham os senhores redatores que seria melhor nacionalizar primeiro a língua?"

Alencar respondeu a essa crítica na crônica de 21 de janeiro de 1855, dando como réplica outra pergunta: "Mas que quer dizer nacionalizar a língua portuguesa? Será misturá-la com o tupi? Ou será dizer em português aquilo que é intraduzível, e que tem um cunho particular nas línguas estrangeiras?". Para testar essa última hipótese, buscou traduzir palavras estrangeiras usadas no cotidiano, de forma a ridicularizar tal tentativa: "Daqui em diante, em vez de se dizer passeei num *coupé*, se dirá num cortado (...). E assim tudo o

---

mulation toute différente: 'La nation existe, donc il faut lui donner une langue'." (Thiesse, 2001, p. 70).

mais. Quanto a termos de teatro, fica proibido o uso das palavrinhas italianas, porque enfim é preciso nacionalizar a língua".

A preocupação com a língua seria retomada nas *Cartas sobre A Confederação dos Tamoios*, nos prefácios, e geraria também algumas polêmicas. Em todos os casos, veremos, a proposta é promover um ajuste entre o estrangeiro e o local, o civilizado e o indígena, de forma a deixar transparecer naturalidade (adequação). Nas *Cartas sobre A Confederação dos Tamoios*, Alencar mostra que havia, desde então, um interesse dos letrados em se opor ao uso indiscriminado de termos indígenas na composição de obras nacionais, opinião da qual partilhava, mas opunha-se à ideia de "que devemos ver a natureza do Brasil com os olhos do europeu, exprimi-la com a frase do homem civilizado, e senti-la como o indivíduo que vive no doce *confortable*" (Alencar *in* Magalhães, 2007, p. XXXIX, "Última carta"). Nessa série de cartas, enumerou escritores de formação europeia que conseguiram negociar a sua carga retórica com as imagens locais, o que resultou em obras tidas como modelo. Dentre eles, destacou Bernardin de Saint-Pierre, Chateaubriand, Byron com seu *Childe Harold*, Eugène Pelletan, sem esquecer da tradição clássica, ao mencionar Virgílio.

Na "Carta ao Dr. Jaguaribe", anexa à edição de *Iracema* (1865), Alencar deu continuidade às opiniões das *Cartas sobre A Confederação dos Tamoios*, as quais, segundo a historiografia, pautaram a produção deste e de outros romances do escritor. De fato, parece haver um diálogo bem próximo entre o que Alencar sugeriu a Magalhães e o que ele próprio propôs com *Iracema*. Na carta presente no final da edição, podemos verificar a busca de Alencar pela junção dos elementos civilizados com os selvagens, com o fim de adaptar o idioma português à expressão de imagens que soassem naturais na voz de um indígena ou na do narrador que buscasse contar a sua história. Sabemos que o português de Alencar não era castiço nem subserviente às normas de Portugal, o que lhe rendeu muitas críticas, entre elas a de Pinheiro Chagas, que, ao resenhar *Iracema*, destacou como defeito da obra "a falta de correção na linguagem portuguesa, ou antes a mania de tornar o brasileiro uma língua diferente do velho português" (Chagas, 1868 *apud* Silva, 2004, p. 254). Alencar respondeu a essa crítica no prefácio do romance *Sonhos d'ouro* (1872), intitulado "Benção Paterna", no qual mostrou o interesse dos homens de letras brasileiros em construir uma literatura nacional, mas lamentou o fato de defenderem que o "português deve ser ainda mais cerrado, do que usam atualmente nossos irmãos de além-mar; e sobretudo cumpre eriçá-lo de hh, e çç, para dar-lhe aspecto de uma mata virgem" (Alencar, 1872, p. XII). Enxergava como inviável tal empreitada ou mesmo se negava a fazê-la por entender que a sociedade brasileira se delineava por meio do contato com diferentes nacionalidades, aspecto ilustrado em seu discurso pela imagem da paleta, composta por diferentes cores, as quais, juntas, resultavam numa nova coloração. Dessa forma, aspectos da cultura italiana, inglesa, espanhola, americana, portuguesa e francesa "a pouco e pouco vão diluindo-se para infundir-se n'alma da pátria adotiva, e formar a nova e grande nacionalidade brasileira" (Alencar, 1872, p. XV). Para reiterar a especificidade brasileira defendida ao longo do prefácio, finalizou-o com a famosa tirada: "O povo que chupa o caju, a manga, o cambucá e a jabuticaba, pode falar uma língua com igual pronúncia e o mesmo espírito do povo que sorve o figo, a pera, o damasco e a nêspera?" (Alencar, 1872, p. XIX).

A perspectiva dessa relação com diferentes culturas como tentativa de distanciamento da tradição portuguesa aparece de maneira bem mais enfática em seus artigos incompletos, cujos manuscritos encontram-se no Museu Histórico Nacional do Rio de Janeiro, alguns tendo sido publicados nas suas obras completas pela editora Aguilar. Talvez pela ousadia de suas pospostas, Alencar não tenha se animado a concluí-los e a torná-los públicos. Entre esses manuscritos, há um projeto para um opúsculo intitulado "A Literatura Brasileira", documento valioso por condensar a noção que o escritor tinha da literatura em formação no país. O esboço aparece em tópicos, às vezes apresenta frases curtas para alguns deles. Tentaremos interpretar os fundamentos do planejado artigo através desse esboço manuscrito.[3]

---

3. Alencar, José de. A literatura brasileira. Manuscrito. Caderno II. Museu Histórico Nacional. Ibram. Publicado em Alencar, José. *Obra Completa*, p. 9-12. Fábio

Para o autor, a literatura é uma arte superior às demais: "Grande superioridade deste ramo sobre os outros"; "dirige-se mais à inteligência; as outras artes são mais acanhadas; e dirigem-se ao sentimento". Compõe-se, a seu ver, de três fatores: "I – a substância; II – a forma; III – o instrumento". A substância "refere-se à vária feição que toma o espírito dos povos conforme a influência do clima, do solo e da raça". Mais à frente, ele substituiu o termo "substância" por "gênio". Sobre a forma, "é a maneira usual por que se manifesta o pensamento literário; e conhece-se por escola de literatura"; já o instrumento "é a palavra por meio da qual a ideia é transmitida; e chama-se a língua". Por ora, vamos nos deter no que ele declarou em seu esboço a respeito da língua. O escritor ressaltou o caráter inicial da formação literária no Brasil no momento, entendendo que seu desenvolvimento a afastaria cada vez mais da ascendência portuguesa: "A nossa [literatura] com 40 anos está em embrião, em elaboração. Seu processo deve levá-la a separar-se cada vez mais da portuguesa donde deriva". A separação consistiria justamente nesses três fatores, gênio, forma e língua, que se apresentariam de maneira diferenciada no solo brasileiro. Quanto ao desenvolvimento da distinção linguística, é aí que Alencar revela maior ousadia, ao sugerir a existência de um "dialeto brasileiro", diferente do "dialeto português": "O dialeto brasileiro já se distingue do dialeto português: e cada vez essa distinção deve ser mais profunda".[4]

Vê-se, aqui, o mesmo movimento apontado por Thiesse para a criação da nacionalidade nos países europeus, o de criar uma língua própria e de legitimar a sua existência perante as demais nações. Alencar defendeu uma certa emancipação do português falado no Brasil em relação às regras de Portugal, assim como de sua literatura e demais manifestações artísticas, cuja regulação deveria ficar a cargo

---

Freixieiro (1973, vol. XXIV) tece algumas críticas aos textos inéditos que foram estabelecidos pela editora Aguilar. Achamos conveniente, portanto, consultar os originais.
4. Alencar, José de. A literatura brasileira. Manuscrito. Caderno II. Museu Histórico Nacional. Ibram.

dos próprios brasileiros: "Somos nós, é o Brasil, quem deve fazer a lei sobre a sua língua, o seu gosto, a sua arte e a sua literatura. Essa autonomia, que não exclui a lição dos mestres antigos e modernos, é não só um direito, mas um dever."[5] O desenvolvimento desse raciocínio o leva mesmo a sustentar a "superioridade do dialeto brasileiro" e, consequentemente, a "superioridade do estilo brasileiro" diante do português de Portugal.

Alencar escreveu ainda, dessa vez de maneira menos fragmentada, a introdução desse projeto de opúsculo, na qual reforçou a importância da língua para o seu texto: "Estava nesse desígnio o estudo da língua, como instrumento da literatura." Impulsionado pelas críticas que lhe foram feitas sobre o seu estilo, Alencar insistiu na discussão da língua nesse e em outros ensaios: "Bem sentia eu a necessidade dessa defesa; porque o aparecimento de algum livro meu provocava sempre reparos a respeito de alguma insurreição contra o rigorismo dos clássicos."[6]

Alencar rascunhou um outro artigo sobre o mesmo tema, com o título "A língua portuguesa no Brasil". O esboço apresenta-se em curtos tópicos, dos quais se depreende que seu intento era dissertar a respeito da "origem", "formação", "idiotismo" e "revolução atual da língua portuguesa". Citou Pinheiro Chagas, escritor português, e Antonio Henriques Leal, brasileiro – mas que mantinha contatos em Portugal, onde morou e exerceu suas atividades por muitos anos –,[7] os quais o criticaram por conta de seu estilo. Alencar mostrou ainda o quanto as línguas se interferiam mutuamente no processo histórico de sua formação linguística: "espanhol, inglês, francês e português, duas línguas [latim e francês] e duas cores,

---

5. Carta de José de Alencar (*in* Pereira, 2012, p. 136) enviada aos redatores da revista *Luz* em 26 de novembro de 1874.
6. Alencar, José de. A literatura brasileira. Manuscrito. Caderno II. Museu Histórico Nacional. Ibram.
7. Apontamentos manuscritos sobre a vida de Antonio Henriques Leal, redigidos por seu filho, General Alexandre Leal. Esse documento é conservado pelo Instituto Histórico e Geográfico Brasileiro - IHGB.

formam uma", as quais eram "subsidiárias umas das outras".[8] Em crítica ao *Dicionário Contemporâneo*, de Caldas Aulete, Alencar defendeu novamente a superioridade da língua portuguesa do Brasil e opôs-se aos propósitos desse dicionário, que desconsiderava o desenvolvimento da particularidade e da independência linguística do país. Para Alencar (1960, p. 1.027), essa distinção linguística iria se "consumar fatalmente", proporcionando ao Brasil "um idioma seu, muito mais rico e mais sonoro, do que o de Portugal".

A questão da língua perpassa quase toda a concepção teórica de Alencar a respeito da nacionalidade da literatura brasileira, e as críticas que recebeu dos letrados portugueses estimularam a abordagem do tema em seus escritos. Em "Ressalva", um outro esboço de artigo, no qual nos deteremos mais tarde, Alencar questionou: "Por que não há de Portugal, respeitar os ridículos ou defeitos que possa ter o Brasil, e deixá-lo afeiçoar à sua maneira a língua, criar-se literatura própria, e receber de outros países muito mais adiantados o influxo do progresso?"[9] Pronunciou-se sobre as críticas dos portugueses ao seu estilo também em "Questão Filológica" (1874), no qual respondeu a Antonio Henriques Leal e, através dele, aos portugueses que o censuravam: "Meu verdadeiro contendor não é o senhor Dr. Leal, mas a literatura portuguesa, que tomada de um zelo excessivo pretende por todos os meios impor-se ao império americano" (Alencar, 1960, p. 240, "Questão Filológica"). Sustentou ainda que, a despeito da acusação de empregar galicismos, se necessário, não prescindiria de usar dos exemplos do francês ou de outros idiomas: "usarei de todas as metáforas elegantes e expressivas que porventura colha nos bons autores franceses, ou de qualquer outra nação" (Alencar, 1960, p. 945). Portanto, para legitimar a língua usada no Brasil e sua literatura, Alencar propunha afastá-las das imposições

---

8. Alencar, José de. A língua portuguesa no Brasil. Manuscrito. Caderno II. Museu Histórico Nacional. Ibram. Publicado em ALENCAR, José de. *Obras Completas*. Rio de Janeiro: Editora José Aguilar, 1960, p. 8-9.
9. Alencar, José de. Ressalva. Manuscrito. Caderno II. Museu Histórico Nacional. Ibram.

normativas de Portugal e permitir o contato com outros idiomas, nativos e europeus. Com o fim de fixar essa peculiaridade linguística do português brasileiro, Alencar concebeu ainda uma gramática, que se encontra apenas esboçada em seus manuscritos.[10]

    Nacionalizar a língua portuguesa no Brasil não consistiria em tupinizá-la, para retomar aqui a expressão usada nas crônicas, nem de mantê-la fiel à língua e às tradições lusas, mas de colocar as culturas estrangeiras e os elementos locais no mesmo caldeirão e criar uma fórmula própria, que conciliasse todos esses aspectos que compunham o Brasil na época. Pelo menos essa foi a saída proposta por Alencar para criar uma peculiaridade nacional diante das tensões culturais em embate na época, de maneira a resultar em uma literatura digna de conquistar legitimação nos circuitos literários do mundo ocidental.

A História nacional

Para a elaboração da tradição brasileira, os letrados do país se lançaram à construção de uma História própria, elemento de formação identitária que integrou os esforços não só de brasileiros, mas também dos vários povos que estiveram em busca do delineamento do caráter nacional de sua pátria. João Cezar de Castro Rocha (*in* Peloggio; Vasconcelos; Bezerra, 2015) ressalta o quanto as mais diferentes nações dedicaram-se a essa tarefa, esclarecendo que a dimensão da história dos diferentes países, que os distingue como pertencentes ao Novo ou ao Velho Mundo, impunha-lhes o mesmo tipo de problema, o das origens, pois quanto mais antiga a tradição histórica, mais difícil seria a descoberta dessa origem.

    José de Alencar ansiou por contribuir com a criação dessa história por meio de sua produção ficcional e ensaística, mas foi insistentemente acusado de ser um "sonhador incorrigível", pelo teor de fantasia que teria atribuído aos dados históricos. Partindo de artigo

---

10. Alencar, José. Projeto sobre Gramática. Manuscrito. Caderno XII. Museu Histórico Nacional. Ibram.

de Alencar intitulado "Rio de Janeiro – prólogo",[11] Marcelo Peloggio destacou que a historicidade na sua obra é proveniente da conversão dos "fatos históricos em representação literária", por isso recorria à imaginação, "que recobre a história partindo de acontecimentos reais – a serem tratados quer pela aridez do documento (cartas, decretos, relatórios), quer pela linguagem figurada da obra poética" (Peloggio, 2004, p. 83). O próprio Alencar disse nesse texto: "sou um historiador à minha maneira", destacando que, para escrever uma história do Rio de Janeiro "desde o tempo em que era um vale agreste habitado pelos selvagens, até nossos dias; até o momento em que a civilização a elevou à altura da cidade rainha da América – do Sul" (Alencar *in* Freixieiro, 1977, p. 109), o recurso à literatura e, consequentemente, à imaginação, era imprescindível (Alencar *in* Freixieiro, 1977, p. 110).

Como João Cezar de Castro Rocha mostrou em seu artigo, empenhados em conhecer o passado, Alencar e outros homens de letras brasileiros adotaram a imaginação como estratégia, driblando, assim, um problema familiar não apenas aos brasileiros ou americanos, mas a todas as nações em processo de formação da identidade: a falta de documentos que revelassem as origens e que pudessem sustentar a veracidade histórica representada quer por meio da literatura, quer por meio da escrita da história propriamente dita (Rocha *in* Peloggio; Vasconcelos; Bezerra, 2015, p. 31). O objetivo de todos eles era o mesmo: dar visibilidade à história de sua nação e torná-la reconhecida e respeitada pelas outras nações.

Ao colocar o Rio de Janeiro como a cidade rainha da América do Sul, conforme a citação acima, José de Alencar preconizou um discurso que almejava a história do Brasil em destaque não só na América, mas no mundo, tendo em conta que essa construção provinha da interferência de culturas estrangeiras. Desta feita, o escritor retrocedeu o passado do Brasil à remota antiguidade, pressupondo que

---

11. O artigo permaneceu inédito até 1977, quando foi publicado por Fábio Freixieiro (1977, p. 109-114) em *Alencar: os bastidores e a posteridade*, edição que estabeleceu os textos manuscritos de Alencar do códice 1 (de 15 códices compilados por Mário de Alencar), conservado pelo Museu Histórico Nacional.

a Atlântida cogitada pelos clássicos era a América: "Platão descreve a Atlântida, grande continente cuja situação é a mesma da América. Aristóteles deixou a notícia de uma ilha encantadora, conhecida pelos Cartagineses" (Alencar *in* Freixieiro, 1977, p. 112). Como argumento de autoridade, citou Varnhagen, que aventou essa possibilidade em sua *História Geral do Brasil* (Alencar *in* Freixieiro, 1977, p. 112). Para recuar a origem do continente Americano e lhe dar maior tradição, buscou-se relacioná-la com a antiguidade, aproximando-a das velhas nações europeias, que tiveram o seu berço civilizatório no mundo antigo. A história da América e a do Brasil, no discurso de Alencar, cruzam-se com a do Velho Mundo, pois assim contariam com o reconhecimento necessário para se fazerem importantes e respeitadas.

A mesma tópica da centralidade do Rio de Janeiro na história da América aparece em crônica de "Ao Correr da Pena" do dia 21 de janeiro de 1855, ao referir que essa cidade "surgiu do seio dos mares aos olhos dos navegantes portugueses, e neles recebeu o primeiro influxo da civilização e ergueu-se das entranhas da terra para um dia talvez vir a ser a *rainha da América*" (Alencar, 1960, p. 724).[12] Nesse folhetim, rememorou nomes e feitos importantes na história do Rio de Janeiro. Entre os vultos, citou Martim Afonso, Conde de Bobadela, Villegagnon, Estácio de Sá, D. Pedro I, até chegar ao momento coetâneo, quando os estrangeiros continuavam a ter papel de destaque na conformação da nação. Ao defender a colonização por intermédio da imigração, enalteceu a força de trabalho e inteligência dos colonos para o engrandecimento do país, reafirmando que esse contato resultaria numa "nova seiva que vigora, uma nova raça que vem identificar-se com a raça antiga aperfeiçoando-se uma pela outra" (Alencar, 1960, p. 728). Aos nativistas, aconselhava desfazer-se do que chamou de "ciúmes do estrangeiro", pois, acolhendo os imigrantes e difundindo o Brasil pelo mundo, o nome do país se tornaria "grande e poderoso, respeitado da Europa e do mundo" (Alencar, 1960, p. 729).

---

12. Grifo nosso.

Com o fim de fomentar a nacionalidade brasileira, fazia-se necessária sua conjunção com a história, o povo e a cultura dos territórios europeus, de forma que o Brasil conquistasse legitimação e soberania diante das demais nações assim como reconhecimento pelos próprios brasileiros. Para tanto, Alencar defendeu que a história do Brasil contribuía também para a história do mundo, revelando em seu discurso uma espécie de "Cosmopolitismo do nacional", palavras de Thiesse para definir o ajuste de um padrão ocorrido em cada país europeu para o enriquecimento do patrimônio do continente como um todo. Nesse caso, percebemos que o Brasil, através de seus literatos, também buscava concorrer para esse enriquecimento.

Isso pode ser percebido na crônica do dia 15 de outubro de 1854, em que Alencar rememorou a relação do dia 12 de outubro com dois vultos históricos, Cristóvão Colombo e Pedro I, informando que "no mesmo dia um descobriu um novo mundo, o outro fundou um grande império" (Alencar, 1960, p. 658). Segundo o autor, o dado chamaria a atenção para o fato de que "encontram-se às vezes na história da humanidade certas coincidências tão notáveis, que parecem revelar uma lei fatal e misteriosa, um elo invisível que através dos anos e dos séculos prende entre si os grandes acontecimentos" (Alencar, 1960, p. 657). A data integraria essa história da humanidade e teria marcado "época nos anais do mundo, da América e do Brasil" (Alencar, 1960, p. 658). Como se vê, o movimento apresenta dupla perspectiva: atestar a importância da história da América e do Brasil para o mundo e firmar a necessidade de torná-la valorizada pelo povo brasileiro.

Alencar almejou popularizar a história brasileira entre os seus compatriotas, fazendo-os valorizar os seus ancestrais. Para isso, em vez do livro, viu na folha periódica um excelente meio de divulgação da escrita histórica. Com o texto "Rio de Janeiro – prólogo", já citado, Alencar tinha a intenção de dar início a uma série de folhetins sobre a história do Rio de Janeiro, tornando o assunto acessível ao público: "escrevendo para uma folha diária, para o povo, e não para os eruditos entendo que a minha obrigação é vulgarizar aquilo que devemos às investigações de homens profundos que se dedicaram ao estudo desta matéria" (Alencar *in* Freixieiro, 1977, p. 96). Conforme mostra Thiesse, para que a história de um povo tivesse validade e reconhecimento, ela precisava fazer parte da mentalidade comum, ou seja, estar arraigada em meio ao povo (Thiesse, 2001, p. 96). Alencar esforçou-se no resgate ou invenção da tradição brasileira, procurando difundi-la para que seu empenho pela identidade nacional fosse efetivo.

A literatura, por seu caráter mais palatável, foi um dos principais instrumentos empregados por Alencar e por outros homens de letras para a escrita da história e para a sedimentação das bases da nacionalidade. O indígena e a paisagem local, como sabemos, figuraram enquanto símbolos nacionais, mas os modelos dessa escritura vieram mesmo dos centros literários europeus. Ao censurar a ineficácia do poema de Gonçalves de Magalhães *A Confederação dos Tamoios* em seus diferentes aspectos – estéticos, formais, históricos –, lamentou que "o nosso poema nacional" não estivesse à altura do que o passado brasileiro poderia oferecer à composição de uma obra poética que se pretendia inauguradora da nacionalidade literária. Por essa época, em 1856, quando incitou a polêmica em torno da obra de Magalhães, Alencar já havia estudado os cronistas do tempo colonial, rascunhado notas e esboçado a sua concepção para a literatura brasileira. Obras estrangeiras iam ao encontro das expectativas de Alencar e forneciam parâmetros para a escrita literária com caráter histórico. Para Alencar, *Os Natchez*, escritos por um francês em formato de romance, tiveram melhor êxito na recuperação histórica e na representação da paisagem e dos costumes de regiões do Novo Mundo do que o poema épico, de tradição clássica, composto por Magalhães. A discussão aponta para a necessidade de nos determos em outro fator importante nas reflexões de Alencar: sobre o caráter da nacionalidade da literatura e sua imbricação com a produção estrangeira, o da forma literária mais apropriada para a composição da literatura nacional.

A forma

Roberto Schwarz (2000, p. 13), em *Ao vencedor as batatas*, argumenta a respeito da "disparidade entre a sociedade brasileira, escravista, e as ideias do liberalismo europeu", o que faria que – citando Sérgio Buarque de Holanda – a importação de ideias, instituições, modos de vidas indicasse que "somos uns desterrados em nossa terra". A prosa literária seria "uma das muitas testemunhas" desse desajuste. O descompasso se daria por razões sociais, devido ao fato de o Brasil ser um país escravagista e pautado na lógica do favor, por meio da qual os homens livres, mas desfavorecidos, recorriam à proteção ou apadrinhamento dos proprietários. Esse contexto social iria contra o liberalismo europeu, cujo discurso, adotado no Brasil, soaria emprestado e alheio, dada a impropriedade de seus pressupostos no país. Tudo isso incidiria no material do artista, "historicamente formado", e, diante dessas condições, com muito custo, a inserção desses conflitos ocorreria acertadamente no romance brasileiro. A problemática seria intensificada com a adoção de um gênero cujas maneiras de tratar "as ideologias" seriam descabidas para o Brasil, a menos que isso fosse evidenciado na própria composição. Machado de Assis teria conseguido colocar esse deslocamento na escrita de alguns de seus romances; Alencar, mesmo sendo "escritor refletido e cheio de recurso", tendo dado "respostas variadas e muitas vezes profundas a esta situação", produziu uma obra que "nunca é propriamente bem-sucedida, e que tem sempre um quê descalibrado e, bem pesada a palavra, de bobagem" (Schwarz, 2000, p. 38-39, "A importação do romance e suas contradições em Alencar").

Enquanto Schwarz, pautado numa metodologia que ressalta questões econômicas e sociais, situa a obra de Alencar como incapaz de operar com as circunstâncias do seu tempo, na nossa análise, que investiga as representações culturais e práticas simbólicas (que também dispõem de relações de força e de poder) (Bourdieu, 1996), vemos um Alencar bem-sucedido na maneira como manipula as estruturas literárias, alcançando um lugar de destaque no âmbito das letras do Brasil e mesmo na disputada Europa. De fato, o gênero romance é uma forma importada, ainda que sua origem não seja definida, e houve dificuldades na sua adoção, mas, a partir dos escritos ensaísticos do escritor, é possível identificar um Alencar atento às questões impostas pela escrita literária no Brasil e aos fenômenos mundiais de mesma natureza. Em vista disso, buscaremos mostrar como se deu a escolha da forma romance pelo escritor, analisar as respostas que ofereceu ao uso desse modelo estrangeiro e compreender de que maneira o escritor se inseriu em um debate de ordem mundial.

Moretti (*in* Sader, 2001, p. 50) aponta como o processo de adesão ao romance ocorreu nas "culturas pertencentes à periferia do sistema literário", isto é, em "quase todas as culturas, fora e dentro da Europa". Nesses lugares, "o romance moderno não surge como um desenvolvimento autônomo, mas como um compromisso entre a influência formal do Ocidente (geralmente francesa ou inglesa) e materiais locais". Moretti salienta, portanto, a dimensão global desse fenômeno e sua inserção nas diferentes literaturas nacionais. Alencar reconhecia os movimentos nacionais na Europa e na América e os apontava como exemplo para a criação da literatura brasileira. Em *Cartas sobre a Confederação dos Tamoios*, por exemplo, ao citar os *Niebelungen*, os poemas de Ossian, os cantos dos *minnesingers*, a *Ilíada*, dentre outras obras, Alencar mostrava estar atento ao que os demais Estados nacionais estavam desenvolvendo para a criação da sua nacionalidade, demonstrando que a sua visão de constituição da literatura nacional levava em conta não apenas fatores internos, mas também externos.

Conforme mostra Thiesse, *Os Niebelungen* foram compostos no século XVIII para simbolizar o nascimento da literatura alemã; as obras de Ossian apareceram nesse mesmo século com igual finalidade em relação à literatura inglesa. Ambos pretendiam criar ou forjar sua origem na tradição popular de seus países, assim como os cantos dos bardos (*minnesingers*) alemães e a *Ilíada*. A exemplo das outras nações, Alencar propunha a tradição popular como material local para imprimir um cunho brasileiro no poema de Magalhães, mas vê-se que, para ele, a forma épica, apesar de simbolizadora de muitas literaturas nacionais, não era obrigatória a Magalhães ou a outros escritores brasileiros que ambicionassem escrever uma obra nacional. Alencar ofereceu um vasto quadro de referências de escritores estrangeiros nos quais os brasileiros deveriam se espelhar e cotejou passagens do poema de Magalhães com as de obras estrangeiras.

Alencar colocou o poema de Magalhães em meio de uma tradição da literatura ocidental, com o fim de destacar as suas ineficiências e a sua incapacidade de atender às necessidades da nacionalidade literária brasileira. Vê-se, na atitude de Alencar, a confluência de elementos clássicos e modernos que incidia na escrita literária de seu tempo. Martha Woodmansee mostra como surgiu o conceito moderno de arte, que se consolidou de forma a acreditarmos que as manifestações artísticas foram sempre fruto de um indivíduo exclusivamente responsável pela composição de uma obra única e original. No entanto, a autora demonstra que, antes do surgimento da liberdade criadora, resultante do desenvolvimento no século XVIII do *copyright*, da profissionalização do escritor e da expansão do público leitor, escrever era um exercício amparado por regras e técnicas (Woodmansee, 1994, p. 36).

A historiografia literária cristalizou a ideia de que o Romantismo se impôs contra as prescrições clássicas ao propagar a ideia de gênio criador, livre de regras e original em sua criação. Eduardo Vieira Martins, em *A Fonte Subterrânea*, revelou que houve, no pensamento literário de Alencar, uma convivência de alguns conceitos clássicos, reformulados com as modernas teorias no discurso oitocentista brasileiro, uma vez que os tratados e manuais de retórica subsidiaram a formação deste e de outros escritores do período. Martins aponta as técnicas de julgamento literário originadas nas regras de retórica que Alencar empregou na sua leitura da *Confederação dos Tamoios*, como a questão de gênero, a adequação do assunto e do estilo e a verossimilhança. Ao mesmo tempo, o escritor inovou ao propor outro gênero para a formação literária brasileira (Martins, 2005). Alencar entendia que as particularidades paisagística e histórica do país poderiam por si só oferecer elementos para a inovação artística e inspirar poesia, sem que com isso se devesse obrigatoriamente recorrer à forma clássica: "Mas talvez me responda, meu amigo, que Chateaubriand era um grande poeta até na sua prosa ligeira, e que é bem difícil imitar, ainda mesmo em poesia, todas as coisas bonitas e grandiosas que lhe foram inspiradas pela natureza americana" (Alencar, 2007, p. CIV). As deficiências da *Confederação dos Tamoios* teriam sido causadas pela inabilidade de Magalhães enquanto escritor e também à impropriedade do formato épico para a nascente literatura brasileira, pois, ao ver de Alencar (2007, p. XVIII), "a forma com que Homero cantou os gregos não serve para cantar os índios".

Ao longo das cartas, Alencar submetia a questionamentos não apenas o poema de Magalhães enquanto representação nacional, mas a própria forma literária mais adequada para isso. O escritor, então, defendeu o romance como um gênero eficiente aos propósitos nacionais, uma vez que escritores estrangeiros o fizeram com bastante êxito, quando buscaram tratar a matéria local, e despertaram interesse contínuo no público. Um romance que causasse impressão nos leitores seria mais adequado aos anseios nacionalistas do que uma forma da tradição clássica que passasse despercebida: "Se o poeta que intenta escrever uma epopeia não se sente com forças de levar a cabo essa obra difícil (...) deve antes deixar dormir no esquecimento os fatos de sua pátria, do que expô-los à indiferença do presente" (Alencar, 2007, p. XLV); por outro lado, "se Walter Scott traduzisse esses versos portugueses no seu estilo elegante e correto; se fizesse desse poema um romance, dar-lhe-ia um encanto e um interesse que obrigariam o leitor que folheasse as primeiras páginas do livro a lê-lo com prazer e curiosidade" (Alencar, 2007, p. XLVII). A escolha pela prosa de ficção em nada comprometeria a elevação e o teor poético de uma obra. Alencar exaltou ainda o papel de outro romancista, Chateaubriand, a quem reputava a qualificação de mestre no gênero, cujos *Natchez* classificou como "poesia simples e graciosa" (Alencar, 2007, p. XX). O próprio Chateaubriand se exprimiu quanto à forma de *Atala* em um dos prefácios do romance, em que confessou seu antigo desejo de escrever "a epopeia do homem da natureza, ou de pintar os costumes dos selvagens, ligando-os a algum evento conhecido".[13] Como sabemos, não foi a forma clássica a escolhida por Chateaubriand (1870, p. 4) para a escrita das obras inspiradas no assunto, e sim a prosa. No entanto, disse ser *Atala* "uma espécie de poema", entendendo ser essa a denominação mais apropriada para a obra, ainda que destacasse, em nota ao prefácio, a distinção entre prosa e poesia.

Alencar procurou empregar a mesma fórmula com que qualificou os *Natchez*, um romance com tom poético, simples e gracioso, em *Iracema*, recebido por muitos homens de letras enquanto representação máxima da nacionalidade da literatura, uma vez que o poema de Magalhães não havia alcançado o mesmo êxito. O autor discutiu a preferência pela forma romance para essa obra na "Carta ao Dr. Jaguaribe". A escolha se deu justamente devido ao insucesso da escrita de um poema nacional que Alencar acalentava ao longo de anos:

> Ora, escrever um poema que devia alongar-se para correr o risco de não ser entendido, e quando entendido não apreciado, era para desanimar o mais robusto talento, quanto mais a minha mediocridade. Que fazer? Encher o livro de grifos que o tornariam mais confuso e de notas que ninguém lê? Publicar a obra parcialmente para que os entendidos proferissem o veredito literário? Dar leitura dela a um círculo escolhido, que emitisse juízo ilustrado? [...] Em um desses volveres do espírito à obra começada, lembrou-me de fazer uma experiência em prosa. O verso pela sua dignidade e nobreza não comporta certa flexibilidade de expressão, que entretanto não vai mal à prosa a mais elevada. A elasticidade da frase permitiria então que se empregassem com mais clareza as imagens indígenas, de modo a não passarem despercebidas. Por outro lado conhecer-se-ia o efeito que havia de ter o verso pelo efeito que tivesse a prosa. (Alencar, 2005, p. 335-336)

---

13. "*l'épopée de l'homme de la nature, ou de peindre les mœurs des sauvages en les liant à quelque événement connu.*" (Chateaubriand, 1870, p. 2).

Alencar se dedicou longamente à escrita de um poema épico com temática indígena, *Os Filhos de Tupã*, conforme se pode verificar em seus manuscritos conservados no Museu Histórico Nacional. Há esboços sobre o assunto de cada canto, estudos de vocabulário, alguns cantos escritos e mesmo reescritos, mas a obra nunca foi concluída, tendo sido publicada na época apenas parcialmente em *A Reforma* de 20 de junho de 1872. *Iracema*, para o autor, funcionaria como um ensaio que, se bem-sucedido, o animaria a dar continuidade ao projeto do poema. Não se sabe o quanto há de uma tópica comum entre os autores na escrita dos prefácios ou posfácios de se mostrarem modestos com o fim de conquistar a benevolência do leitor para a obra (Sales, 2003). O fato é que *Iracema* significou, para muitos homens de letras, a grande empreitada realizada até então pela criação da literatura nacional e parece ter conquistado o interesse do público, uma vez que se esgotou em menos de dois anos, tendo uma nova edição, revista pelo autor, publicada em 1870 pela casa Garnier. A partir do que levantamos até aqui e dada a aceitação de *Iracema* pela crítica e pelo público, ao contrário da *Confederação dos Tamoios*, que, como mostram José Aderaldo Castello (1953, p. IX) e Eduardo Vieira Martins (2005, p. 120), caíram progressivamente no esquecimento, surgem algumas hipóteses para a preferência de Alencar pela forma romance na construção da literatura nacional.

As *Cartas sobre a Confederação dos Tamoios* mostram a carga de leitura que Alencar tinha e o quanto conhecia as diferentes literaturas nacionais: alemã, inglesa, italiana, estadunidense, francesa. A forma épica, à qual algumas recorreram, essa sim soaria desajustada em uma nação do Novo Mundo, onde, por mais que houvesse um empenho em se retroceder a esse passado aquém da descoberta, ele nunca seria tão remoto quanto o dos países do Velho Mundo. Um assunto moderno para a tradição literária mundial, como a paisagem exuberante, o indígena, as histórias da colonização, exigiria um gênero moderno. O romance estava em ascensão e se propagava no mundo, disputando espaços com as obras da tradição. Alencar (*in* Magalhães, 2007, p. CII, "Sétima carta") demonstra o interesse dos leitores pelos romances de Chateaubriand e Bernardin de Saint-Pierre, os quais, juntamente com as obras clássicas, de acordo com o escritor, "andam em todas as mãos, e são geralmente conhecidos desde o tempo em que frequentamos os colégios e estudamos as humanidades". Na verdade, os romances desses autores mencionados por Alencar ainda não eram objeto de estudo das humanidades nas escolas, pois, muito tardiamente, o gênero romance passaria a integrar os manuais e currículos escolares (Augusti, 2006), mas certamente andavam "em todas as mãos", uma vez que estavam entre os livros que mais circularam em Paris e no Rio de Janeiro à época (Abreu *in* Sales; Furtado; Nazar David, 2013, p. 167-186). Para o desenvolvimento da literatura nacional, fazia-se interessante essa existência de um público. E para que houvesse o seu reconhecimento no conjunto literário mundial, antes disso, era importante que a obra fosse bem-sucedida em seu próprio país. Então, por que investir em um gênero que podia "correr o risco de não ser entendido, e quando entendido não apreciado" (Alencar, 2005, p. 335)? Ou ainda se expor "à indiferença do presente" (Alencar *in* Magalhães, 2007, p. XLV)?

Além disso, vale lembrar que o romance, mesmo não sendo ainda considerado um gênero de prestígio, representava a mais moderna expressão literária, ditada pelas capitais que pretendiam determinar o presente da literatura para o mundo. Pascale Casanova (2002, p. 134) usa como metáfora o meridiano de Greenwich para discutir a ideia de que havia literaturas em compasso com seu tempo e outras que eram vistas como defasadas. Paris figurava no século XIX como esse marco e "institu[ía] o presente, isto é, a modernidade na ordem da criação literária". Tal como Moretti, Casanova percebe um movimento de ordem mundial, em que as mais diversas literaturas buscavam legitimidade, a qual era concedida pelos centros de consagração.

Essa acolhida foi importante para Alencar e para os demais homens brasileiros, os quais exprimiram em seus escritos as estratégias para a integração da literatura brasileira na composição mundial. Para tanto, ser moderno significava explorar as formas inovadoras de escrita, dentre elas, a que mais se destacava no XIX, o romance, que se reinventava, ganhava cada vez mais leitores e ampliava o seu apreço entre os críticos. Nomes de sucesso no cenário mundial se promoviam pelas vias do romance. A mais célebre literatura que pintava o Novo Mundo, como os *Natchez* e *Paulo e Virgínia*, também era composta em forma de romance. Em vista disso, Alencar, apesar de experimentar, ao longo de sua atividade, diferentes gêneros literários, tendo inclusive se dedicado longamente à escrita de um poema épico, deu preferência ao romance, com o qual buscou ingressar na modernidade, visando alcançar um público amplo e, quem sabe, até mesmo internacional.

Entre o local e o global

As histórias literárias do século XX leram Alencar pelo viés do nacionalismo, situando-o, algumas vezes, como um escritor excessivamente nativista, avesso ao progresso e ao estrangeirismo (Bosi, 1994), ou até mesmo como detentor de uma "entranhada xenofobia" (Moisés, 2001). O julgamento de nacionalista que as histórias literárias expressaram acerca de sua obra foi responsável também pelo lugar cativo que o escritor teve nesse veículo de canonização, uma vez que os seus romances responderam positivamente a esse tipo de leitura que os historiadores de literatura empreenderam a respeito da formação da literatura brasileira. Os pareceres são, em geral, positivos, ainda que enumerem deficiências resultantes da concessão que Alencar teria feito ao gosto da época e de sua imaginação fértil, que teria prejudicado o realismo nos seus romances. A perspectiva desses historiadores era restrita ao âmbito nacional, e quando obras e autores estrangeiros foram mencionados nas apreciações sobre os escritores nacionais, o intuito era de destacar sua filiação estética e o uso do modelo estrangeiro, entendido como marco cronológico e fonte de influência (cf. Candido, 2006; Coutinho, 2002; Sodré, 1960; Veríssimo, 1963). Para o século XIX, o quadro de recepção crítica era mais complexo, pois os escritores precisavam responder não somente à necessidade de inserção de elementos locais para a construção da literatura brasileira, mas também à sua inscrição num padrão global de produção. Alencar preocupava-se em se fazer entendido e bem aceito por leitores brasileiros e estrangeiros.

Alguns de seus romances foram traduzidos para diferentes idiomas, por vezes com o consentimento do próprio autor, que estava consciente da existência de um público estrangeiro para sua obra. Ao comentar o insucesso da peça *O Jesuíta* na corte fluminense, em 1875, declarou: "Desde muito descobri que o meu público é mais brasileiro e até mais estrangeiro do que carioca" (Coutinho, 1965); na mesma série de artigos *Às Quintas*, em que respondia a Nabuco, informou: "*Iracema* foi traduzida em inglês pelo Capitão Burton, que aprecia e conhece melhor a natureza do Brasil, do que o folhetinista" (Coutinho, 1965, p. 205);[14] por fim, em recibo datado de 1870, consta a informação da "permissão gratuita que de[u] a A. Hubert para imprimir a tradução francesa do *Guarani*".[15] Nas críticas à *Confederação dos Tamoios*, mostrou a uma só vez essa destinação dupla das criações literárias do período.

Alencar (*in* Magalhães, 2007, p. XC) censurou o fato de o sol figurar como o elemento da invocação do poema de Magalhães, fator que nada teria a oferecer de distintivo do Brasil: "se traduzirem a invocação dos *Tamoios* em diferentes línguas, ninguém adivinhará pela sua leitura que objeto, que país, que ação é que vai cantar o poeta que a escreveu". Da mesma forma, mais à frente, reprovou a referência à andorinha, pássaro que também não era específico da natureza brasileira. A menção à tradução era uma maneira empregada por Alencar de se colocar no lugar do estrangeiro a fim de buscar perceber como essa obra seria recebida fora do país e de que maneira ela evidenciaria a nacionalidade literária brasileira.

Em outra situação, quase duas décadas mais tarde, respondendo a Nabuco, Alencar referiu a mesma preocupação, inferindo o que

---

14. A declaração de Alencar é de 1875. A versão em inglês de *Iracema* foi publicada em 1886.
15. José de Alencar. Recibo Manuscrito. Fundação Biblioteca Nacional - Rio de Janeiro.

um leitor estrangeiro pensaria de suas obras, acaso lesse as críticas do seu contendor a respeito delas (especialmente da peça *Mãe*, que trata da história de uma mãe escrava): "Lendo o último folhetim, sem conhecer as obras ali trucidadas, um estrangeiro pensaria que o autor delas em vez de profligar o cativeiro, ao contrário, o defendia a todo o transe e esmerava-se em poetizá-lo" (Coutinho, 1965, p. 122). A escravidão era um tema que preocupava muito os letrados quanto ao julgamento que as demais nações fariam; no entanto, Alencar defendia que as obras brasileiras não podiam se abster do que o contexto lhes oferecia ao mesmo tempo em que acreditava que a produção brasileira deveria lançar mão de uma espécie de "linguagem universal", cosmopolita, que permitisse falar de coisas nacionais e ser entendido no mundo.

Essa maneira de resolver as implicações da cultura estrangeira no Brasil rendeu-lhe muitas censuras. Em "Benção Paterna", Alencar mostrou os reveses da medalha ao elencar as possíveis críticas que o romance *Sonhos d'ouro* poderia receber, baseado nas censuras de mesmo tom que já lhe haviam feito: ser "arrebicado à estrangeira" (Alencar, 1872, p. IX) e estar "desbotado do matiz brasileiro" (Alencar, 1872, p. XI). Mas houve quem reprovasse também o seu nacionalismo. Frente à bifurcação que a crítica fez de seus princípios, Alencar asseverou em resposta a Joaquim Nabuco: "Ora, sou acusado de barbarizar a nossa literatura, tornando-a tupi e selvagem, separando-a do mundo civilizado pela linha negra da escravidão; criando um teatro como nunca existiu; ora, não tenho a menor originalidade, e sou apenas o tradutor dos livros europeus" (Coutinho, 1965, p. 151). O âmbito literário brasileiro da época exprimia as duas exigências, pedindo que as obras participassem de um padrão literário geral, mas também que contemplassem aspectos eminentemente locais.

Nos manuscritos de Alencar, conservados no Museu Histórico Nacional, consta um artigo em que o escritor resume a sua concepção a respeito da intersecção dos elementos nacionais e estrangeiros na elaboração da literatura brasileira. Intitulado "Ressalva", tinha como fim responder à crítica de Alceste veiculada no folhetim do *Diário do Rio de Janeiro*, em 9 e 10 de setembro de 1872, no qual dizia que, a despeito das prenunciadas críticas de estrangeirismos que Alencar aventou no prefácio de *Sonhos d'ouro*, na verdade, ao longo da leitura do romance, o que o crítico tinha constatado seria "uma contínua preocupação de duas ideias, a do ressentimento político e a do exclusivismo nacional", concluindo que o autor se colocava "contra as influências estrangeiras" e despertava "as rivalidades e preconceitos nacionais".[16] Alencar, que recorrentemente saía em defesa de suas obras e de suas posições na imprensa, esboçou a resposta a Alceste, demonstrando seu apreço pela presença de estrangeiros no Brasil, ao contrário do que julgava seu contendor.[17]

O escritor expressou o teor das disputas e das interferências estrangeiras em jogo para a criação da nacionalidade da literatura brasileira, o que revela o quanto estava em sintonia com um circuito global de composição literária. Ao longo dessa incursão pelos mais diversos escritos de Alencar, nos quais exprimiu seus posicionamentos sobre literatura, vimos que, tão importante quanto a reflexão sobre a formação da nacionalidade da literatura brasileira, foi a sua interação com elementos estrangeiros, tidos como inalienáveis e fundamentais para a elevação e a consagração da literatura brasileira. No próximo item, aprofundaremos esse aspecto por meio da análise da interferência da literatura estrangeira na reflexão dos críticos brasileiros a respeito da formação da literatura nacional do país.

A recepção crítica de José de Alencar e sua relação com a cultura estrangeira

Em meados do século XIX, a crítica na corte fluminense dava mostras do esforço de incentivar e de orientar a nascente literatura brasileira. O seu principal veículo de difusão era a imprensa periódica, em cujas colunas e rodapés a poesia, o teatro e o romance tinham

---

16. *Diário do Rio de Janeiro*, "Folhetim do *Diário do Rio*: cartas a Filinto", Alceste, 9/10 de setembro de 1872, n. 246.
17. Alencar, José de. Ressalva. Manuscrito. Caderno II. Museu Histórico Nacional. Ibram.

espaço cativo. Foi, inclusive, um poema o protagonista da primeira grande polêmica literária do país, que teve lugar nas páginas do *Diário do Rio de Janeiro*, incitada pela pena de um certo Ig. *As cartas sobre A Confederação dos Tamoios* exprimiram as concepções do jovem escritor Alencar, assim como as de sua geração, acerca dos direcionamentos da literatura brasileira, opondo-se à maneira como Magalhães propôs criar a representação literária nacional. Como se sabe, defensores do poeta se pronunciaram em favor da *Confederação dos Tamoios*, mas não obtiveram sucesso, uma vez que os argumentos sustentados por Alencar repercutiram no pensamento crítico brasileiro após os anos de 1850 e contribuíram para o esquecimento do poema de Magalhães, que quase nunca foi mencionado pelos críticos entre as obras exemplares para a constituição da literatura nacional.

No ano em que ocorreu essa polêmica, Alencar estreou como ficcionista, publicando entre 22 e 30 de dezembro *Cinco Minutos* e, logo em seguida, de 1º de janeiro a 20 de abril de 1857, o seu primeiro grande sucesso, *O Guarani*. *A Viuvinha* saiu parcialmente entre 22 e 30 desse mesmo mês. Após isso, Alencar dedicou-se quase ininterruptamente ao teatro, levando à cena 6 peças e uma ópera.[18] O teatro usufruía de um relevante espaço na imprensa, o que induziu a recepção crítica de Alencar, entre os anos de 1857 e 1862, apesar de relativamente volumosa, a centrar-se na sua produção teatral.

Fizemos inúmeras consultas, bibliográficas e virtuais, à procura de críticas sobre a estreia de Alencar enquanto romancista e, mesmo com o recurso de busca textual oferecido pela Hemeroteca Digital da Fundação Biblioteca Nacional, não conseguimos localizar textos que aludissem os romances do escritor nos anos iniciais de sua atuação. É de 1862 o primeiro artigo sobre um romance de Alencar localizado pelas nossas pesquisas. Todavia, a partir daí, verificou-se que o debate promovido por esse gênero nos jornais foi intenso e que Alencar detém um lugar de forte impacto na discussão a respeito

---

18. São elas: *Rio de Janeiro, verso e reverso*, *O Demônio Familiar*, *O Crédito* e *A Noite de São João* (ópera), em 1857; *As Asas de um anjo*, em 1858; *Mãe*, em 1860; *O que é o casamento*, em 1862.

da consolidação do romance brasileiro e da formação da literatura nacional, a qual, aos poucos, elegeu a forma romance como primordial para a constituição de uma tradição.

Uma vez que este estudo se detém nas reflexões em torno de romances, conforme mencionado, privilegiaremos, portanto, a recepção crítica entre 1862 a 1877. Faremos ocasionalmente menções provindas de sua recepção crítica teatral. Os romances de Alencar figuraram num lugar de bastante visibilidade nos embates entre aqueles que se empenhavam pela sua nomeação como representante máximo da literatura brasileira e aqueles que queriam demolir o seu prestígio, elegendo novos nomes como expoentes da literatura nacional. Nessa disputa por espaço no campo literário, a cultura estrangeira permeou a argumentação de todos que, de uma maneira ou de outra, esgrimiam pelo reconhecimento da literatura brasileira no próprio Brasil e no mundo.

"Criticar é comparar"

Por ocasião da representação da ópera *Il Guarany* no Brasil, em dezembro de 1870, o jornal *A Reforma* publicou uma série de quatro folhetins sobre essa composição de Carlos Gomes, nos quais o comparou com grandes mestres da música. O crítico anônimo[19] iniciou seu terceiro folhetim dizendo: "Criticar é comparar. Não se inventa uma nova estética ou um padrão novo para aferir as produções que assinalam cada época do desenvolvimento de uma sociedade. As leis do belo são eternas".[20] A comparação no julgamento literário era uma prática antiga e ainda permanecia em uso durante o século XIX (cf. Abreu, 2003). Os críticos, muitos dos quais se desdobravam no trabalho de avaliação e de criação literária, dentre a diversidade de critérios empregados (Souza, 2013, p. 112-129), adotavam o procedimento de comparação na crítica musical ou teatral e também na

---

19. A página do último artigo da série está mutilada ao final. Supomos, contudo, que esteja sem assinatura, uma vez que os demais artigos não foram assinados.
20. *A Reforma*, 22 de dezembro de 1870, n. 289, "Folhetim: Il Guarany", anônimo.

crítica literária, com o fim de mostrar o quanto as obras comentadas se igualavam aos modelos ou superava-os. Mas quem definia, afinal, quais eram esses modelos a serem seguidos para a escrita de romances?

Devemos atentar que estamos tratando de uma literatura considerada em formação, que contava com uma curta tradição, com poucos escritores e tinha pela frente o desafio de competir com uma imensa oferta de obras estrangeiras acessíveis aos leitores, de criar o seu público e de se tornar valorizada pelos brasileiros. Vale lembrar que essa literatura se consolidava mediante a escrita de romances, e não de poemas épicos ou dramáticos. Dessa forma, as leis de aferição de uma composição artística talvez não fossem eternas, como defendia o crítico, e recorressem a acomodações para darem conta das novas formas em vigor. Tendo em vista esses fatores, analisaremos as funções dessas comparações nas críticas aos romances de Alencar.

Se os êmulos da tradição clássica se espelhavam em Homero, Virgílio, Sófocles, para a produção romanesca, nas críticas brasileiras identificamos a recorrência do nome François-René de Chateaubriand, cujas obras foram usadas como modelo por diversos críticos que avaliaram os romances de Alencar. Não é surpresa que a escolha provenha da França, à qual as literaturas nacionais buscavam se aproximar a fim de criarem o seu pecúlio. Por esse viés, é possível entender que a comparação empreendida pelos críticos brasileiros tenha como objetivo a legitimação da literatura brasileira, pois, ao argumentarem a respeito das semelhanças de suas produções com as obras do escritor francês, colocavam a literatura brasileira em um patamar de igualdade com aquela que usufruía de mais alto conceito no período e que detinha o poder de consagrar todas as demais. O crítico anônimo da *Crônica Fluminense*, ao resenhar sobre *Iracema*, equiparou Alencar e Chateaubriand: "Grandes afinidades deve haver entre o espírito de J. de Alencar e o de Chateaubriand. Só elas podem explicar as reminiscências que da *Atala* nos trouxe à alma o amor de *Iracema*".[21]

---

21. *Crônica Fluminense*, 30 de setembro de 1865, anônimo (cf. Coelho *in* Alencar, 1874, p. XXXV).

Atala, assim como outras obras de Chateaubriand, circulavam no Brasil, conforme atestam os catálogos do Garnier e dos Laemmert anteriores à publicação de *Iracema*, o que sugere ser o escritor francês conhecido do público brasileiro. Na França, Sainte-Beuve resumia o *status* do autor de *Os Natchez* entre os homens de letras franceses da seguinte forma: "O senhor Chateaubriand é nada menos que o primeiro escritor de imaginação que abre o século XIX; com esse título, ele permanece até o momento o mais original de todos aqueles que sucedem e, creio, o maior".[22]

Talvez o interesse de Chateaubriand em ambientar suas narrativas no Novo Mundo tenha lhe conferido o título, dado por Sainte-Beuve, de escritor imaginativo, uma vez que tempos e lugares afastados eram recriados pela pena do romancista. Provavelmente, por essas mesmas razões, Chateaubriand foi referido pelos letrados brasileiros na leitura de *Iracema*. *Atala* (1801) e *René* (1802), episódios de *Os Natchez* (1826), foram romances recorrentemente citados pelos críticos que emitiram seus pareceres sobre *Iracema* e integram o conjunto de referências para a escrita e recepção do romance. Machado de Assis ressaltou a especificidade do romance de Alencar, relacionando-o a um conjunto de obras exemplares, como os *Natchez* e os poemas de Gonçalves Dias, mas singularizando-o ao apontar para a sua originalidade: "O livro do Sr. José de Alencar, que é um poema em prosa, não é destinado a cantar lutas heroicas, nem cabos de guerra (...) [é] votado à história tocante de uma virgem indiana, dos seus amores, e dos seus infortúnios".[23] De acordo com Machado de Assis, a América, com suas especificidades históricas e paisagísticas, inspiraria uma nova literatura, tão elevada quanto a clássica ("As tradições indígenas

---

22. "M. de Chateaubriand est seulement le premier écrivain d'imagination qui ouvre le XIXe siècle; à ce titre, il reste jusqu'ici le plus original de tous ceux qui ont suivi et, je le crois, le plus grand." (Sainte-Beuve, s/d, o artigo está datado de 18 de março de 1850).
23. *Diário do Rio de Janeiro*, 23 de janeiro de 1866, n. 19, "Semana Literária", Machado de Assis.

encerram motivos para epopeias e para églogas; podem inspirar os seus Homeros e os seus Teócritos").²⁴

O romance, como se vê, alcançava legitimação, pois nesse e em muitos outros momentos da crítica foi associado à tradição clássica. Quanto ao romance brasileiro, sua nacionalidade foi interpretada não apenas levando em conta a sua cor local, mas a sua capacidade de se apropriar de aspectos comuns nas obras provenientes de outras partes do mundo. É o que defende L. F. da Veiga, ao propor que "se a poesia brasileira quer ter cor local, quer nacionalizar-se, não precisa identificar-se ou retemperar-se nos dizeres selvagens, nem ir forçosamente inspirar-se nos usos e costumes dessas tribos, que fogem à luz da civilização".²⁵ Nesse mesmo texto, L. F. da Veiga exprimiu procedimento bastante semelhante ao de Machado de Assis, ao elevar o romance à mesma condição dos clássicos da antiguidade e situar *Iracema* ao lado dessa tradição e de um romance de Chateaubriand:

> O vosso *Iracema*, senhor, faz-me lembrar as teogonias de Hesíodo e de Ovídio, porque os personagens do vosso belo poema são verdadeiros semideuses na poesia virgem das selvas seculares; porque o Olimpo e o Ossa dos Helenos não eram por certo mais dignos das epopeias dos bardos gregos, do que as florestas imaculadas da América, desta verdadeira região de *Eriene* do Zend-Avesta, que teve no autor de *René* o seu primeiro e imortal cantor.²⁶

Desse modo, a literatura brasileira nada teria a dever à estrangeira, pois não estava limitada à sua simples imitação, e sim estava consorciada com ela, contribuindo, com sua peculiaridade, para a formação do patrimônio literário mundial. Esses críticos viam o movimento literário da época como resultante da atividade de homens pertencentes à "República das Letras", e é possível que, quando usavam essa

---

24. *Diário do Rio de Janeiro*, 23 de janeiro de 1866, n. 19, "Semana Literária", Machado de Assis.
25. *Jornal do Comércio*, 3 de novembro de 1865, n. 305, "Carta ao Exm. Sr. conselheiro J. M. de Alencar", L. F. da Veiga.
26. *Jornal do Comércio*, 3 de novembro de 1865, n. 305, "Carta ao Exm. Sr. conselheiro J. M. de Alencar", L. F. da Veiga.

expressão, não estivessem se referindo aos domínios brasileiros, mas a um conjunto de nações, cada uma atuando de forma a merecer o seu lugar nessa república (Casanova, 2002). O exercício da comparação funcionava então como uma maneira de chamar a atenção para a qualidade das obras nacionais e para o prestígio que elas mereceriam por parte de seus patrícios, uma vez que eram tão bem realizadas quanto as melhores produções do patrimônio literário mundial. O movimento de legitimação se fazia, inicialmente, de fora para dentro, visto que, ao se igualarem às obras estrangeiras de mérito, as composições nacionais estariam aptas a disputarem espaço em meio ao público e a contribuírem para a conformação da tradição literária no país, seguido de um segundo movimento, de dentro para fora, ao buscarem visibilidade no exterior. Algumas vezes, a comparação potencializava o valor da obra em discursos que a colocava como melhor do que o modelo. Para Machado, o romance de Alencar seria mais bem realizado que o de Chateaubriand: "Iracema vai dar conta a Martim daquela boa nova; há uma cena igual nos *Natchez*; seja-nos lícito compará-la à do poeta brasileiro (...). A cena é bela, decerto, é Chateaubriand quem fala; mas a cena de *Iracema* aos nossos olhos é mais feliz".[27] Alencar, portanto, teria alcançado, com *Iracema*, o fim maior na aproximação com os modelos, a sua superação, realizando uma obra mais bem-sucedida do que *Os Natchez*, exemplares da forma romance para a época.

Outros escritores estrangeiros proeminentes foram usados a título de comparação com os romances de Alencar, seja para endossar o seu valor, seja para contestar a sua qualidade, como o fizeram aqueles que o atacaram. O realismo foi um critério bastante comum na avaliação de romances, e os de Alencar atendiam adequadamente, para muitos críticos, o sentido desse realismo. O folhetinista anônimo do *Diário do Rio de Janeiro*, escrevendo sobre *Diva*, defendia que "ser 'verdadeiro' não quer dizer ser vulgar, grosseiro, até mesmo brutal como parecem entender mal avisados críticos e censores rigorosos

---

27. *Diário do Rio de Janeiro*, 23 de janeiro de 1866, n. 19, "Semana Literária", Machado de Assis.

que atacam as produções modernas".[28] No ano seguinte, Anselmo de Petitot, pseudônimo de Gentil Homem de Almeida Braga, queixava-se dos encaminhamentos literários com o recrudescimento desse realismo, dando como exemplo *Madame Bovary*, romance que ainda não era prestigiado pelos críticos brasileiros nesse período e só posteriormente foi considerado obra-prima, conforme mostra o estudo de Andréa Müller (2012). Por essa época, possivelmente ainda ressoava a polêmica causada pelo romance na França e a contestação de sua qualidade moral. Gentil Homem contrasta os romances de Alencar e Flaubert, pois, a seu ver, *Iracema* significava uma resposta positiva em relação aos prejuízos que *Madame Bovary* representaria para as letras.

Como se vê, ao contrário do que Machado de Assis disse a respeito da recepção crítica de *Iracema*, lamentando que havia sido restrita,[29] esse romance teve, na verdade, uma forte aceitação pelos críticos e permitiu a Alencar a sua consagração como chefe da literatura brasileira (cf. Bezerra, 2012). A posição a que esse escritor chegou foi resultado não apenas de sua atividade literária, mas também de atitude deliberada de alguns críticos que se empenharam no acúmulo de capital simbólico pelo romancista. Outros exemplos ilustram a evocação de escritores renomados estrangeiros na apreciação dos romances de Alencar: em crítica de F. Teixeira Leitão sobre *A Viuvinha*, publicada na *Revista Mensal da Sociedade* em 1863, a personagem Carolina foi associada às de Bernardin de Saint-Pierre; em 15 de abril de 1865, ao tratar de *Diva*, Alencar foi comparado a Victor Hugo e a Octave Feuillet pelo crítico anônimo; no *Arquivo Literário*, edição de março e abril de 1866, Don Rodrigo y Mendonza equiparou o estilo de Alencar ao de Théophile Gautier e Alfred de Musset; José Inácio Gomes Ferreira de Menezes, no *Arquivo Literário* de setembro de 1867, opôs *O Guarani* a *Lélia*, de George Sand, enfatizando o mérito

---

28. *Diário do Rio de Janeiro*, 15 de abril de 1864, n. 103, "Parte literária: *Diva*, perfil de mulher, publicado por G. M.", anônimo.
29. *Diário do Rio de Janeiro*, 09 de janeiro de 1866. "Semana Literária", Machado de Assis.

de *O Guarani* em detrimento de *Lélia*, cuja leitura seria cansativa, ao contrário do romance de Alencar, que deleitaria o leitor; nessa mesma crítica, o autor associou *Iracema* à *Legenda dos Séculos*, de Victor Hugo; para não nos determos apenas nos franceses, Walter Scott e Fenimore Cooper foram mencionados em crítica a *O Gaúcho* publicada em *A Reforma* em 20 de dezembro de 1870. A lista de citações é longa e arrolar aqui todos os nomes e passagens não acrescentaria novidades ao que já foi identificado. Conforme verificamos, o recurso à produção literária estrangeira, sobretudo francesa, tinha como finalidade igualar as obras de Alencar às provenientes dos centros de consagração literária de maneira a legitimá-las e fazê-las dignas de disputar um espaço na concorrida República Mundial das Letras.

No entanto, houve vozes dissonantes a esse coro, e alguns críticos que se opuseram a Alencar, quando mencionavam escritores estrangeiros, tinham como fim depreciar a produção do escritor. Com esse intento, Nabuco (*in* Coutinho, 1965, p. 135) o tachou de imitador de romancistas europeus, sem capacidade inovadora: "Lucíola não é senão a *Dame aux Camélias* adaptada ao uso do *demi-monde* fluminense; cada novo romance que faz sensação na Europa tem uma edição brasileira dada pelo Sr. J. de Alencar, que ainda nos fala da originalidade e do 'sabor nativo' dos seus livros". Os detratores de Alencar, reiteradamente, o classificaram como imitador de obras de autores estrangeiros, postura exemplificada em texto de Távora. Adepto das polêmicas, após as *Cartas a Cincinnato*, Alencar publicou no *Diário do Rio de Janeiro* uma crítica negativa sobre *Os índios do Jaguaribe*, na qual, dentre as hostilidades, acusava Távora de ter plagiado passagem de seu *Guarani*.[30] Em uma série de dois artigos dados à estampa no *Correio do Brasil*, Távora rebateu dizendo que, da mesma forma, escritores como Chateaubriand, Gustave Aimard,

---

30. *Diário do Rio de Janeiro*, 15 de outubro de 1872, n. 281. "O Sancho Pança em letras e tretas", José de Alencar.

Alexandre Dumas Fils, Eugène Sue, Alexandre Herculano e Victor Hugo poderiam acusar Alencar de lhes ter roubado seus romances.[31]

A comparação foi um procedimento constantemente adotado por Távora em suas *Cartas a Cincinnato*, não apenas como ataque, mas como recurso analítico, aludindo a escritores como Aimard, Scott, Cooper, Chateaubriand, Balzac, Victor Hugo, Lesage, Homero, Cervantes, dentre outros. Na argumentação de Távora, conforme mostra Eduardo Vieira Martins, verifica-se a recorrente referência a um historiador francês, Philarètes Chasles, e a seu trabalho *Études sur la littérature et les mœurs des Anglo-Américains au XIXe siècle*, no qual se constata o uso do método comparativo (Philarete-Chasles, s.d.; Távora, 2011).

As acusações de Nabuco e Távora remetem a algumas questões que merecem avaliação: diante de tantas comparações e associações dos romances de Alencar a obras da literatura estrangeira, de que maneira eles poderiam se firmar e serem reconhecidos como legitimamente nacionais? Em quais condições o discurso crítico situava esses romances como constituidores da peculiaridade da literatura brasileira? Que argumentos foram usados para a projeção de sua originalidade diante do âmbito internacional? No próximo item, buscaremos esboçar respostas para essas perguntas.

Iguais, mas diferentes

Conforme se viu, os críticos brasileiros se esforçaram em igualar a produção brasileira com a estrangeira com o fim de dar visibilidade e prestígio à literatura nacional. Ao mesmo tempo, essa busca pela semelhança oferecia um problema para os literatos, pois, além de

---

31. *Correio do Brasil*, 27 de novembro de 1872, n. 378. "O Sancho Pança em letras e tretas", Franklin Távora. Na Carta II, de 17 de setembro de 1871, Távora (2011, p. 55) criticou Alencar em razão de este ter atribuído a si a criação do termo "aflar", conforme este explicita no pós-escrito da segunda edição de *Diva*. A palavra "aflar", dentre outras listadas por Alencar, são apontadas por Távora como existentes nos dicionários de Antônio de Moraes Silva, Francisco Solano Constâncio e José da Fonseca.

terem de provar que a produção brasileira era tão boa quanto as melhores literaturas, deveriam diferenciá-la, ressaltando sua identidade própria e sua autonomia. Em 1875, quando a literatura brasileira já contava com maior volume de obras e disputava seu espaço no mercado de livros do país, o crítico anônimo da *Ilustração do Brasil* questionou a especificidade dessa literatura, defendendo que não havia, na produção nacional, elementos suficientes que a fizessem autônoma. Para o crítico, "não podemos ter literatura nacional, pois que pensamos, sentimos e vivemos à europeia".[32] A seu ver, a literatura do país ainda era um apêndice da portuguesa e bastante atrelada à mentalidade europeia, visto que a história e a formação do povo brasileiro eram devedoras da tradição, da história e do povo europeu. Nesse contexto, a sua individualidade seria inviável.[33]

Apontando os problemas que distanciariam a literatura nacional de sua independência, o crítico indicou os caminhos que deveriam ser percorridos para alcançar a originalidade. Para ele, haveria "traços gerais, laços comuns, que ligam todas as nações num só todo; mas considerando-as parte por parte, ver-se-á grandes diferenças".[34] Essas particularidades permitiriam que Portugal tivesse o seu Camões e que a Espanha contasse com um Cervantes, feitos que a nação brasileira ainda não teria alcançado. Os romances de Alencar, escritor nomeado de "chefe da literatura nacional" pelos críticos em geral, não representariam a identidade brasileira, pois "no mais delicado dos romances do Sr. Alencar, no *Guarani* (...), não há, contudo, nada de propriamente brasileiro"[35] e "*Iracema* não é um romance

---

32. *Ilustração do Brasil*, 25 de setembro de 1876, n. 5, "José de Alencar e Bernardo Guimarães", anônimo.
33. *Ilustração do Brasil*, 10 de setembro de 1876, n. 4, "José de Alencar e Bernardo Guimarães", anônimo.
34. *Ilustração do Brasil*, 19 de outubro de 1876, n. 7, "José de Alencar e Bernardo Guimarães", anônimo.
35. *Ilustração do Brasil*, 25 de setembro de 1876, n. 5, "José de Alencar e Bernardo Guimarães", anônimo.

original brasileiro".³⁶ Explicando as razões de seu julgamento, citou um crítico estrangeiro, Félix Frank, para contestar a imagem nacional nos romances: "O autor não atribui às coisas que descreve uma verdadeira cor local".³⁷ As declarações do crítico da *Ilustração do Brasil* talvez soassem polêmicas para esse momento, depois de Machado ter publicado o seu "Instinto de Nacionalidade" e de muitos outros críticos terem combatido o localismo como elemento diferenciador do "gênio" brasileiro (cf. Bergamini, 2013, p. 15-31). Moraes Carneiro, bem antes de Machado, falava do caráter, ao mesmo tempo, brasileiro e universal da formação da especificidade da literatura, sustentando que "a literatura como a ciência é cosmopolita". Discordava que para se ter uma literatura nacional fosse necessário "decantar os 'tacapes'" ou "romantizar as bananeiras, os coqueiros, e as florestas", concluindo que "independentemente das 'tendências europeias' que revelavam os escritores brasileiros, Gonçalves Dias, Magalhães, Azevedo, Casimiro de Abreu, Alencar, Macedo, e outros, mesmo nas suas obras faltas de 'cunho nacional' são literatos tão do Brasil como F. Cooper o é dos Estados Unidos".³⁸

Ao lado da defesa do pertencimento da literatura brasileira ao âmbito letrado internacional, com a elevação de suas obras à condição dos melhores exemplos estrangeiros, os críticos brasileiros teriam

---

36. *Ilustração do Brasil*, 25 de setembro de 1876, n. 5, "José de Alencar e Bernardo Guimarães", anônimo.
37. "*L'auteur ne répand pas sur les choses qu'il décrit une vraie couleur locale.*" *Ilustração do Brasil*, 25 de setembro de 1875, "José de Alencar e Bernardo Guimarães", anônimo. A passagem citada, de autoria de Félix Frank, foi extraída de ensaio publicado em 1863 na *Revue des Deux Mondes*, intitulado "*La poésie et les poètes en 1863.*" No extrato, o crítico se referia ao poeta natural de Guadalupe Octave Giraud (1862, p. 7-9), que deu origem ao livro de versos *Fleurs des Antilles* a partir do desejo de pintar a natureza e habitantes da região, questionando-se: "*Suis-je parvenu à lui [ce volume] donner une vraie couleur locale?*" [Teria eu alcançado conferir a este volume uma verdadeira cor local?], a que o crítico Félix Frank respondeu em sua crítica: "*l'auteur ne possède pas l'art de répandre sur les choses qu'il décrit 'une vraie couleur locale.*'" [o autor não possui a arte de atribuir às coisas que ele descreve 'uma verdadeira cor local'.] *Revue des Deux Mondes*, mai.-jun. 1863, tomo 45. "La poésie et les poètes en 1863", Félix Frank, p. 243-252.
38. *Imprensa Acadêmica*, 4 de junho de 1871, n. 7.

também de pontuar as diferenças dessa literatura que a tornavam original diante das outras, mas, como se vê, a natureza e o indígena, pontos fortes para essa diferenciação, causaram divergências.[39] Mesmo assim, não foram outros os elementos escolhidos pela crítica, pelo menos nas décadas de 1850, 1860 e princípios de 1870, para justificar a singularidade da literatura nacional brasileira, visto que o argumento de que suas obras se assemelhavam às de escritores estrangeiros renomados não seria suficiente para legitimar a produção do país. Por isso, foi muito recorrente um discurso que, em resumo, patenteava que os romances brasileiros eram semelhantes, mas também distintos daqueles estrangeiros citados pelos críticos. Após elencar os aspectos dessas semelhanças, destacavam as suas diferenças, pautadas, quase sempre, na cor local. Em texto sobre *O Gaúcho*, o crítico anônimo rememorou a censura feita por Alencar a Magalhães por ter apresentado a andorinha como símbolo nacional, dado que o pássaro não era exclusivo do Brasil. Com *O Gaúcho*, Alencar elegeu o cavalo pampa como animal representativo da região tematizada no romance. Ao ver do crítico, a escolha era feliz e diferenciaria a natureza mostrada pelo romancista daquela imaginada nos romances de Cooper e Walter Scott por representar uma especificidade da natureza brasileira.

Esse movimento de comparar e distinguir foi bastante recorrente na crítica da literatura brasileira de então, que se via nessa encruzilhada provocada pela exigência de pertencer à modernidade literária, com obras de mesmo calibre que os modelos, e, ao mesmo tempo, de se fazer reconhecida pelo que tinha de especial. Esse empenho em se igualar e se diferenciar provocou também uma tensão no discurso crítico, o que levou Don Rodrigo y Mendonza a constatar que "O problema da literatura nacional tem sido o desespero de inteligências robustas".[40] Assim como outros, sustentava que o recurso à cor

---

39. Luís Guimarães Júnior, no *Diário do Rio de Janeiro* em 22 de janeiro de 1871, n. 22, saudava que, com a publicação de *O Gaúcho*, "O tacape e o boré foram postos de parte".
40. *Arquivo Literário*, mar.-abr. 1866. "*Iracema*, lenda do Sr. Alencar. Rápida notícia". Don Rodrigo y Mendonza.

local era a melhor maneira de provar a distinção e a qualidade da literatura brasileira: "Há nas nossas florestas, nas matas seculares que matizam a terra dos brasis, elementos para uma literatura mais rica do que quantas existem".[41] E, da mesma forma, compara para, logo em seguida, distinguir: "[Iracema] assemelha-se bastante à Celuta,[42] mas não vejo nisso um defeito, é brasileira".[43]

O indianismo e a natureza deveriam aparecer em articulação com os fatores da sociedade civilizada; Alencar expôs esse tipo de argumento em seus paratextos e artigos e o verificamos também na sua recepção crítica, conforme ilustra Don Rodrigo y Mendonza, que enxergou tal junção como fundamental na constituição da nacionalidade literária: "Os poetas brasileiros da nova geração formarão um só ser do selvagem e do homem civilizado; as crenças se modificarão, e a literatura cobrará nova e abundante seiva. Quando a fusão se der teremos uma literatura original e completa".[44] Alencar, como já mencionado, foi eleito o melhor representante dessa junção e dessa literatura original, simbolizando as letras do país da mesma forma que os representantes de outras nações que tinham o seu ícone: "O Jovem Brasil deve pôr à sua frente o nome de José de Alencar, como a Jovem Alemanha pôs o de Heine e a Jovem França o de Teófilo Gautier".[45] Esse esforço, como falamos, tinha o fim de promover a literatura brasileira em âmbito interno e também externo. Com esse intento, por exemplo, o jornal *Dezesseis de Julho* – fundado em 1869 por Alencar e seu irmão Leonel de Alencar – criou, em 1870, a seção "Revista Bibliográfica", um espaço destinado à resenha crítica dos

---

41. *Arquivo Literário*, março-abril de 1866. "*Iracema*, lenda do Sr. Alencar. Rápida notícia". Don Rodrigo y Mendonza.
42. Personagem de *René*, romance de François-René de Chateaubriand.
43. *Arquivo Literário*, março-abril de 1866. "*Iracema*, lenda do Sr. Alencar. Rápida notícia". Don Rodrigo y Mendonza.
44. *Arquivo Literário*, março-abril de 1866. "*Iracema*, lenda do Sr. Alencar. Rápida notícia". Don Rodrigo y Mendonza.
45. *O Globo*, 7 de março de 1875, n. 65, "Folhetim do *Globo*: *Ao Correr da Pena*, por José de Alencar", Luís Guimarães Junior. O jornalista escreveu esse artigo em Londres.

trabalhos dos jovens escritores brasileiros. A sua finalidade era oferecer "alguns subsídios (...) para a história da nossa literatura". Em nota de lançamento da seção, os redatores alegavam que a literatura brasileira era tão desconhecida do público brasileiro quanto estrangeiro devido à falta de oportunidades para a publicação e divulgação dos trabalhos dos autores nacionais, preteridos em razão da ampla difusão de obras estrangeiras. Dessa forma, "desde que os nacionais ignoram qual seja o grão de progresso e desenvolvimento da nossa literatura, não é de admirar que o estrangeiro viva na mesma ignorância".[46]

A passagem reforça o que viemos mostrando a respeito do esforço dos homens de letras no XIX de tornar a literatura brasileira conhecida não só por seus patrícios, mas também no estrangeiro. Difundir e prestigiar a literatura brasileira dentro do país mostrava-se imprescindível, contudo, talvez não fosse o suficiente para garantir a atenção dos leitores em detrimento da imensa oferta e apelo das obras estrangeiras. Ao atrelar ao discurso crítico o padrão e o reconhecimento internacional das letras brasileiras, os críticos potencializavam o valor dessa literatura para o seu público e, uma vez consolidada no Brasil, projetavam a sua consagração nos quadros da história da literatura como uma produção legítima frente às literaturas nacionais de outros países e pertencente ao movimento literário mundial.

Para que os brasileiros tivessem uma literatura, não era suficiente que eles próprios o dissessem entre si. Quando a imprensa estrangeira declarava a existência das letras do Brasil e comentava sobre seu desenvolvimento, isso certamente ratificava todo o esforço dos homens de letras do país de legitimarem a sua produção e de a inserirem no conjunto das literaturas nacionais, ou seja, na república das letras. A difusão de informações concernentes à literatura do Brasil no exterior e a tradução de obras de seus escritores corroboraram para a consolidação do discurso nacional e para a fixação da literatura brasileira enquanto autônoma, original e, portanto, acolhida e bem aceita no espaço internacional, conforme analisaremos no capítulo que segue.

---

46. *Dezesseis de Julho* – órgão conservador, 6 de maio de 1870, n. 99, "Revista Bibliográfica", F. F.

CAPÍTULO 3
ALÉM DO ATLÂNTICO: CIRCULAÇÃO ESTRANGEIRA E CONSOLIDAÇÃO LITERÁRIA
A LITERATURA BRASILEIRA VAI À EUROPA

Uma vasta bibliografia de estudos literários brasileiros oferece diferentes versões sobre a relação ou mesmo "influência" da produção europeia, principalmente francesa, na escrita literária brasileira. Colocada, muitas vezes, em posição periférica, a literatura brasileira, por razões como o passado recente, a pequena tradição literária, foi recorrentemente vista enquanto passível de absorver os elementos caracterizadores da cultura francesa e europeia, como um todo, enquanto esta, de remotas origens, extensa tradição e ideias avançadas, não foi considerada como também suscetível a acolher as imagens e ideias em voga nos países do Novo Mundo, sobretudo na longínqua nação brasileira, cujo idioma português representaria um obstáculo a mais para a acessibilidade de suas produções pelos franceses, ingleses e outros povos estrangeiros.

De 2011 a 2016, os pesquisadores do projeto "A circulação transatlântica dos impressos: a globalização da cultura no século XIX" se empenharam em desvendar as relações entre o Brasil e os países do Velho Mundo e chegaram à conclusão de que esse intercâmbio era bastante complexo, uma vez que as implicações culturais desses contatos se davam em via dupla, dada a disseminação de imagens e de impressos brasileiros no exterior.[1] Para o nosso caso, os estudos de Ilana Heineberg (*in* Peloggio; Vasconcelos; Bezerra, 2015) e Wiebke Xavier (*in* Abreu, 2017) são particularmente reveladores, pois apresentam análises das traduções de obras de José de Alencar na França e na Alemanha entre as décadas de 1860 e 1900, traduções essas cuja existência foi ignorada pela historiografia brasileira do século XX, ainda que os homens de letras do século XIX e mesmo José de Alencar tivessem ciência do caso, como vimos no capítulo anterior. Conforme mostramos, a realização dessas traduções concorria com o anseio dos escritores brasileiros de se fazerem reconhecidos no exterior, para que, assim, sua literatura fosse devidamente legitimada.

Leitão Junior expressou essa intenção em crítica ao livro *Trois ans en Italie*, de Nísia Floresta, exaltando-a por publicar sua obra no exterior e por contribuir para que os estrangeiros "avali[ass]em nosso grau de adiantamento e tir[ass]em o augúrio da nossa futura grandeza". Destacando a importância do idioma francês para o sucesso dessa difusão, complementou: "Como se vê, a obra é escrita em francês, circunstância que lhe assegura mais vasta circulação, do que resulta para nós a vantagem de sermos conhecidos e avaliados por um maior número de presunçosos da velha Europa".[2] O esforço dos literatos brasileiros de divulgar a literatura brasileira nesse continente andava a par de reclamações, pois consideravam restritos a existência de informações relativas ao Brasil e o interesse do público estrangeiro pelo país, fato que levou Alencar, célebre por suas queixas, a lamentar o que ela chamou de "indiferença" dos franceses pela cultura brasileira. Alencar escreveu esse relato em carta ao seu amigo Antonio Henriques Leal, de 2 de agosto de 1876, escrita durante sua estadia na França. Na missiva, revelou que estava em seu intuito "talhar [sua] pedrinha" na difusão do Brasil na Europa, mas, devido a problemas pessoais, acabou não conseguindo progredir em seu projeto. Chegou,

---

1. Os resultados das pesquisas foram anualmente apresentados em colóquios e publicados em livros. Alguns dos trabalhos encontram-se disponíveis no site do projeto: <http://www.circulacaodosimpressos.iel.unicamp.br>.
2. *A República*, 12 de janeiro de 1872, n. 234, "Bibliographia", Leitão Junior.

inclusive, a fazer consultas na Biblioteca Nacional da França, onde disse não ter encontrado "sobre nosso país coisa de maior valia; o que havia nos catálogos já não estava nas estantes".[3]

Esse discurso de desconhecimento da literatura brasileira na França se repetia na fala de muitos brasileiros e estrangeiros que se posicionaram sobre as condições de circulação da literatura e cultura brasileira. A cada vez que lamentavam sobre essa ausência, escreviam algo e, nesse exercício, cada um foi talhando a sua pedrinha na ampliação exterior dessas fontes, resultando que, na Belle Époque, como veremos, a avaliação da literatura brasileira nesse país não era nada má.

Em diversas formas de expressão (o teatro, a poesia, o romance, a crítica, a história) e nos mais variados suportes (com destaque para a imprensa periódica), a literatura nacional representou quase uma palavra de ordem de muitos homens de letras que se incumbiram dessa missão. Os trabalhos que empreenderam no Brasil oferecem uma fonte inesgotável de estudos e rendem descobertas inspiradoras quanto ao processo de construção da nacionalidade; a par disso, as iniciativas desses homens de letras direcionadas ao reconhecimento estrangeiro constituem um capítulo bastante instigante da nossa história literária. Como mostra a carta de Alencar, chegar ao "grande foco da civilização europeia" ou passar por ela ampliava as condições de conhecimento do Brasil no exterior e de seu reconhecimento, fato que garantiria atenção e prestígio para suas manifestações artísticas e culturais. Nesse sentido, vale a pena retomar algumas das formas de presença e circulação das letras brasileiras na França na primeira metade do século.

Sabemos que os relatos dos viajantes do século XVI ao XVIII tiveram enorme impacto no imaginário que se construiu na Europa quanto ao Novo Mundo, levando a um público ávido pelas novidades oferecidas pelas navegações as representações das novas paisagens

---

[3]. José de Alencar. Carta a Antonio Henriques Leal em 02 de agosto de 1876. Fundo Antonio Henriques Leal, Instituto Histórico e Geográfico Brasileiro (IHGB), lata 466, pasta 46.

exuberantes e de seus habitantes exóticos. Esses documentos deram a conhecer o Brasil aos estrangeiros e também aos brasileiros, que não contavam com documentos suficientes para a argumentação histórica de seus escritos, como atesta o caso do próprio José de Alencar, ao fazer uso dos textos dos cronistas em suas notas de rodapés, citando, dentre os muitos, André Thevet, Jean de Léry, Yves d'Evreux (Abreu, 2002). O interesse do público estrangeiro por esses relatos atravessou os séculos e durante o Oitocentos suscitou a permanência de tais títulos nos catálogos dos editores de Paris e de outras cidades europeias.

Em 1825, Eugène de Monglave fez vir a público a sua versão em língua francesa de *Marília de Dirceu* (*Marilie*: chants élégiques) (Abreu, 2008, p. 87), de Thomás Antonio Gonzaga; no ano seguinte, Ferdinand Denis publicou o *Résumé de l'histoire littéraire du Portugal, suivi du résumé de l'histoire littéraire du Brésil*, o qual, pela primeira vez, mencionava a existência de uma literatura brasileira. Em 1829, apareceu a adaptação de *Caramuru*, de Santa Rita Durão, realizada também por Eugène de Monglave (Abreu, 2008, p. 73). Vale lembrar ainda que foi em Paris que Gonçalves de Magalhães, Araújo Porto-Alegre e Sales Torres Homem lançaram a revista *Nitheroy*, em 1836, com o intuito de dar visibilidade para a revista e para o mais recente movimento literário brasileiro. Mesmo escrita em português, não podemos descartar a hipótese de que a revista pudesse suscitar alguma recepção pelos franceses. O mesmo vale para a produção de livros brasileiros que teve lugar em Paris na primeira metade do século XIX, como mostra o estudo de Diana Cooper-Richet (2009, p. 539-555).

Já ao final do século, Anatole Louis Garraux publicou, em língua francesa, o *Bibliographie brésilienne*, um catálogo com mais de 300 páginas contendo títulos de publicações em francês ou latim referentes ao Brasil entre os séculos XVI e XIX. Garraux citou, entre suas fontes, as coleções da Biblioteca Nacional da França, pesquisa que se revelou bem mais frutífera do que a realizada por Alencar (Garraux, 1898). É bem verdade que a literatura não era o foco de Garraux, assim como também parecia não ser o das consultas de Alencar, que se voltavam para assuntos sobre o Brasil como um todo, conforme se depreende pelas suas palavras.[4] O acesso a essas fontes certamente ativou a imaginação de escritores franceses que escreveram romances ambientados no Brasil, como *Sylvino et Anina: moeurs brésiliennes*, de C.M. Antonet, publicado em 1840; e *Les Portugais d'Amérique: souvenirs historiques de la guerre au Brésil en 1635*, de autoria de Julie Delafaye-Bréhier, publicado em 1847.[5] Não podemos esquecer de escritores que viveram no Brasil e aplicaram suas experiências na escrita de romances ambientados no país, como Ferdinand Denis, com *Os Maxacalis* (1824), e Daniel Gavet, que, em parceria de Philippe Boucher, compôs *Jakaré-Ouassou* (1830) (Passos, 2006, p. 33-34).[6]

Essa presença se acumulou ao longo do século, a ponto de, em 1907, Ary René d'Yvermont, em seção dedicada à literatura estrangeira no célebre jornal *L'Aurore*,[7] escrever: "De todos os povos latinos da América, foi o Brasil que realizou maior progresso".[8] Um ano depois,

---

4. Alencar, José de. Carta a Antonio Henriques Leal em 2 de agosto de 1876. Fundo Antonio Henriques Leal, Instituto Histórico e Geográfico Brasileiro (IHGB), lata 466, pasta 46.
5. Cf. F.C. Réception des Lettres Brésiliennes en France: rapide aperçu. *Latitudes*: cahiers lusophones, n. 2, 1998 (Curiosamente, o autor se apresenta apenas como F.C. Devido ao anonimato do artigo, conferimos em fontes primárias os dados aqui reiterados); Cf. Le Brésil et la littérature française du XIXe siècle; Le Brésil pour la jeunesse. s/a; s/l; s/d. Disponível em: <http://bndigital.bn.br/dossies/franca-no-brasil>.
6. Mencionamos no corpo do texto apenas os romances franceses ambientados no Brasil durante a primeira metade do século, numa breve revisão da presença brasileira na França antes de entrarmos no nosso período de pesquisa. De 1850 em diante, a lista se prolonga, com títulos como: *Une épopée au Brésil* (1869), de Ruelle-Pomponne; *La Brésilienne* (1879), de A. Matthey; *Aventures et embuscades: Histoire d'une colonisation au Brésil* (1883), de Guillaume de La Landelle; *La jangada, huit cents lieues sur l'Amazone* (1881), de Jules Verne, dentre outros. Sobre o romance *La Jangada*, de Jules Verne, conferir Abreu (2015) e Riaudel (1992, p. 5-20).
7. O jornal é recorrentemente lembrado pela historiografia literária por ter publicado o polêmico "J'Accuse" de Zola sobre o "Caso Dreyfus", que aqueceu durante anos a imprensa periódica francesa.
8. "De tous les peuples latins de l'Amérique, c'est le Brésil qui a réalisé le plus de progrès". *L'Aurore*, "Littérature étrangère", Ary René d'Yvermont, 25 de dezembro de 1907, n. 3.517.

Henri Turot, em capítulo dedicado à literatura brasileira de seu livro *En Amérique Latine*, atestou que "O Brasil é considerado como o único país latino-americano que possui uma literatura".[9] Durante a primeira década do século XX, a literatura brasileira tinha uma posição de prestígio entre os críticos na França que escreviam sobre a produção do Brasil, o que nos leva a concluir que o esforço dos letrados brasileiros do Oitocentos em busca desse reconhecimento foi bem-sucedido. Desse modo, faz-se interessante retomar a crítica literária em língua francesa sobre o Brasil a partir de meados do século XIX para descobrirmos as formas como foi vista a produção brasileira, identificarmos os estágios dessa avaliação e as razões pelas quais a literatura brasileira chegou a esse patamar. Optamos por acolher como *corpus* a crítica impressa na Europa e produzida em língua francesa, ainda que escrita também por críticos provenientes de outros países europeus ou mesmo por brasileiros. Não nos interessa a nacionalidade do crítico, e sim a forma de difusão da crítica, por entendermos que o idioma francês tinha forte inserção entre os letrados de diversas partes do mundo e desempenhava um importante papel na circulação e legitimação das literaturas nacionais (Casanova, 2002). Essa é a hipótese que tentaremos verificar para o caso da literatura do Brasil, em geral, e para José de Alencar em especial.

Entre menções, notas, verbetes, artigos e ensaios, publicados entre os anos de 1850 e 1908, há uma relevante produção a respeito da literatura do Brasil. As datas que balizam as pesquisas vão entre a primeira apreciação sobre a literatura brasileira, localizada na exata metade do século XIX, até o ano posterior à última publicação no longo século XIX de uma tradução de Alencar na França, *Iracema*, veiculada no jornal *L'Action Républicaine*. Esse ano de 1908 também

---

9. "*Le Brésil est considéré comme le seul pays latin américain qui possède une littérature.*" (Turot, 1908, p. 208). No suplemento ilustrado do *Figaro* dedicado inteiramente ao Brasil, publicado em 07 de maio de 1907, aparece um texto anônimo bastante semelhante ao que introduz o capítulo sobre a literatura brasileira no livro de Turot.

foi marcado pela morte de Machado de Assis, fato que encerrava um tempo para as letras brasileiras, pois, na fala de Figueiredo Pimentel, de 1901: "Ele pertence à brilhante geração de José de Alencar, Casimiro de Abreu (...), Francisco Otaviano, Castro Alves (...), Álvares de Azevedo (...), Manuel de Macedo, Gonçalves Dias (...) e outros, todos mortos, e continua a pertencer à geração atual".[10]

André Caparelli (2013, p. 11-22) mostra as inter-relações estabelecidas pela imprensa da época entre o Velho e o Novo Mundo, revelando uma prática muito comum dos jornais estrangeiros de veicular uma rubrica dedicada aos diferentes países para atender ao interesse cotidiano do público leitor de saber o que se passava ao redor do mundo. Inovações como os telégrafos ligados por cabos submarinos intensificavam as curiosidades. O progresso das comunicações levou muitos jornais a manterem correspondentes no exterior, inclusive no Brasil, propiciando o surgimento das famosas seções "On nous écrit de Lisbonne...", "On nous écrit d'Alger...", "On nous écrit de New York...", "On nous écrit de Rio...", que propiciaram, segundo Caparelli, uma comunicação transnacional e ocasionaram "um cosmopolitismo sem precedentes no mundo da edição".

Dessa forma, os leitores francófonos encontravam, com alguma frequência, notícias e artigos sobre o Brasil nos mais diversos assuntos: política, comércio, imigração, finanças e, no nosso caso de interesse, as letras. Além das seções intituladas "Littérature étrangère" que divulgavam informações sobre as diversas literaturas do mundo, a revista *Mercure de France*, por exemplo, mantinha seções intituladas "Lettres portugaises", "Lettres italiennes", "Lettres allemandes" e, dentre muitas outras, "Lettres Brésiliennes", assinadas, em momentos distintos, por Figueiredo Pimentel, Tristão da Cunha e Philéas Lebesgue.

Detectamos referências à literatura brasileira em suportes como jornais, revistas, dicionários, enciclopédias e livros. Os jornais na

---

10. "*Il appartient à la brillante génération de José de Alencar, Casimiro de Abreu* [...], *Francisco Otaviano, Castro Alves* [...], *Álvares de Azevedo* [...], *Manuel de Macedo, Gonçalves Dias* [...] *et d'autres encore, tous morts, et il continue d'appartenir à la génération actuelle.*" Mercure de France. Lettres Brésiliennes, abr.-jun. 1901, p. 827.

França se tornaram cada vez mais populares ao longo do século XIX, e a crítica nesse espaço assumiu um tom mais leve, para atender ao perfil do público. Marie-Françoise Melmoux-Montaubin mostra as formas como a crítica se manifestou nos jornais franceses ao longo do século XIX, aparecendo no folhetim, nas páginas 1 ou 2 (ou 2 e 3 mais raramente); na seção de variedades na página 3 e na bibliografia, na página 4, "cada uma contendo, *a priori*, sua especificidade".[11] A autora destaca ainda que a crítica perdeu progressivamente seu espaço no jornal para outros gêneros, como o romance, o *fait-divers* (no final do século) e mesmo para a publicidade, migrando para as revistas e suplementos literários, que assumiram, cada vez mais, a atividade crítica. A mudança de suporte pressupõe a mudança de público, uma vez que "a partir de então apenas os leitores interessados *a priori* se voltarão a uma abordagem crítica estritamente circunscrita, enquanto a fórmula anterior colocava todo leitor de cotidianos diante da crítica literária".[12] O *status* de cada suporte agrega valor ao conteúdo veiculado, donde podemos inferir que, quando a literatura brasileira era objeto de uma revista, isso representava uma maior valorização para a construção de seu prestígio do que quando era abordada por um jornal. As enciclopédias e dicionários, produzidos com o fim de vulgarização do conhecimento, ocupavam um posto de maior prestígio entre os gêneros de informação, pois, muitas vezes, eram publicados em edições de luxo, *in-folio*, e constavam nas estantes daqueles que almejavam transmitir a imagem de erudição. Faremos um percurso por todas essas fontes para identificarmos como elas situaram a literatura brasileira ao longo das décadas.

---

11. "[...] *chacune de ces rubriques possédant, a priori, sa spécificité.*" (Melmoux-Montaubin *in* Kalifa; Régnier; Thérenty; Vaillant, 2011, p. 941).
12. "[...] *désormais seuls les lecteurs intéressés a priori se porteront vers un propos critique strictement circonscrit, quand la formule antérieure plaçait tout lecteur de quotidien face à la critique littéraire.*" (Melmoux-Montaubin *in* Kalifa; Régnier; Thérenty; Vaillant, 2011, p. 940).

Progressiva autonomia da literatura brasileira

Antes de ser considerada como autônoma, a literatura brasileira foi vista como cópia e mesmo galho da literatura portuguesa.[13] Décadas depois do célebre livro de Ferdinand Denis, em que a história da literatura brasileira aparecia separada da história da literatura portuguesa, havia críticos que situavam as duas literaturas como sendo uma só manifestação literária. Foi o caso de Pereira da Silva, em seu artigo "Littérature portugaise, son passé, son état actuel" ["Literatura portuguesa, seu passado e seu estado atual"], publicado em 1865 na *Revue Contemporaine*. Para o autor, no século XVIII, "a literatura portuguesa e a literatura brasileira formam uma única literatura",[14] percebendo, no século XIX, "indícios de separação, de cisão ainda bastante vagas"[15] e "uma ideia que está apenas em germe, mas que, em se desenvolvendo, constituirá para o Brasil uma literatura distinta e nacional".[16] Os críticos e historiadores foram quase unânimes ao destacar que a literatura produzida no Brasil no século XVIII recebia forte influxo

---

13. Na década de 1870, o *Dictionnaire de noms propres* indicou que: "À l'origine, la littérature brésilienne n'était qu'un rameau de la littérature portugaise, dont elle ne présenta longtemps que la servile imitation." ["Em sua origem, a literatura brasileira era apenas um ramo da literatura portuguesa, da qual, durante muito tempo, ela apresentou tão somente a servil imitação."] (Vorepierre, 1876, p. 674). Ainda em 1892, o reconhecimento da independência literária parecia não ser unânime, pois o *Dictionnaire des dictionnaires* entendia que: "*La littérature brésilienne est une branche de la littérature portugaise, à laquelle elle a fourni des écrivains distingués.*" ["A literatura brasileira é um galho da literatura portuguesa, à qual ela forneceu escritores notáveis."] (Guérin, 1892, p. 271). É flagrante a semelhança da declaração de Antonio Candido (2006, p. 11), em sua *Formação da Literatura Brasileira*, com o conteúdo dessas apreciações.
14. "[...] *la littérature portugaise et la littérature brésilienne n'en forment qu'une seule.*" Revue Contemporaine, Tomo 44, 1865. "Littérature portugaise, son passé, son état actuel", Pereira da Silva, p. 744. O artigo saiu em três números da revista, nos tomos 44, 46 e 47 de 1865.
15. "[...] *des indices de séparation, des dissidences d'abord assez vagues.*" Revue Contemporaine, Tomo 44, 1865. "Littérature portugaise, son passé, son état actuel", Pereira da Silva, p. 744.
16. "[...] *une idée qui n'est encore qu'en germe, mais qui, en se développant, constituera pour le Brésil une littérature distincte et nationale.*" Revue Contemporaine, Tomo 44, 1865. "Littérature portugaise, son passé, son état actuel", Pereira da Silva, p. 744.

da de Portugal e que, no século XIX, uma nova referência substituiu a portuguesa, como mostra jornalista anônimo do *Annuaire des deux mondes: histoire générale des divers états*, em longo artigo sobre o Império Brasileiro: "Nos dias de hoje, os poetas se distanciaram da forma antiga; mas, em vez de adotar um gênero próprio, um gênero inspirado pela natureza americana, eles simplesmente mudaram o objeto de sua imitação; agora eles são verdadeiros franceses".[17]

Passagens desse mesmo texto foram transcritas em *Études sur le Brésil au point de vue de l'émigration et du commerce français*, de Hippollyte de Carvalho, publicado pela Garnier Frères em 1858. A argumentação do autor sobre o avanço das instituições brasileiras e as qualidades do país para as atividades econômicas tinha como fim "atrair a emigração francesa",[18] conforme estampado na página de abertura do livro. A divulgação da literatura brasileira na Europa precisa ser pensada levando em consideração o propósito de dar visibilidade ao Brasil, conquistar reconhecimento e atrair estrangeiros interessados em dedicar suas vidas ao progresso da nascente pátria. Para isso, esteve empenhada a elite brasileira e, claro, o imperador, que custeou atividades de artistas e homens de letras do país na Europa, ou ainda de estrangeiros que pudessem contribuir para a valorização da imagem do Brasil no exterior, sendo o exemplo mais expressivo de sua ação na divulgação literária o livro *Le Brésil Littéraire* (1863), de Ferdinand Wolf.

Nesse trabalho, que exalta a instituição monárquica brasileira como principal responsável pelos avanços do país, Wolf (1863, p. 104) mencionou o traslado da corte de Portugal como determinante para a progressiva diferenciação da produção do Brasil em relação

---

17. "*La littérature brésilienne fut, pendant longtemps, une imitation de celle de Portugal, et le style qu'elle employait avait parfois la pureté des grands écrivains de la Lusitanie. Aujourd'hui, les poètes se sont éloignés de la forme ancienne; mais, au lieu d'adopter un genre à eux, un genre inspiré par la nature américaine, ils n'ont fait que changer l'objet de leur imitation; maintenant ce sont des véritables français.*" Annuaire des Deux Mondes: histoire générale des divers états, 1850. "Le Brésil", anônimo, p. 1.101.

18. "[...] *y amener l'émigration française.*" (Carvalho, 1858).

à literatura portuguesa, por entender que esse episódio teve maior impacto no movimento literário brasileiro do XIX, fato também apontado por alguns críticos estrangeiros como desencadeador da formação da autonomia literária da ex-colônia. Ainda nessa linha que defendia a precedência imperial no desenvolvimento da nação, outros críticos repetiram a máxima de Ferdinand Denis, a de que a América deveria ser livre em sua literatura como em seu governo, e atribuíram a um outro momento da história nacional, a independência, o principal feito em direção à emancipação literária brasileira dos modelos portugueses. Ambos os casos mostram uma imbricação de dois discursos, o político e o literário, que partilhavam dos anseios de engrandecimento nacional e usavam, muitas vezes, das mesmas ferramentas e estratégias.[19] O brasileiro Sant'Anna Nery,[20] em conferência sobre a propriedade literária, apresentada em congresso em Lisboa em 1880, foi um dos que defenderam que "a verdadeira literatura brasileira data do dia da independência de nosso país";[21] em seu livro intitulado *Le Brésil en 1889* – que tinha como finalidade divulgar o Brasil na Exposição Universal de Paris –, ratificava "Mas o verdadeiro movimento literário brasileiro data da época da nossa independência política",[22] no que foi corroborado pelo jornalista anônimo do *Journal des Débats* quase uma década mais tarde: "A literatura brasileira propriamente dita começou após a proclamação

---

19. "*L'Amérique doit enfin être libre dans sa poésie comme dans son gouvernement.*" (Denis, 1832, p. 516).
20. Nascido em Belém do Pará em 1848 e falecido em Paris em 1901, foi na capital francesa que Nery desenvolveu parte de sua atividade intelectual, tendo participado de importantes associações daquele país, como a Société de Gens de Lettres e a Association Littéraire et Artistique Internationale. Foi membro correspondente do IHGB e publicou várias obras sobre o Brasil em língua francesa (cf. Tapajós; Tórtima, vol. 4, 1993).
21. "[...] *la vraie littérature brésilienne date du jour de l'indépendance de notre pays.*" O texto apresentado por Sant'Anna Nery no evento foi publicado no Boletim da Association Littéraire et Artistique Internationale em 1880, com edição em Paris.
22. "*Mais le véritable mouvement littéraire brésilien date de l'époque de notre indépendance politique.*" (Nery, 1889, p. 593).

da independência em 1822".[23] Em 1907, o jornal *Le Figaro* defendeu que a emancipação, a paz interior e a estabilidade proporcionaram a superioridade da cultura brasileira.[24]

Os dicionários e enciclopédias também se posicionaram a esse respeito. O *Dictionnaire des noms propres* (1876) destacou que o estabelecimento da corte no Brasil representou uma nova página para a literatura brasileira e que a independência do país teria desencadeado a autonomia literária. O reconhecimento da nova nação e da interferência da literatura nesse empreendimento transparece no *Grand dictionnaire universel du XIXe siècle*, no qual se diz que, nos primeiros anos após a independência, a literatura teria se beneficiado de uma "influência direta das literaturas europeias".[25] Mas, com a consolidação de uma dinastia e o incentivo do imperador, a literatura brasileira "se libertou gradativamente das influências estrangeiras e tornou-se original e nacional".[26] Para muitos, o afastamento do modelo português na escrita literária brasileira não significou originalidade absoluta, pois um outro modelo teria passado a guiar as produções. Como "verdadeiros franceses", na asserção do crítico anônimo do *Annuaire des Deux Mondes*, na passagem citada acima, os brasileiros tiveram suas produções constantemente associadas à interferência francesa.

---

23. "*La littérature brésilienne proprement dite commença après la proclamation de l'indépendance en 1822*". *Journal des débats politiques et littéraires*. (Paris) 12 de dezembro de 1897. "Lettres, sciences et arts", anônimo.
24. *Le Figaro* (Supplément illustré), 7 de maio 1907. "Lettres, sciences et arts", anônimo. Chama a atenção a similaridade dos títulos, em textos de períodos e conteúdos distintos.
25. "[...] *influence directe des littératures européennes*". O *Grand Dictionnaire Universel du XIXe siècle* foi publicado em 15 volumes entre os anos de 1866 e 1876, contando, posteriormente, com dois Suplementos, saídos em 1878 e 1890 (cf. Mollier; Dubot, 2012). O verbete a que nos referimos se encontra no Segundo Suplemento, de 1890, o único da coleção a inserir uma subentrada sobre a literatura do país.
26. "[...] *s'affranchit de plus en plus des influences étrangères et devint réellement originale et nationale.*" (Larousse, 1890, p. 658).

A referência francesa e a cor local brasileira

O *Annuaire Encyclopédique*, em 1862, em verbete sobre o Brasil assinado por Lomon, resume o *status* da transição da referência portuguesa para a francesa: "Os literatos brasileiros inicialmente imitaram os de Portugal. Hoje é à França que eles buscam suas inspirações. À exceção de dois ou três escritores, como Araújo Porto-Alegre e Gonçalves Dias, a literatura vive quase apenas de traduções".[27] O contexto editorial estaria na origem dessa relação entre os escritos brasileiros e a produção francesa, pois a circulação de traduções de obras francesas no Brasil interferiria na constituição da literatura nacional. Em 1850, lia-se no *Annuaire des Deux Mondes* que "a tradução é praticamente a única literatura atual do Brasil".[28] Em 1856, o explorador francês Max Radiguet[29] destacou a presença de romances franceses nos jornais brasileiros: "Seus folhetins são, como na América espanhola, traduções mais ou menos boas de nossos romances franceses em voga".[30] Como sabemos, ao longo de todo o século, o mercado livreiro se beneficiou em grande medida das traduções, o que, ao ver de Sant-Anna Nery, prejudicava o desenvolvimento da literatura nacional, sobretudo por conta da inexistência de uma lei de propriedade literária que propiciasse igualdade de condições para brasileiros e estrangeiros de serem publicados por editores em atividade no Brasil. Para Nery, o estabelecimento da propriedade literária no Brasil permitiria o "florescimento da

---

27. "*Les littérateurs brésiliens ont imité d'abord ceux du Portugal. Aujourd'hui c'est à la France qu'ils demandent leurs inspirations. À l'exception de deux ou trois écrivains, comme Araujo Porto-Alegre et Gonçalves Dias, la littérature ne vit guère que de traductions.*" Annuaire encyclopédique, 1862. Paris: Au Bureau de l'Encyclopédie du XIXe siècle, "Brésil", p. 281.
28. "*La traduction est à peu près l'unique littérature actuelle du Brésil.*" Annuaire des Deux Mondes: histoire générale des divers états, 1850. "Brésil", anônimo, p. 1.101.
29. Maximiliano Renato Radiguet (1816-1880). Adido da marinha francesa, Radiguet fez viagens pelo mundo, inclusive pela América do Sul. Teve estadia em várias cidades do continente, que lhe propiciaram a escrita de diversos artigos publicados na imprensa francesa entre 1844 e 1854, reunidos posteriormente em livro intitulado *Les souvenirs de l'Amérique Espagnole* (cf. Milla Batres, 1994).
30. "*[...] leurs feuilletons sont, comme dans l'Amérique espagnole, des traductions plus ou moins bonnes de nos romans français en vogue.*" (Radiguet, 1856, p. 280).

literatura brasileira", uma vez que os custos do pagamento dos direitos a autores estrangeiros e dos honorários de tradutores, muitas vezes, inábeis, impeliriam os editores a recorrer às obras nacionais.[31]

Além de comprometer o desenvolvimento das letras no Brasil, o diálogo da produção literária nacional com a tendência francesa poderia ser considerado danosa para o delineamento de sua originalidade e provocar nos críticos estrangeiros o efeito semelhante ao previsto pelo historiador e publicista italiano Guglielmo Ferrero (Rovito, 1922), em artigo para o jornal *Le Figaro*, por ocasião da implementação da Academia Brasileira de Letras: "Não ignoro que estas linhas farão sorrir muitos leitores. Uma imitação tão exata da Academia francesa no Rio de Janeiro causa em todo Europeu cultivado a impressão de uma caricatura".[32] Uma boa parcela dos romances brasileiros do século XIX, dentre eles os de José de Alencar, foi vista por uma parte de nossa historiografia como caricatura dos romances franceses e o risinho entremeou as linhas de muitas das censuras que lhe foram feitas, pautadas na avaliação que fizeram daquele que teria inaugurado uma verdadeira literatura nacional, Machado de Assis, e de seus romances da chamada fase madura. No entanto, Guglielmo Ferrero defendeu, em seu artigo, a importância para as jovens nações "de adaptar os elementos essenciais da cultura europeia às condições especiais de sua vida social".[33] Recorrer à cultura francesa e associá-la à literatura nacional não lhe parecia contraditório. Ainda que estivesse tratando de escritores contemporâneos ao começo do século XX, é possível enxergar em suas palavras uma similitude com o contexto literário do século XIX quando destacou dois aspectos que muito lhe impressionaram na leitura dos livros

---

31. *Bulletin de l'Association Littéraire Internationale*, n. 9, setembro de 1880. "Brésil", Frederico José de Sant-Anna Nery, p. 72.
32. "*Je n'ignore pas que ces lignes feront sourire beaucoup de lecteurs. Une imitation si exacte de l'Académie française à Rio de Janeiro fait d'abord à tout Européen cultivé l'impression d'une caricature.*" Le Figaro, 21 de abril de 1908, "Une Académie américaine", Guglielmo Ferrero, p. 1.
33. "[...] *d'adapter les éléments essentiels de la culture européenne aux conditions spéciales de leur vie sociale.*" Le Figaro, 21 de abril de 1908, "Une Académie américaine", Guglielmo Ferrero, p. 1.

dos escritores brasileiros, "o conhecimento profundo, a admiração sincera da cultura europeia sob todas as suas formas, e um verdadeiro amor pelo país, o esforço de todos para imprimir às diferentes obras um caráter comum de originalidade literária".[34]

No mesmo ano, o jornalista e escritor francês Henri Allorge manifestou opinião semelhante na revista mensal *Le Penseur*: "Se existe um país cujos habitantes acompanham com constante interesse a produção francesa, é este. Maravilhosamente dotada pela natureza, esta região ainda nova oferece igualmente um terreno fértil ao esforço literário".[35] Essas críticas são contemporâneas daquelas que reforçaram a grandeza da literatura brasileira diante de todas as demais da América Latina, mostradas anteriormente. Como se vê pelas suas falas, não há paradoxo entre seguir as tendências francesas e manter a originalidade, critério bastante próximo do que defenderam os homens de letras brasileiros e mesmo José de Alencar, os quais insistiam que ser nacional implicava pertencer a uma cultura mundial e saber lançar mão apropriadamente das culturas estrangeiras na composição da literatura brasileira, num período em que a França tinha proeminência nessa representação literária de feição global. Se retrocedermos nas décadas quanto à recepção da literatura do Brasil na França, veremos que esse aspecto figurava com certa recorrência no discurso crítico francês em relação às obras brasileiras. Radiguet, a respeito do Chile, observou que "Como em todos os países onde uma literatura nacional está a ser fundada, começa-se por se inspirar nos modelos estrangeiros, inicia-se pela tradução e pela imitação; leva-se até bem longe esse entusiasmo ao

---

34. "[...] *la connaissance profonde, l'admiration sincère de la culture européenne sous toutes ses formes, et un amour passionné du pays, l'effort de tous pour imprimer aux œuvres les plus différents un caractère commun d'originalité nationale.*" *Le Figaro*, 21 de abril de 1908, "Une Académie américaine", Guglielmo Ferrero, p. 1.
35. "*S'il est un pays dont les habitants suivent avec un constant intérêt la production littéraire française, c'est celui-là. Merveilleusement douée par la nature, cette contrée encore neuve offre également un champ fertile à l'effort littéraire.*" *Le Penseur*, agosto de 1908. "Quelques écrivains brésiliens", Henri Allorge, p. 294.

traduzirem-se nossos folhetins e nossos melodramas".[36] Nos discursos da crítica estrangeira sobre o caso brasileiro, a França aparecia em contraposição a Portugal, fato que não revela novidade diante do que se apregoou na história literária brasileira. Para os críticos estrangeiros, enquanto a literatura do Brasil vivia sob a tutela portuguesa, não havia qualquer tendência original; quando as letras brasileiras começaram a se emancipar, o contato com a literatura francesa foi determinante para a originalidade das obras nacionais. Para Paulino de Souza, "o gênio literário no Brasil (...) sob a influência das ideias alemãs e do movimento romântico francês, renuncia à literatura clássica de imitação e busca diretamente na natureza maravilhosa que a envolve suas mais belas inspirações".[37]

A presença estrangeira, segundo Paulino de Souza, não colocava em xeque a originalidade brasileira, desde que ela estivesse "adaptada", sendo os principais índices dessa adaptação a natureza, a língua e a história, enfim, a cor local. A visão do gramático brasileiro ia ao encontro das expectativas dos críticos estrangeiros, para quem a literatura brasileira deveria permanecer voltada para as imagens locais, não se concebendo que no Brasil houvesse outro tipo de romance que não fosse escrito sobre as paisagens exuberantes, os habitantes exóticos ou qualquer outro elemento que não fosse tido como especificamente nacional, segundo a concepção que faziam de nacionalidade num país do Novo Mundo, com seus indígenas, sua história de lutas e conquistas e sua paisagem natural. Essa visão pode ser identificada no discurso de M. E. Delaplace, em artigo sobre a literatura brasileira veiculado em 1865 na *Revue Contemporaine*.

---

36. "*Comme dans tous les pays où une littérature nationale est à fonder, on commença par s'inspirer des modèles étrangers, on débuta par la traduction et l'imitation; on poussa même fort loin cet engouement jusqu'à traduire nos feuilletons et nos mélodrames.*" (Radiguet, 1856, p. 38).
37. "*Ce n'est guère que du jour où le régent D. João, fuyant l'invasion française, vint installer à Rio-Janeiro le siège du gouvernement du Portugal, qu'il faut dater la naissance du génie littéraire au Brésil, génie qui, plus tard, sous l'influence des idée allemandes et du mouvement romantique français, renonce à la littérature classique d'imitation, et demande directement à la merveilleuse nature qui l'environne, ses plus belles inspirations.*" (Souza, 1870, p. VIII).

O romance teve boa aceitação entre os estrangeiros enquanto forma para a composição da literatura nacional do Brasil e desempenhou importante papel nessa formação, mas Delaplace não concebia que ele fosse nem de peripécia, como os quilométricos romances-folhetins dos jornais franceses da época, nem de análise sentimental, com seus amores de salão, conforme os leitores europeus estavam habituados a ler. Entendia que a literatura brasileira oferecia algo novo, original, e essa fonte estaria associada à ideia que fazia da realidade no Novo Mundo, com seus povos e paisagens exóticas.[38] A cor local esteve no cerne das expectativas quanto à literatura brasileira, sendo mesmo vista como sinônimo da originalidade literária do Brasil. Delaplace exaltou as possibilidades que a natureza oferecia para a renovação literária operada pelos homens do país, fato que chamaria a atenção do leitor estrangeiro:

> [...] em vez de apresentar ao leitor o triste espetáculo de uma literatura envelhecida, nós oferecemos as brilhantes promessas de uma literatura nascente, cujos primeiros passos causariam inveja a mais de uma nação da Europa. Que o leitor nos acompanhe além do Atlântico e ele descobrirá, o que nós mesmos ignoramos há alguns meses, que a mais bela região da América meridional, o Brasil, tão renomado pelas maravilhosas riquezas de seu solo, é também dotado de dons de espírito e imaginação e, emancipado há pouco mais de quarenta anos, ele já conta com poetas para cantar sua esplêndida natureza, historiadores para contar as lutas de sua independência e romancistas para pintar os costumes de suas tribos indígenas.[39]

---

38. *Revue Contemporaine*, tome 48ᵉ, 1865, "La littérature brésilienne", M. E. Delaplace, p. 513.
39. "[...] *au lieu de présenter au lecteur le triste spectacle d'une littérature vieillie, nous lui offrons les brillantes promesses d'une littérature naissante, dont les débuts feraient envie à plus d'une nation de l'Europe. Qu'il nous suive quelque temps au-delà de l'Atlantique, et il apprendra, ce que nous ignorions nous même il y a quelques mois, que la plus belle contrée de l'Amérique méridionale, le Brésil, si renommé pour les merveilleuses richesses de son sol, n'a pas été moins bien partagé quant aux dons de l'esprit et de l'imagination, et que, quoique à peine affranchi depuis quarante ans, il a déjà trouvé des poètes pour chanter sa splendide nature, des historiens pour raconter les luttes de son indépendance, et des romanciers pour*

Para Delaplace, o romance brasileiro não conteria profusão de intrigas e surpresas inverossímeis. Porém, não iria além da narrativa de caráter exótico, conforme a expectativa estrangeira em relação a um romance ambientado no Novo Mundo. A cor local seria o elemento diferenciador da literatura brasileira e, nessa perspectiva, "a vida nômade e guerreira das tribos do Amazonas e do Paraíba deu ao Brasil seu melhor romancista".[40] José de Alencar destacava-se, ao ver de Delaplace, como o melhor romancista brasileiro justamente por manejar os fatores constituidores da natureza brasileira. O crítico definiu *O Guarani* como um "quadro animado dos costumes e das superstições indígenas e das lutas intermináveis entre a raça conquistada e a raça conquistadora".[41]

A edição de que Delaplace fez uso, segundo informação expressa em nota de rodapé, foi a mesma publicada em Paris, fator que evidencia que os livros impressos na capital francesa a serem vendidos no Brasil não se limitavam aos leitores brasileiros. Todas as obras de Alencar mencionadas por Delaplace tiveram impressão em 1864 e em 1865 pela Rançon et Cie., em parceria com a libraire Durand,[42] por meio de encomenda de L. B. Garnier (Granja, 2013).

---

peindre les mœurs de ses tribus indiennes." Revue Contemporaine, tomo 48, 1865, "La littérature brésilienne", M. E. Delaplace, p. 497-498.
40. "[...] *la vie nomade et guerrière des tribus de l'Amazone et du Parahyba a donné au Brésil son meilleur romancier.*" Revue Contemporaine, tomo 48, 1865, "La littérature brésilienne", M. E. Delaplace, p. 513.
41. "*tableau animé des mœurs et des superstitions indigènes et des luttes interminables entre la race conquise et la race conquérante.*" Revue Contemporaine, tomo 48, 1865, "La littérature brésilienne", M. E. Delaplace, p. 514.
42. A *Bibliographie de France* de 1864 anunciou a publicação naquele país das segundas edições de *O Demônio Familiar, Verso e Reverso* e a segunda e terceira edições, ao mesmo tempo, de *O Guarani*, uma em versão in-8, mais cara, outra em in-18, um formato popular, conforme analisa Lúcia Granja. No ano de 1865, foram anunciadas novamente as edições de *O Guarani*, a segunda edição de *Mãe*, a edição conjunta de *Cinco Minutos* e *A Viuvinha* e a segunda edição de *As Asas de um anjo*. Todas receberam a indicação "revista pelo autor". Cf. *Journal Général de l'Imprimerie et de la Librairie*, 2ᵉ série, tome VIII. Paris: Au cercle de l'imprimerie, de la librairie et de la papeterie, 1864; *Journal Général de l'Imprimerie et de la Librairie*. 54ᵉ année, 2ᵉ série, n. 10, tome IX. Paris. Au cercle de l'imprimerie, de la librairie et de la papeterie, 1865.

Delaplace revelou não apenas ter tido acesso a *O Guarani* como também tê-lo lido, pois apresentou ao leitor detalhes do enredo, situando ainda o espaço em que ocorre a narrativa por meio de descrições da natureza que circunda o cenário, fator que enfatizaria o valor da obra. Por fim, ainda que considerasse os romances *Cinco Minutos* e *A Viuvinha* "dois agradáveis romances",[43] não chegou a descrevê-los, deixando, certamente, o leitor estrangeiro a imaginar que se tratavam de mais duas histórias de florestas e índios.

Essa perspectiva permeia todo o quadro histórico exposto acerca da literatura brasileira, pela adoção de um discurso que se mostra bastante coerente e mesmo repetitivo nesse tipo de apreciação. Delaplace reiterou a preponderância da cor local na literatura brasileira: "Jamais os poetas tiveram sob os olhos um espetáculo que melhor pudesse contribuir para sua inspiração que a natureza brasileira",[44] fator que incrementaria a peculiaridade da produção do país: "Se seus cantos são o reflexo da natureza, é de se esperar que produzam uma poesia da qual nenhuma nação do velho mundo daria uma noção aproximada".[45] Em verbete sobre a literatura brasileira, o *Dictionnaire des Noms Propres* seguiu a mesma trilha, informando que, antes dependente da literatura portuguesa "sob a influência de meios diferentes, a literatura brasileira acabou por adquirir um desenvolvimento próprio, e hoje ela oferece uma originalidade suficientemente patente para pretender ocupar um lugar na história das literaturas comparadas".[46] Essa originalidade se devia, sobretudo, à inserção de elementos locais nas obras, fator identificável já no

---

43. "[...] *deux agréables romans*." *Revue Contemporaine*, tomo 48, 1865, "La littérature brésilienne", M. E. Delaplace, p. 515.
44. "*Jamais poètes n'eurent sous les yeux un spectacle qui pût mieux seconder leur inspiration que la nature brésilienne.*" *Revue Contemporaine*, tomo 48, 1865, "La littérature brésilienne", M. E. Delaplace, p. 500.
45. "*Si leurs chants sont le reflet de leur nature, il faut s'attendre à trouver chez eux une poésie dont aucune nation du vieux monde ne saurait donner une idée.*" *Revue Contemporaine*, tomo 48, 1865, "La littérature brésilienne", M. E. Delaplace, p. 500.
46. "[...] *sous l'influence de milieux différents, elle [la littérature brésilienne] finit par acquérir un développement propre, et aujourd'hui elle offre une originalité assez marquée pour pouvoir prétendre à occuper une place dans l'histoire des littératures comparées.*" (Vorepierre, 1876, p. 674).

século XVIII: "A escola de Minas manteve as formas regulares que predominavam na poesia portuguesa; mas ela procurava atribuir às obras poéticas uma cor local, buscando seus temas na natureza, nos costumes e na história, sobretudo na história dos habitantes primitivos".[47] Em 1871, o *Dictionnaire général des lettres* ofereceu um verbete sobre a literatura brasileira (o qual supomos ser de autoria de Delaplace), em que colocava o nome de Alencar em posição de destaque para a literatura do país: "Assim como os habitantes do Delaware e do Mississipi tiveram Cooper como seu pintor, as povoações do Amazonas e do Paraíba inspiraram Alencar na escrita de seu romance *O Guarani*".[48]

Se aproximarmos essa avaliação das palavras mencionadas por E. Delaplace expressas em seu ensaio sobre a literatura brasileira, no qual diz: "assim como os habitantes do Delaware e do Mississipi encontraram em Cooper um poético historiador, a vida nômade e guerreira das tribos do Amazonas e do Paraíba deu ao Brasil seu melhor romancista", poderemos supor que saíram da mesma pena, tamanha é a semelhança.[49] O verbete declara ainda que no romance brasileiro não constam "intrigas habilmente conduzidas, nem análises delicadas do coração humano",[50] o que também evoca a similaridade com o artigo de Delaplace. Possivelmente, as duas exceções da crítica estrangeira que contemplam a literatura brasileira sem perder de vista o papel de Alencar na sua formação terminam por sintetizar a visão de um único crítico. No entanto, mesmo os silêncios sobre Alencar são bastante reveladores. E.-V.-C. de Contreras publicou no

---

47. "*L'école de Minas conserva les formes régulières qui dominaient dans la poésie portugaise; mais elle chercha à donner aux œuvres poétiques une couleur locale, en empruntant leurs sujets à la nature, aux mœurs et à l'histoire, surtout à l'histoire de ses habitants primitifs.*" (Vorepierre, 1876, p. 674).
48. "*De même que les riverains de la Delaware et du Mississipi ont eu leur peintre dans Cooper, les peuplades de l'Amazone et du Parahyba ont inspiré Alencar pour son roman du Guarany.*" (Bachelet, 1871, p. 1.804).
49. *Revue Contemporaine*, tomo 48, 1865, "La littérature brésilienne", M. E. Delaplace, p. 513.
50. "*Mais on n'y rencontre ni aventures multipliées, ni intrigues savamment conduites, ni analyses délicates du cœur humain: il a retracé les mœurs des tribus indigènes.*" (Bachelet, 1871, p. 1.804).

jornal *Le Réveil*, em 1876, um texto intitulado "Essai sur la littérature brésilienne". O autor iniciou seu ensaio rememorando episódios da infância na escola, quando os alunos, ao final da aula, abandonavam os seus estudos latinos e corriam para as narrativas de aventura ambientadas na América, através da leitura de romances como *Le dernier des mohicans*, de Fenimore Cooper, ou *Le coureur des bois*, de Gabriel Ferry. A passagem reforça que histórias de aventuras tinham mesmo espaço garantido entre os adolescentes e, além disso, abre margem para a acolhida bem-sucedida de um romance como *O Guarani*. No entanto, mesmo que considere os romances com esses aspectos apropriados para a literatura do Novo Mundo, parece desconhecer o nome de Alencar e suas obras: "Separado das colônias de Cayenne pelo Oiapoque e a cordilheira Jucumaque, o Brasil ainda não encontrou o seu Cooper; apesar dos trabalhos de Biard, conhecemos somente as costas da terra de Cabral e temos noções imprecisas e imperfeitas sobre a etnologia do jovem império".[51]

Ao contrário de Delaplace, para quem Alencar seria o Cooper brasileiro, Contreras julgou que a produção brasileira não havia explorado ainda esse viés narrativo. O nome de Alencar, como se vê, não foi mencionado em seu ensaio. Mas, a julgar pelas características dos romances indianistas e históricos de Alencar e as expectativas esboçadas por Contreras, é provável que essas obras teriam sido muito bem acolhidas pelo crítico. De qualquer forma, delineia-se, em meio ao gosto francês, um terreno bastante propício para a tradução e publicação de um romance como *O Guarani*, primeiro escrito de Alencar a contar com versões em língua francesa, apesar de a inserção dessa obra no mercado daquele país, como veremos, ter enfrentado muitos entraves.

Na década de 1880, o brasileiro Eduardo Prado corroborou o discurso sobre a cor local, de forma menos entusiasta, informando

---

51. "*Séparé des établissements de Cayenne par l'Oyapock et la chaîne Jucumaque, le Brésil n'a pas encore trouvé son Cooper; aussi, malgré les derniers travaux de Biard, on ne connaît guère que les côtes de la terre de Cabral, et l'on n'a que des notions indécises et imparfaites sur l'ethnologie du jeune empire.*" *Le Réveil*, 1 de janeiro de 1876, "Essai sur la littérature brésilienne", E.-V.- C. de Contreras, p. 114.

na *Grande Encyclopédie* que "O romantismo (...) no Brasil incorporou um apego um tanto artificial às belezas da natureza tropical e aos costumes primitivos dos indígenas".[52] Essa visão perdurou e, em 1908, Guglielmo Ferrero destacava que a relação entre as literaturas europeias e a cor local brasileira formava o elemento de interesse da literatura do Brasil: "esse amor apaixonado pelo solo natal, essa preocupação exclusivamente nacional, unida a um estudo aprofundado das literaturas europeias, proporciona a quase todas as obras um caráter atrativo ao leitor do velho mundo".[53]

O tom geral dos textos sobre a literatura brasileira é didático, com o fim de apresentar ao público estrangeiro os autores da literatura brasileira, suas obras, o tipo de prestígio que detinham, indicando, algumas vezes, referências para o leitor interessado em aprofundar o seu conhecimento sobre o país. Não havia a intenção de orientar a produção nacional brasileira, mas de informar os leitores europeus de sua existência e de suas características. A construção dessa história se apresenta, portanto, de maneira muito bem demarcada: no passado colonial, a escrita no país era submissa aos padrões clássicos e portugueses, mas havia indícios de afastamento em poetas como Basílio da Gama e Santa Rita Durão, por passarem a imprimir a natureza local em suas obras. Como demonstrado, o traslado da corte e a independência teriam aberto o caminho para a inovação literária, que se concretizaria com os poetas da primeira metade do Oitocentos, tendo como protagonista Domingos José Gonçalves de Magalhães, secundado por Araújo Porto-Alegre, Antônio Gonçalves Dias, dentre outros.

Chama bastante a atenção a relevância de Magalhães na recepção crítica da literatura brasileira em língua francesa e o papel central

---

52. "*Le romantisme* [...] *a pris au Brésil la forme d'un attachement un peu artificiel aux beautés de la nature tropicale et des mœurs primitives des Indiens.*" La Grande Encyclopédie: inventaire raisonné des sciences, des lettres et des arts. Tomo 22. Paris: H. Lamirault et Cie, éditeurs, 1885-1902, p. 1.111-1.112.

53. "[...] *cet amour passionné pour le sol natal, cette préoccupation exclusivement nationale, jointe à une étude si approfondie des littératures européennes, donne à presque toutes ces œuvres un caractère sympathique pour le lecteur du vieux monde.*" Le Figaro, 21 de abril de 1908, "Une Académie américaine", Guglielmo Ferrero, p. 1.

que ele ocupou nas letras do país segundo os críticos, que o situaram como o fundador da literatura nacional brasileira e o primeiro homem de letras do país: "A glória de fundar no Brasil uma literatura nacional foi reservada ao Sr. Magalhães",[54] dizia Delaplace, que o chamou ainda de "Lamartine brésilien";[55] outros críticos afirmaram que Magalhães "criou a nova escola poética brasileira",[56] alegando que "a revolução foi cumprida por Domingo (sic) José Gonçalves de Magalhães, que, pela originalidade de suas obras, merece o título de fundador da escola poética moderna no Brasil".[57] A *Confederação dos Tamoios* destacou-se como a sua principal produção, responsável por sua notoriedade: "A epopeia intitulada a *Confederação dos Tamoios* tornou o nome de Magalhães ainda mais ilustre que suas poesias líricas e dramáticas";[58] "O que o tornou mais célebre foi o seu poema épico A *Confederação dos Tamoios*, onde ele canta as lutas dos indígenas, ajudados pelos Franceses, pela sua independência".[59]

Nesses textos em que se buscava sintetizar a história da literatura brasileira, a ordem de aparição dos gêneros dava prevalência à poesia, seguida do teatro, com destaque novamente para Magalhães com seu drama *Antonio José*, e só por último se abordava o romance, que teve Joaquim Manoel de Macedo como figura principal nas palavras dos críticos: O *Grand Dictionnaire Universel du XIXe siècle* o

---

54. "*La gloire de fonder au Brésil une littérature nationale était réservée à M. Magalhaens.*" *Revue Contemporaine*, tome 48e, 1865, "La littérature brésilienne", M. E. Delaplace, p. 501.
55. *Revue Contemporaine*, tomo 48, 1865, "La littérature brésilienne", M. E. Delaplace, p. 501.
56. "[...] *créa la nouvelle école poétique brésilienne.*" (Larousse, 1890, p. 658).
57. "[...] *la révolution ne fut accomplie que par Domingo José Gonçalves de Magalhães, qui par l'originalité de ses œuvres, mérite le titre de fondateur de l'école poétique moderne au Brésil.*" (Vorepierre, 1876, p. 675).
58. "*L'épopée qui a pour titre la* Confédération des Tamoyos *a rendu le nom de Magalhães plus illustre encore que ses poésies lyriques et dramatiques.*" (Larousse, 1890, p. 658).
59. "*Ce qui l'a rendu le plus célèbre, ce fut son poème épique* A Confederação dos Tamoyos, *où il chante la lutte des Indiens, aidés des Français, pour leur indépendance.*" *La Grande Encyclopédie*: inventaire raisonné des sciences, des lettres et des arts. Tomo 22. Paris: H. Lamirault et Cie, éditeurs, 1885-1902, p. 939. O texto citado aqui se trata de um verbete sobre Gonçalves de Magalhães.

apresentou como "o romancista mais fecundo, mais elegante e mais criativo que já escreveu em língua portuguesa";[60] Paulino de Souza o situou como "famoso pelo poema *a Nebulosa*, cuja aparição causou uma forte sensação, e por vários romances, dentre eles *a Moreninha* e *o Moço Loiro*, que colocaram o autor no primeiro patamar dos pintores de costumes";[61] O *Dictionnaire des noms propres* o declarava "distinto como romancista".[62] O fato parece ainda mais instigante se considerarmos que a recepção crítica de Macedo no próprio país foi bastante restrita, como mostra trabalho de Leandro Thomaz Almeida (2008), que identificou poucas críticas sobre os textos em prosa do escritor.

Após sua morte, Alencar passou a ganhar espaço nos dicionários e enciclopédias franceses por meio de verbetes dedicados ao escritor. O *Grand Dictionnaire Universel* (1867-1888) afirmou que a sua atuação literária teve mais destaque que sua carreira política, acrescentando que "enquanto escritor, tornou-se o chefe da nova escola brasileira".[63] Enquanto o verbete sobre Alencar o situava com essa relevância, o verbete sobre a literatura brasileira do mesmo dicionário e no mesmo volume sequer o mencionou, o que torna ainda mais intrigante esse apagamento do escritor pelos estrangeiros quando discorriam sobre a literatura brasileira em seu conjunto, embora de maneira individual detivesse a atenção de alguns críticos no exterior. O verbete sobre Alencar enfatizava também o sucesso do escritor no Brasil e em alguns países da Europa: "A maior parte de suas obras tiveram merecido sucesso, pois elas são notáveis pela beleza das descrições da natureza tropical e pela naturalidade e

---

60. "[...] *le romancier le plus fécond, le plus élégant, le plus artiste qui ait écrit en langue portugaise.*" (Larousse, 1890, p. 658).
61. "[...] *célèbre par un poème* a Nebulosa, *dont l'apparition causa une vive sensation, et par plusieurs romans, entre autres* a Moreninha *et* o Moço Loiro, *qui placent leur auteur au premier rang des peintres de mœurs.*" (Souza, 1870, p. IX).
62. "[...] *distingué comme romancier.*" (Vorepierre, 1876, p. 675).
63. "*Comme écrivain, il était devenu le chef de la nouvelle école brésilienne.*" (Larousse, 1890, p. 138).

intensidade da vida dos personagens. Mais apreciado entre todos, *O Guarani* foi traduzido em inglês, alemão e italiano".[64]

A *Grande Encyclopédie* (1885-1902) também contém um verbete sobre José de Alencar. Redigido por Gustave Pawlowski, situou o escritor em posição prestigiada no Brasil: "Alencar está no primeiro patamar dos literatos contemporâneos de seu país".[65] O autor deu notícias da carreira do escritor, da polêmica em torno das *Cartas sobre A Confederação dos Tamoios* e do sucesso de suas peças. O julgamento que fez da obra de Alencar reprisava os critérios de avaliação da crítica estrangeira expostos até aqui. Assim como o *Grand Dictionnaire Universel*, ele atentou para a difusão de *O Guarani* pela Europa: "Seu romance mais famoso é *O Guarani*, traduzido em inglês, em alemão e em italiano".[66]

O crítico citou todos os seus principais romances, mas não chegou a esclarecer quanto à sua variedade. No entanto, no verbete sobre o Brasil, da mesma enciclopédia, quando se informa sobre sua literatura, surge um dado novo, não apenas por destacar o nome de Alencar em um texto que referencia a literatura brasileira como um todo, mas também por atentar para a diversidade de temas de seus romances: "jornalista e orador político, escreveu novos romances, uns de história, nos quais ele tenta reconstituir a vida colonial, outros de caracteres, nos quais ele mostra os Brasileiros tais quais eles são".[67] A surpresa se interrompe quando lemos o nome que assina o verbete,

---

64. "*La plupart de ces ouvrages ont eu un succès mérité, car ils sont remarquables par la beauté des descriptions de la nature tropicale, le naturel et intensité de vie des personnages. Le mieux venu de tous, O Guarany a été traduit en anglais, en allemand et en italien.*" (Larousse, 1890, p. 138)
65. "*Alencar est au premier rang des littérateurs contemporains de son pays*". *La Grande Encyclopédie*: inventaire raisonné des sciences, des lettres et des arts. Tomo 2°. Paris: H. Lamirault et Cie, éditeurs, 1885-1902, p. 79.
66. "*Son roman le plus célèbre est O Guarany (Rio de Janeiro, 1857), trad[uit] en angl[ais], en allem[and] et en ital[ien].*" (Larousse, 1890, p. 78).
67. "[...] *journaliste et orateur politique, il écrivit de nouveaux romans, les uns d'histoire, dans lesquels il essaie de reconstituer la vie coloniale, les autres de caractère, dans lesquels il montre les Brésiliens tels qu'ils sont.*" *La Grande Encyclopédie*: inventaire raisonné des sciences, des lettres et des arts. Tomo 7. Paris: H. Lamirault et Cie, éditeurs, 1885-1902, p. 1.112.

Eduardo Prado, que, enquanto brasileiro, não passava pelo filtro do gosto e dos critérios de avaliação correntes entre os críticos na França. De qualquer forma, o verbete constituía-se em uma fonte de consulta no exterior que propunha uma visão diferente quanto às obras de Alencar.

Outros brasileiros difundiram, no idioma francês, apreciações sobre a literatura brasileira e José de Alencar. Sant-Anna Nery, no livro *Le Brésil en 1889*, colocou Macedo e Alencar como os principais representantes do romance brasileiro, destacando que o legado de Alencar melhor teria contribuído para o desenvolvimento do gênero no país. Mencionou a ópera de Carlos Gomes, inspirada do romance, dado que aparece pela primeira vez na recepção crítica em língua francesa. O sucesso da ópera poderia levar a crer no estímulo da publicidade em torno de *O Guarani* e do nome de seu autor na França; no entanto, em todas as notícias a que tivemos acesso nos periódicos musicais e teatrais franceses, nos quais a ópera foi bastante comentada, não há qualquer menção a Alencar e ao seu romance, apenas o nome de Carlos Gomes recebeu os méritos dos críticos, que se referiam a ele como "o autor de 'Il Guarany'".[68] Identificamos uma única informação a respeito de sua representação em Paris, ocorrida no Palácio do Trocadero, como parte da programação da Exposição Universal de 1878 (Taunay, 1923, p. 107-109).

Em 1897, outro brasileiro, Leopoldo de Freitas,[69] teve um ensaio publicado na *Revue des Revues* sobre a literatura brasileira. Freitas fez elogios a Alencar e apontou como seu principal mérito ter emancipado a literatura brasileira das origens portuguesas. Apesar de destacar que o indianismo foi o seu principal instrumento no despertar da literatura nacional, indicou a variedade de sua obra.[70] Em 1901, Figueiredo Pimentel, que por esse tempo assinava a seção

---

68. Para a pesquisa, consultamos os jornais franceses *La Comédie*, *Le Ménestrel* e *Le Monde Artiste* entre os anos de 1870 a 1900.
69. Jornalista e historiador, atuante na província de São Paulo, segundo Argeu Guimarães, dedicou-se com frequência a temas americanistas na imprensa (cf. Guimarães, 1938).
70. *Revue des Revues*. 1897, vol. 23, "La littérature brésilienne", Leopoldo de Freitas.

fixa "Lettres Brésiliennes" do *Mercure de France*, informava que à época Alencar permanecia sendo o romancista mais popular do Brasil. Mencionou ainda as traduções de *O Guarani* e *Inocência*, de Visconde de Taunay.[71]

Dadas as semelhanças entre os textos voltados para a apresentação da história literária brasileira escritos por estrangeiros e publicados em francês, podemos aventar que possivelmente eles estivessem citando uns aos outros ou recorrendo às mesmas fontes, levando em consideração que as enciclopédias e dicionários que ofereciam verbetes sobre o Brasil e sua literatura poderiam ter sido consultados na escrita de outros verbetes, artigos ou ensaios. Tal centralidade da cor local pode fazer supor quanto ao peso de Ferdinand Denis na interpretação que os críticos fizeram, uma vez que citavam os trabalhos do brasilianista. Mas Denis certamente não informou sobre os escritores que tiveram sua atuação décadas após a publicação do *Résumé*. Os escritores brasileiros foram elencados e hierarquizados pela recepção crítica em língua francesa, a qual, além disso, ocultou, em sua quase totalidade, o papel de Alencar quando trataram da literatura brasileira de maneira geral. Faz-se necessário, portanto, investigar textos publicados posteriormente que forneceram informações sobre a história literária brasileira. Chama a atenção a presença, em alguns desses textos críticos, da referência ao trabalho de Ferdinand Wolf. É possível que seu estudo tenha servido de ponte entre a literatura brasileira e a crítica estrangeira, aspecto que tentaremos verificar no próximo item.

Le Brésil Littéraire e a posição dos escritores brasileiros na crítica em língua francesa

Em 1863, Ferdinand Wolf publicou, sob o título de *Le Brésil Littéraire*, seus trabalhos de pesquisa sobre a literatura brasileira realizados ao longo de três anos. Trata-se do primeiro livro inteiramente dedicado à história da literatura brasileira, pois, antes disso, nem mesmo

---

71. *Mercure de France*, Tome 38e, abril-junho de 1901. "Lettres Brésiliennes", Figueiredo Pimentel.

os brasileiros haviam composto um, fato identificado por Wolf nas suas consultas, ao se deparar com a ausência de fontes sobre a história da literatura brasileira: "Não poderíamos sequer remediar essa lacuna traduzindo alguma história literária, pois os Brasileiros não possuem nenhuma que se estenda até os nossos dias".[72] Suas pesquisas foram realizadas principalmente na biblioteca Imperial de Viena, que detinha, em seu acervo, obras brasileiras levadas por viajantes austríacos incumbidos de adquirirem livros em suas expedições. Wolf elencou os trabalhos brasileiros a que teve acesso, os quais constituíam a iniciante historiografia brasileira: os textos de Joaquim Norberto, sobretudo o "Bosquejo da história da poesia brasileira" (de onde ele tira a sua divisão por períodos), e os seus ensaios publicados na *Revista do Instituto Histórico e Geográfico* e na *Revista Popular*; o "Ensaio sobre a História da literatura do Brasil", de Magalhães, publicado na revista *Nitheroy*; o *Parnaso brasileiro* e *Plutarco Brasileiro* (*Os varões ilustres do Brasil durante o tempo colonial*, conforme título da segunda edição), de Pereira da Silva; o *Florilégio da poesia brasileira*, de Varnhagen, e o *Parnaso Brasileiro*, de Almeida Garrett (Wolf, 1863, p. 3-4). O historiador informou ainda que manteve contato com os escritores Gonçalves de Magalhães, Manoel Araújo Porto-Alegre e Ernesto Ferreira França, "que me forneceram materiais de todos os tipos e me ajudaram com suas orientações".[73] Por esse tempo, Magalhães era ministro do Brasil na Áustria e provavelmente fez a sugestão de tal trabalho, para o qual o imperador concedeu apoio financeiro, conforme se depreende na dedicatória que Wolf lhe destinou na abertura de seu livro (Rozeaux, 2012).

Wolf dividiu a história literária brasileira em cinco períodos: 1 – da descoberta até o fim do século XVII; 2 – primeira metade do

---

72. "*On ne pouvait pas même remédier à cette lacune en traduisant quelque histoire littéraire, car les Brésiliens n'en possèdent aucune, qui aille jusqu'à nos jours.*" (Wolf, 1863, p. VIII).
73. "[...] *qui m'ont fourni des matériaux de tout genre et m'ont aidé de leurs conseils.*" (Wolf, 1863, p. VIII).

século XVIII; 3 – segunda metade do século XVIII; 4 – começo do século XIX até a maioridade de D. Pedro II; 5 – de 1840 até 1862.

Durante os períodos iniciais, quando já havia um trânsito dos homens de letras entre Portugal e Brasil, muitos tendo vivido na metrópole a maior parte de suas vidas, segundo Wolf, independentemente do lugar de nascimento, de formação ou estadia do escritor, o que marcaria a obra enquanto brasileira era a sua capacidade de expressar a imagem do Novo Mundo. Seria o caso, por exemplo, de Botelho de Oliveira, que, vivendo num tempo em que as letras e a política no Brasil estavam imbricadas com as de Portugal, tendo se formado naquele país, teria expressado um caráter nacional em suas poesias: "O que lhes assegurou um lugar distinto na história da literatura brasileira foi o profundo sentimento nacional que nelas se respira e sua cor local".[74] Durante o segundo período (primeira metade do século XVIII), destacou os poetas da Bahia, cujas poesias cunhadas na "imitação de modelos espanhóis e portugueses não permitiria a expansão do gênio nacional".[75] No terceiro período (segunda metade do século XVIII), a poesia brasileira teria tido novo desdobramento, ao dialogar com variadas produções europeias (portuguesa, francesa e italiana) e conciliar a isso os "germes de um desenvolvimento nativista e original".[76] Nesse quadro, estavam os poetas mineiros, especialmente Basílio da Gama e Santa Rita Durão, com suas principais obras, *O Uraguai* e *Caramuru*, respectivamente.

Da mesma forma que as críticas estrangeiras aqui apresentadas, em Wolf, a originalidade estaria na maior capacidade dos escritores de recorrerem aos elementos da cor local na composição literária. No entanto, as suas obras ainda revelariam forte ligação com a metrópole, mesmo que ambientadas no cenário tido como tipicamente brasileiro, elemento que, a seu ver, lançou as bases para

---

74. "*Ce qui en outre leur a assuré une place honorable dans l'histoire de la littérature brésilienne, c'est le profond sentiment national qu'on y respire, et leur couleur locale.*" (Wolf, 1863, p. 21).

75. "*[...] imitation de modèles espagnols et portugais ne permettait pas l'essor du génie national.*" (Wolf, 1863, p. 24).

76. "*[...] germes d'un développement nativiste et original.*" (Wolf, 1863, p. 46).

o desabrochar da literatura brasileira durante a primeira metade do século XIX e preparou o caminho para a chegada do grande inaugurador do nacionalismo literário brasileiro e de sua plêiade: "O amor pelo solo natal irrompeu com tal força, que deixou traços bem marcados na vida habitual e na literatura. Assim José Basílio da Gama e Durão prepararam Magalhães e Gonçalves Dias".[77] Gonçalves de Magalhães usufruiu de centralidade na composição do *Brésil Littéraire*, em torno de quem Wolf agrupou um núcleo de escritores que considerava como os mais representativos do quadro literário brasileiro desse tempo.

No quarto período, o historiador austríaco destacou o efeito causado nas letras do Brasil pela instalação da corte no Brasil, a abertura dos portos, a independência brasileira e o surgimento da imprensa, concorrendo ainda para o desenvolvimento literário brasileiro a substituição da influência portuguesa (Wolf, 1863, p. 85). Enfim, a divisão estabelecida por Wolf respondia a uma espécie de progressivo desenvolvimento literário brasileiro calcado na cor local, desembocando no quinto período, que chegaria com a completa dedicação dos homens de letras em "escolher de preferência os temas nacionais, buscar suas imagens na terra natal e impregnar-se cada vez mais de sentimentos patrióticos",[78] os quais, de acordo com o historiador, aliados ao romantismo de origem alemã e ao desenvolvimento francês, seriam determinantes na consolidação da autonomia da literatura brasileira. Nesse sentido, "bastava um espírito de elite para proporcionar a vitória ao nativismo, para dar corpo ao que estava no ar, para pronunciar o que estava nos lábios de todos, para emancipar a forma, como o fora o espírito antes: bastava, em resumo, o homem do século".[79] Na passagem, Wolf faz, nas entrelinhas, uma aproximação de Magalhães ao expoente do romantismo

---

77. "*L'amour du sol natal éclata alors avec une telle force, qu'il laissa des traces bien marquées dans la vie habituelle et dans la littérature. Ainsi José Basilio da Gama et Durão n'ont pu que préparer Magalhães et Gonçalves Dias.*" (Wolf, 1863, p. 60).
78. "[...] *choisir de préférence des sujets nationaux, emprunter leurs images au sol natal, et se pénétrer de plus en plus de sentiments patriotiques.*" (Wolf, 1863, p. 136).
79. "*Il ne fallait plus qu'un esprit d'élite pour procurer la victoire au nativisme, pour donner un corps à ce qui était dans l'air, pour prononcer ce qui était sur les*

francês, Victor Hugo, que, em seu poema "Ce siècle avait deux ans", saído em 1831 em *Les Feuilles d'automne*, fez menção ao ano de seu nascimento, 1802, e se colocou como eu-lírico, contando os seus tempos de infância, à parte do turbilhão do tempo e da história. O título do poema acabou assumindo o sentido da representatividade do próprio Victor Hugo para a França, tido como o homem do século, dada a sua notoriedade (cf. Vaillant; Bertrand; Régnier, 2006). Da mesma forma, o Brasil também teria o seu homem do século, Gonçalves de Magalhães.

Wolf enxergava na epopeia o gênero que melhor simbolizaria a nacionalidade literária brasileira; dessa forma, inseriu o nome de Magalhães no quinto período de sua história em razão da publicação da *Confederação dos Tamoios* (1856), apontada como a obra responsável pelo renome ao poeta. O historiador exaltou o emprego da forma, a abordagem histórica, a cor local e, ao longo de dezessete páginas, apresentou todo o enredo do poema de Magalhães. Logo após, deteve-se no nome de Porto-Alegre, seguido de Gonçalves Dias e Joaquim Manoel de Macedo, cujo poema *A Nebulosa* também foi descrito canto por canto ao longo de quatorze páginas. Depois de passar ao teatro, chegou enfim ao romance, ao qual dedicou algumas poucas páginas, nas quais situou Macedo como o "pintor dos costumes da sociedade moderna",[80] dando ainda destaque a Teixeira e Souza, que "vai mais longe que Macedo em seu amor pelo mistério, e nós o consideramos até mesmo mais nacional que este".[81] Alencar passou em brancas nuvens e teve apenas uma breve menção ao seu *Guarani*, ao qual o autor declarou não ter tido acesso.

Tendo como principal informante Magalhães e contando com o subsídio do imperador, depois da polêmica em torno das *Cartas sobre A Confederação dos Tamoios* (1856), não é difícil concluir quais foram as razões que fizeram com que Wolf não tivesse acesso a

---

lèvres de tous, pour émanciper la forme, comme l'esprit l'avait été auparavant: il ne fallait plus en un mot que l'homme du siècle." (Wolf, 1863, p. 140-141).
80. "[...] *peintre de mœurs de la société moderne.*" (Wolf, 1863, p. 236).
81. "[...] *dépasse encore Macedo par son amour du mystérieux, et nous le croyons même plus national que celui-ci.*" (Wolf, 1863, p. 237).

materiais sobre Alencar – o qual contava então com romances e peças de sucesso – ou mesmo que se negasse a dar-lhe maior espaço. Macedo, por sua vez, era muito bem relacionado nos círculos de D. Pedro II e chegou a fundar uma revista ao lado de Porto-Alegre e Gonçalves Dias, a *Guanabara* (1849). Teixeira e Souza teve poesias publicadas na *Minerva Brasiliense*, dirigida por Sales Torres Homem.[82]

Vê-se que a rede de contatos de Wolf interferiu sensivelmente na sua concepção da história literária brasileira, cujo trabalho, no dizer de Rozeaux, "aparenta-se, na verdade, a uma verdadeira hagiografia da geração fundadora".[83] Por consequência, provavelmente toda a recepção francesa das letras brasileiras na segunda metade do século XIX tenha sido influenciada pela configuração estabelecida pelo historiador austríaco.

Ao fim do percurso pela história literária de Ferdinand Wolf, é possível aventar a hipótese de que *Le Brésil Littéraire* serviu como fonte na escrita de verbetes e ensaios sobre a literatura brasileira. Teixeira e Souza, por exemplo, praticamente desapareceu do cânone brasileiro. No entanto, vê-se, na crítica francesa do século XIX, seu nome em destaque entre os escritores que constituíam o quadro da história literária brasileira. O *Grand Dictionnaire Universel du XIXe siècle* afirmava que o escritor "figura[va] entre os mais ilustres literatos do Brasil".[84] O *Dictionnaire des noms propres* o situou entre escritores como Junqueira Freire, Álvares de Azevedo, Joaquim Norberto, Odorico Mendes e Martins Pena (Vorepierre, 1876, p. 675). Quanto a Macedo, o *Grand Dictionnaire Universel du XIXe siècle* o posicionou ao lado de Magalhães, Porto-Alegre, Gonçalves Dias, Joaquim Norberto e Álvares de Azevedo; assim como Paulino de Souza (1870, p. IX), que o mencionou juntamente a Porto-Alegre, Gonçalves Dias e Magalhães; o *Dictionnaire des noms propres* o igualou a Porto-Alegre, Gonçalves Dias e Odorico Mendes, todos

---

82. Na edição n. 5, de 1 de janeiro de 1844, juntamente a fragmentos de seu poema "Três dias de um noivado", foi publicada em nota uma notícia sobre o escritor.
83. "[...] *s'apparente en réalité à une véritable hagiographie de la génération fondatrice*" (Rozeaux, 2012, p. 64).
84. "[...] *figure parmi les plus illustres littérateurs du Brésil.*" (Larousse, 1890, p. 658).

apresentados como seguidores de Magalhães. Tendo como objetivo dar a ideia de conjunto de todo o movimento literário brasileiro, muitos desses textos, após se deterem em aspectos históricos e em algumas obras e escritores, passavam a apenas mencionar os principais nomes representativos da produção brasileira. A repetição dos mesmos escritores e das mesmas avaliações e a omissão do nome de Alencar suscitam, portanto, a possibilidade de a história de Wolf ter sido levada em consideração na forma como a história literária brasileira foi representada pelos estrangeiros. Assim como Wolf, as críticas em língua francesa expressaram otimismo no desenvolvimento da literatura do Brasil, para a qual concorriam não apenas os seus aspectos literários, mas também as circunstâncias do país.

As condições para a projeção da literatura brasileira

O desenvolvimento da imprensa, a constituição de um público e as possibilidades de formação dos homens de letras dentro e fora do país estimulariam, segundo a crítica em língua francesa, a formação literária nacional e justificariam, no discurso desses críticos, a atenção que as letras brasileiras mereciam entre o público do Velho Mundo. Chama particularmente a atenção dos críticos a liberdade de imprensa no Brasil, uma vez que a imprensa francesa sofreu censura ao longo de todo o século XIX, com curtos momentos de liberdade, com a *Charte* de 1814, a de 1830 e durante a breve Segunda República, sempre voltando a ser reinstaurada, persistindo até 1881, ano em que enfim foi assegurada a liberdade de expressão (Démier, 2000). Em 1850, o *Annuaire des Deux Mondes* já destacava: "A imprensa brasileira usufrui de uma liberdade quase ilimitada; ela não está sujeita nem à taxação nem a qualquer censura";[85] o viajante Max Radiguet (1856, p. 279) não deixou de observar essa particularidade no país, assim como Delaplace: "Ela [a imprensa] desfruta no Brasil de uma liberdade quase ilimitada; ela contribuiu energicamente para

---

85. "*La presse brésilienne jouit d'une liberté presque illimitée; elle n'est sujette ni au cautionnement, ni à aucun droit de timbre.*" *Annuaire des Deux Mondes*: histoire générale des divers états, 1850. "Le Brésil", anônimo, p. 1103.

a emancipação do país".[86] Para além da independência do Brasil, de acordo o jornal *Le Figaro*, essa liberdade de imprensa teria assegurado a autonomia e o desenvolvimento das letras: "No seio de uma sociedade organizada, usufruindo de uma completa liberdade de expressão, as letras puderam prosperar e brilhar livremente".[87]

Ao lado da imprensa, considerava-se a capacidade de um povo de ter acesso à leitura e de se instruir, aspecto visto como difundido no país, segundo Lomon no *Annuaire Encyclopédique* (1862): "A instrução é, contudo, difundida no Brasil, todo mundo pode aprender gratuitamente a ler e a escrever, é um direito garantido pela Constituição. Ao que parece, aos escritores resta apenas publicar, pois encontrarão um público bem preparado".[88] Nessa crítica visivelmente empenhada em dar uma boa impressão do país, marcado negativamente por conta da escravidão, Lomon chegou mesmo a dizer que: "Até mesmo os escravos são recebidos nas escolas primárias quando seus mestres consentem".[89] Essa e outras críticas ofereciam a imagem de que, dada a existência de um público no Brasil, a literatura passava a ser entendida como lida e apreciada por seu próprio povo, efetivando a existência de um campo literário, constituído de hábeis escritores, de uma imprensa livre e ativa e de leitores, o que reivindicaria a atenção dos letrados do Velho Mundo, que não deveriam estar alheios às manifestações artísticas de relevância em voga.

---

86. "*Elle [la presse] jouit au Brésil d'une liberté presque illimitée; elle a contribué énergiquement à l'affranchissement du pays...*". *Revue Contemporaine*, tomo 48, 1865, "La littérature brésilienne", M. E. Delaplace, p. 517.
87. "*Au sein d'une société organisée, jouissant d'une entière liberté de parole, les lettres purent s'épanouir et briller à loisir.*" *Le Figaro* (Supplément illustré), 7 de maio de 1907. "Lettres, sciences et arts", anônimo.
88. "*L'instruction est cependant répandue au Brésil; tout le monde peut y apprendre gratuitement, à lire et à écrire, c'est un droit garanti par la Constitution. Il semble que les écrivains n'aient qu'à se produire et qu'ils doivent trouver un public tout préparé.*" *Annuaire encyclopédique*, 1862. Paris: Au Bureau de l'Encyclopédie du XIXe siècle, "Brésil", p. 281.
89. "*Les esclaves eux-mêmes sont reçus dans les écoles primaires quand leurs maîtres y consentent.*" *Annuaire encyclopédique*, 1862. Paris: Au Bureau de l'Encyclopédie du XIXe siècle, "Brésil", p. 281.

Importa ainda, ao lado da instrução, as condições de formação dos homens de letras brasileiros, os quais, segundo os críticos, poderiam contar com os estabelecimentos brasileiros, sendo mencionadas as faculdades de Direito de São Paulo e de Recife, a faculdade de Medicina do Rio de Janeiro e mesmo as politécnicas. Muitos ainda tinham acesso à formação na Europa, fato que intensificaria a sua capacidade de dialogar com as ideias do Velho Mundo. Esses contatos permitiriam o intercâmbio entre os brasileiros e os europeus, garantindo um conhecimento recíproco entre os povos dos dois mundos (Souza, 1870, p. IX) e possibilitando um espaço ao Brasil no "concerto das nações civilizadas".[90] No entanto, o fato de o Brasil ser um país escravocrata prejudicava a visão de progresso do país. O autor da seção "Courrier de l'Amérique Latine", da *Revue des Races Latines*, lamentou a realidade escravagista do Brasil, que distanciaria os leitores estrangeiros dos jornais brasileiros, os quais tinham preferência por escritos mais amenos, como o romance e o relato de viagens.[91] Por fim, outro tema que colocou o Brasil em pauta na imprensa foi a imigração. Apresentada, como sabemos, como uma espécie de antídoto contra a escravidão, teve incentivo do *Annuaire Encyclopédique*, em texto de 1862,[92] e do historiador italiano Guglielmo Ferrero, em artigo de *Le Figaro* publicado em 1908, no qual igualou a importância da imigração à das instituições e manifestações culturais na soberania da jovem nação brasileira.[93]

A junção de elementos tidos como favoráveis pelos críticos culminou na legitimação e no destaque da literatura brasileira em relação aos demais países latino-americanos, como mostramos acima. Em 1895, um crítico anônimo do jornal *Le Temps* foi ainda mais longe e a apontou como a mais importante das literaturas da América: sustentando ser a produção literária nesse continente um

---

90. "[...] *concert des nations civilisées*." *Le Réveil*, 1º de janeiro de 1876, "Essai sur la littérature brésilienne", E.-V.- C. de Contreras, p. 115.
91. *Revue des Races Latines*, mar.-abr. de 1863. "Courrier de l'Amérique Latine". F.F, p. 524-525.
92. *Annuaire encyclopédique*, 1862. Paris: Au Bureau de l'Encyclopédie du XIXᵉ siècle, "Brésil", p. 282.
93. *Le Figaro*, 21 de abril de 1908, "Une Académie américaine", Guglielmo Ferrero.

deserto, complementou que "uma exceção a essa regra, a qual, como todas as regras absolutas, corre o risco de ser falsa, deve ser feita em relação ao Brasil; nesse país, de fato, existe uma literatura vivaz".[94]

Ao final desta exposição, podemos concluir, quanto aos aspectos norteadores da recepção crítica em língua francesa da literatura brasileira, que a "cor local" constituiu um elemento de avaliação bastante relevante. Ao contrário dos homens de letras brasileiros, para os quais a "cor local" incluía a pintura dos costumes, de maneira cosmopolita, no entender dos estrangeiros, a literatura brasileira alcançava a originalidade à medida em que apresentava elementos peculiares à imagem que faziam do Brasil, com sua natureza, história e indígenas. Tal visão, digamos, estereotipada da cultura brasileira provém de um forte interesse na época em torno do exótico, termo que, para Jerzy Brzozowsky, era "um dos conceitos-chave do imaginário do século XIX".[95] O autor se debruçou, no seu estudo, sobre os romances franceses ambientados no Brasil, por meio dos quais constatou que "a participação brasileira no sonho exótico dos franceses, no século XIX, é relevante",[96] criações essas que "testemunham a presença real do 'sonho brasileiro' no imaginário coletivo da época".[97]

É possível que a maneira como a literatura brasileira e seus escritores eram vistos e apresentados pela imprensa francesa tenha conhecido modificações a partir dos anos iniciais do século XX com a publicação de *Littérature Brésilienne*, em 1910, de Victor Orban, que recolheu e traduziu passagens de obras dos escritores brasileiros do período colonial até a sua contemporaneidade, com uma breve

---

94. "[...] *une exception à cette règle qui, semblable à toutes les règles absolues, court le risque d'être fausse, doit être faite à l'égard du Brésil; là-bas, en effet, existe une littérature vivace.*" Le Temps, 19 de junho de 1895, "Notre roman brésilien", anônimo. Apesar do título e do anonimato, a forma de apresentação do texto pressupõe ter sido escrito por um estrangeiro.
95. "[...] *un des concepts-clés de l'imaginaire du dix-neuvième siècle.*" (Brzozowski, 2001, p. 61).
96. "[...] *la part brésilienne dans le rêve exotique des Français, au XIXe siècle, est importante.*" (Brzozowski, 2001, p. 174).
97. "[...] *témoignent de la présence réelle du 'rêve brésilien' dans l'imaginaire collectif de l'époque.*" (Brzozowski, 2001, p. 174).

explanação biográfica a respeito de cada um. Na coletânea, constam os nomes dos escritores brasileiros recorrentemente mencionados pela recepção crítica em língua francesa, mas há ainda o acréscimo não só dos escritores das novas gerações de então, como também de escritores do século XIX que foram praticamente esquecidos pela crítica francesa, como Quintino Bocaiúva, Salvador de Mendonça e seu irmão Lúcio de Mendonça, Valentim Magalhães, Carlos de Laet, Joaquim Serra, Tobias Barreto, Inglês de Souza, o próprio José de Alencar, dentre outros, variando, assim, a imagem da literatura brasileira na França. O interesse despertado pelo livro se expressa em suas sucessivas edições em 1910, 1914 e 1918.

Contribuiu ainda para a ampliação das fontes de consultas sobre a literatura brasileira *Le roman au Brésil*, de Benedito Costa, publicado em língua francesa em 1918. O trabalho se propôs a fazer uma revisão do gênero romance desde a antiguidade, fornecendo, ao final, um painel do romance brasileiro e sua relação com a produção francesa através, sobretudo, dos nomes de Macedo, Alencar, Aluísio Azevedo, Coelho Neto e Graça Aranha, dentre outros mencionados ao longo das páginas (Costa, 1918). Ambas as publicações, editadas por Garnier Frères, possivelmente representaram uma nova fase da recepção crítica da literatura brasileira na França, variando os aspectos de sua representação diante do público estrangeiro.

A presença da literatura brasileira no exterior integra e, podemos dizer, consolida o percurso de criação da literatura brasileira e de sua legitimação, contribuindo para o seu reconhecimento frente às literaturas das demais nações e para a sua inserção nesse circuito, pois todo o esforço para fazê-la conhecida e valorizada dentro das fronteiras brasileiras teria maior impacto se essas iniciativas ultrapassassem os limites internos e atestassem a sua existência para o resto do mundo ocidental, principalmente para centros modelares das expressões artísticas desse tempo. Apesar de o trabalho de José de Alencar ter sido ocultado pelo discurso crítico em francês sobre a literatura brasileira, algumas de suas obras desempenharam um importante papel na representação e difusão da literatura do Brasil em diferentes países, desenhando uma trajetória de circulação bastante reveladora dos movimentos necessários para se chegar ao lugar de maior significação na consagração literária, Paris, conforme veremos mais à frente. Antes disso, analisaremos a recepção da literatura brasileira e, em especial, das obras de Alencar em países da Europa e mesmo nos Estados Unidos, identificando o percurso dos romances desse escritor até seu ingresso no âmbito francês.

Pela rota portuguesa

Brasil e Portugal, esses dois países unidos por suas histórias e idioma, mantiveram, ao longo do século XIX, intensa troca cultural. Homens de letras portugueses viveram no Brasil, assim como literatos brasileiros estiveram em Portugal, o que favorecia o contato entre eles e a difusão das letras de ambos os países além do oceano Atlântico (Sayers, 1983). Conhecemos, pela história literária brasileira, algumas polêmicas travadas entre brasileiros e portugueses no que diz respeito à busca pela originalidade literária brasileira, sobretudo no quesito idioma, mas uma averiguação de toda a recepção da literatura brasileira em Portugal revela que a posição dos portugueses em relação à produção do Brasil ia do elogio rasgado (França, 2013) ao ataque incisivo (Peloggio, 2006). Essa relação contou, inclusive, com contratos comerciais para a difusão de livros brasileiros naquele país (Palma *in* Suriani; Vasconcelos, 2014), sugerindo a possibilidade de Portugal ter servido de ponte entre o Brasil e a Europa no acesso das letras brasileiras ao âmbito europeu.

Em estudo recente, Eduardo Melo França analisou um *corpus* crítico produzido no século XIX pelos portugueses sobre a literatura brasileira e identificou a ocorrência persistente do discurso de emancipação da literatura brasileira nas suas falas, apresentando a cor local e o idioma como principais critérios de avaliação. De acordo com Eduardo França (2013, p. 19): "Aos olhos da crítica lusitana, restaria, portanto, aos escritores brasileiros, adotar como conteúdo temático as belezas da pátria, a cor local e o exótico como traço definidor e, principalmente, diferenciador, diante da tradição portuguesa". Nisso, vemos uma semelhança com o discurso crítico produzido em francês, pois, como já apontado, os fatores paisagístico, indígena e histórico do Brasil se revelaram os principais elementos da originalidade literária do país na avaliação dos críticos francófonos. Contudo, contrariamente a estes, que, a partir da segunda metade do século XIX, como mostramos anteriormente, buscaram apenas dar a conhecer aos estrangeiros a literatura brasileira, a crítica portuguesa tinha por intenção orientar ou prescrever (Peloggio, 2006, p. 78).

Para críticos como Garrett, Herculano, Pinheiro Chagas, Luciano Cordeiro, dentre outros, os escritores brasileiros deveriam incorporar, em suas obras, imagens que particularizassem suas composições em relação a produções clássicas ou europeias. No entanto, seu fim, em geral, não era o de reconhecer a literatura brasileira enquanto separada da portuguesa, mas de classificá-la como uma espécie de "variante" da literatura daquele país, a qual contribuía para o seu enriquecimento (Peloggio, 2006, p. 78). Por consequência, ao valorizá-la, estariam enaltecendo a sua própria literatura. Isso porque, embora o Brasil fosse politicamente independente, os letrados portugueses enxergavam um mesmo tronco histórico entre os dois países, além de creditarem a formação dos homens de letras brasileiros à educação portuguesa, o que faria ambos os povos integrarem um mesmo escopo cultural (Peloggio, 2006, p. 78). Conforme destacado por Eduardo França, outro elemento usado pelos portugueses para reforçar o argumento de impossibilidade de independência literária brasileira recaía sobre o idioma. A célebre passagem de Gama e Castro, escrita em 1842, ilustra essa perspectiva, ao considerar que o uso da expressão "literatura brasileira" era um "excesso de patriotismo", pois, a seu ver, "a literatura não toma o nome da terra, toma o nome da língua: sempre foi assim desde o princípio do mundo, e sempre há de ser enquanto ele durar". Para fundamentar seu argumento, ofereceu como exemplo o caso da Alemanha, fragmentada em várias regiões independentes: "Porventura já alguém falou em literatura hanoveriana, em literatura austríaca, em literatura saxônia, em literatura bávara, ou em literatura prussiana (...). Não; há sempre a mesma literatura alemã, enquanto se trata de autores que escreveram nesta língua (...)" (Gama e Castro *in* César, 1978, p. 124).

Marcelo Peloggio explorou essa questão da emancipação da literatura brasileira na recepção crítica portuguesa de José de Alencar. Para o estudioso, à medida que os letrados brasileiros foram adquirindo habilidade na conformação de uma produção original e atrativa, os portugueses passaram a ficar ressentidos e a buscar a contenção da formação de uma literatura brasileira autônoma recorrendo a um discurso que primava pelo principal elo das duas literaturas: a língua. Segundo Peloggio (2006, p. 90), esse "sentimento de perda (...) se fez expressar de três modos distintos, a saber: numa espécie de reconquista pela defesa da língua, na visão sentimental de uma paternidade impossível, e através ainda de um 'neocolonialismo espiritual'". A correção da língua era uma tópica das críticas portuguesas, mesmo as laudativas, as quais buscavam prescrever o uso para assim melhor manter a tutela (Peloggio, 2006, p. 90).

No entanto, o filão temático brasileiro parece ter se mostrado bastante atraente para os leitores de aquém e de além-mar, o que fez com que portugueses ensaiassem narrativas "à brasileira". Foi o que fizeram José da Silva Mendes Leal, com *Calabar* (1863)[98] e *Bandeirantes* (1867), e Pinheiro Chagas com seu *A virgem Guaraciaba* (1866) e *A conspiração de Pernambuco* (1866). Até mesmo Garrett deixou esboços manuscritos de romances brasileiros.[99] Num estudo comparativo entre *A virgem Guaraciaba*, de Chagas, e *O Guarani*, *As minas de prata* e *Iracema*, de Alencar, Peloggio (2006, p. 117) conclui que Chagas, apesar de compor seu romance com qualidade estética, ao tentar combinar o uso de imagens nativas com um uso erudito do idioma português, acabou por atribuir um tom artificial ao seu romance.

A virgem Guaraciaba, impresso em Lisboa por Sousa Neves, alcançou o mercado brasileiro e esteve à disposição dos leitores no

---

98. Uma parte do romance já havia saído em 1853 (cf. Sanches *in* Peloggio; Vasconcelos; Bezerra, 2015).

99. Garrett esboçou, provavelmente em 1833, um romance moldado nos *Maxacalis*, de Ferdinand Denis, intitulado *Komurahy, histórias brasileiras*, e um outro intitulado *Helena*, datado de 1854. Ambos os manuscritos ficaram inacabados. Eduardo Melo França (2013). A informação oferecida por França foi retirada de Maria Aparecida Ribeiro (1999, p. 115-127).

Rio de Janeiro, conforme revelam catálogos do período. Herculano e o próprio Alencar mostraram o quanto o mercado brasileiro era atraente aos escritores portugueses, que por aqui vendiam uma boa parte de suas produções. Em "Futuro Literário de Portugal e do Brasil" (1847-1848), Herculano declarou que o Brasil era o principal mercado dos impressos portugueses (cf. Queiroz, 2013, p. 189-203). Alencar (2005, p. 63), em *Como e porque sou romancista*, queixando-se do suposto desconhecimento da literatura brasileira em Portugal, informava que "O Brasil é um mercado para seus livros e nada mais".

Sayers (1983, p. 205-206) mostra que não havia razões para essa queixa de que os portugueses desconheciam a produção brasileira, pois, ao analisar os periódicos portugueses oitocentistas, localizou uma relevante quantidade de informações ou mesmo textos de escritores brasileiros reproduzidos na imprensa portuguesa, dados que atestam que "a literatura brasileira era conhecida e lida em Portugal, pelo menos pelos críticos e letrados, e que alguns brasileiros devem ter sido tão populares em Portugal quanto no Brasil. Quase todos os escritores de certo prestígio no Brasil chegaram a ter algum público em Portugal". Sayers acrescenta ainda que muitos brasileiros tiveram livros editados em Portugal, fato que se confirma no caso de Alencar, que teve dois de seus romances saídos em edições portuguesas: *O Guarani*, publicado pela Livraria Universal, de Ernesto Chardron, impresso em Lisboa, em 1885; *Iracema*, pela Biblioteca Universal Antiga e Moderna, de David Corazzi, editado também em Lisboa em 1890. Antes disso, romances de Joaquim Manoel de Macedo vieram a público em edições portuguesas – *O Moço Loiro*, em 1856, e *A Moreninha* em 1867 e 1870, todos na cidade do Porto (Sayers, 1983, p. 227). Machado de Assis teve o seu *Memórias Póstumas de Brás Cubas* publicado parcialmente em 1882 na revista *Folha Nova* (Sayers, 1983, p. 136-137). Alencar foi inclusive vítima de contrafação no país, como denuncia artigo anônimo sobre a contrafação no Brasil e em Portugal, saído originalmente no jornal *Dia*, de Lisboa, e reproduzido por *A Ilustração*.[100]

---

100. *A Illustração*, 20 de outubro de 1889, n. 20, volume VI, p. 311.

Interessados nesse mercado, que parecia aquecido na época, Ernesto Chardron e Baptiste-Louis Garnier mantiveram um acordo para a venda de livros brasileiros em Portugal e, possivelmente, para a venda de livros provindos de Portugal no Brasil, conforme revela estudo de Patrícia de Jesus Palma. A estudiosa analisa um *corpus* de catálogos de livreiros em Portugal publicados entre 1852 e 1895, num total de 29 catálogos de 16 livreiros instalados em Lisboa, Coimbra e Porto. Dentre os casos mais interessantes apresentados por Palma, consta justamente a atuação de Chardron na comercialização de livros brasileiros naquele país. Em 1874, o livreiro-editor publicou um catálogo intitulado *Catálogo das publicações brasileiras recebidas pela Livraria Internacional de E. Chardron*, livreiro que, naquela época, mantinha lojas em Porto e Braga.[101] Dentre os muitos escritores brasileiros presentes no catálogo, que apareciam com nomes em destaque de acordo com sua popularidade, estão Gonçalves de Magalhães, Álvares de Azevedo, Casimiro de Abreu, Bruno Seabra, Porto-Alegre, Alfredo d'Escragnolle Taunay, José de Alencar, Machado de Assis, Pereira da Silva, Joaquim Manoel de Macedo.[102] O nome de José de Alencar aparece na página 4, seguido de uma lista de 17 títulos, dentre romances, peças de teatro e escritos políticos. Entre 1879 e 1883, Chardron continuava anunciando livros brasileiros na *Bibliografia portuguesa e estrangeira*, coordenada por Camilo Castelo Branco e que trazia uma sessão dedicada às publicações brasileiras.[103] Outro importante vendedor de livros provindos do Brasil era a Viúva Bertrand & Filhos, que, em um catálogo da década de 1870, chegou a anunciar 332 títulos publicados no Brasil (Palma, 2014, p. 221-222). No entanto, comparando a atuação de Chardron com estes e outros

---

101. Posteriormente, Chardron instalou-se também em Portugal, mais precisamente em uma área em que, segundo Palma (2014, p. 226), moravam muitos portugueses que retornaram do Brasil e mantiveram seu interesse pelas coisas do país.
102. É importante ter em conta que, dentre as publicações brasileiras, conforme mostrado no capítulo 1, estão traduções de romances franceses realizadas no Brasil pelo corpo de tradutores de Garnier e mandadas imprimir por esse editor.
103. A edição de 1879 oferecia seis páginas com publicações brasileiras anunciadas. O espaço diminuiu consideravelmente nos anos posteriores. Em 1881, as obras brasileiras apareceram em apenas meia página.

editores, Palma identificou que aquele livreiro "foi certamente o primeiro a reconhecer a independência da literatura e das obras brasileiras e a fazer uma importante contribuição nesse sentido ao publicar um catálogo exclusivamente voltado para as publicações brasileiras".[104] Ao trabalhar em colaboração com Garnier, segundo a estudiosa, Chardron tinha como finalidade não apenas vender os livros brasileiros em Portugal, mas também comercializar seus livros no Brasil. Além disso, o livreiro português teria um parceiro no Brasil vigilante às possíveis contrafações das obras de seu catálogo (Palma, 2014, p. 226). No entanto, o interesse em conter a contrafação poderia partir também do lado brasileiro, visto que a reprodução ilegítima de obras dos escritores que mantinham contratos com Garnier, como foi o caso de Alencar, poderia significar um prejuízo para o seu negócio. Nesse intenso movimento das letras brasileiras em Portugal, Alencar desempenhou um papel também interessante.

No ano de 1856, quando Alencar provocou a famosa polêmica em torno da *Confederação dos Tamoios*, como se sabe, Alexandre Herculano foi convidado pelo imperador a exprimir a sua opinião a respeito do poema. D. Pedro II, mecenas da obra e que, acredita-se, tomou parte da discussão por meio de um artigo, recorreu a Alexandre Herculano para dar mais prestígio ao poema diante dos leitores e críticos. A resposta de Herculano veio em forma de carta, datada de 6 de dezembro de 1856, para a qual o escritor pedia, no entanto, sigilo, ficando inédita no acervo pessoal do imperador até 1947, quando enfim veio a público (França, 2013, p. 136). Maria Aparecida Ribeiro, em estudo comparativo entre as *Cartas sobre A Confederação dos Tamoios* e a carta de Herculano, verifica muitas semelhanças entre as duas críticas. A autora pondera que não se sabe ao certo se D. Pedro II remeteu a carta ao escritor português antes da polêmica ou durante, com o fim de angariá-lo como um defensor. Independentemente dos propósitos do imperador, o que se pode deduzir é que Herculano estava a par da discussão, a qual

---

104. "[...] *was certainly the first to recognize the independence of Brazilian literature and literary works, and make a significant contribution in this regard by publishing a catalogue exclusively devoted to Brazilian publications.*" (Palma, 2014, p. 222).

certamente incidiu na escrita de sua epístola, pois as *Cartas sobre A Confederação dos Tamoios* tiveram difusão em Portugal, no jornal *A Civilização*, de Lisboa, ainda no ano de 1856, como noticiado por Inocêncio Francisco da Silva em verbete a Gonçalves de Magalhães no seu *Dicionário Bibliográfico Português*.[105] Não tivemos acesso a esse periódico para checar se as cartas apareceram assinadas simplesmente por Ig. ou se a identidade de Alencar foi revelada, uma vez que, no mesmo ano, elas saíram em edição em livro na qual foi desfeito o mistério quanto à autoria. Essa parece ter sido a primeira importante incursão de Alencar na imprensa portuguesa.

Quatro anos depois, o nome de Alencar passou a integrar o célebre dicionário de Inocêncio da Silva, antes mesmo de Magalhães, que, como vimos, foi considerado o fundador da literatura brasileira pela imprensa em língua francesa e mesmo portuguesa. O dicionário, que agrega milhares de verbetes sobre Brasil e Portugal, começou a ser composto em 1858, tendo continuidade mesmo após a morte de Inocêncio da Silva em 1876, quando passou a ser dirigido por Brito Aranha, que completou os 28 volumes da coleção. A antecedência do nome de Alencar nesse dicionário em relação a outros escritores brasileiros, seus contemporâneos, que receberam verbete apenas posteriormente revela a inserção e certo prestígio que Alencar ia adquirindo entre os portugueses. É possível que a principal razão desse reconhecimento tenha sido a publicação de *O Guarani*, pois o romance foi constantemente referido e elogiado pela crítica portuguesa. No entanto, os elogios eram correntemente acompanhados de alguns reparos.

---

105. "Quando o poema [*A Confederação dos Tamoios*] foi pela primeira vez publicado no Brasil, apareceu contra ele uma crítica acerba, em uma série de cartas, insertas no *Diário do Rio de Janeiro*, com a assinatura 'Ig.', e publicadas depois em opúsculo separado, das quais veio a declarar-se o autor o sr. conselheiro José d'Alencar (Dicc. Tomo v, nº J, 4380). Estas cartas foram transcritas em Lisboa no jornal *A Civilização*, nos 100, 105, 108, 109 e 115, todos do ano de 1856. A esta censura, que visava não menos que a estabelecer pela comparação e análise de lugares paralelos o mérito da superioridade do *Uraguai* de José Basílio da Gama sobre a *Confederação dos Tamoios*, ocorreram alguns amigos e admiradores do sr. Magalhães" (Silva, 1870, p. 143).

Em artigo de Reinaldo Carlos Montóro[106] sobre Francisco Otaviano, remetido em 1861 para a *Revista Contemporânea de Portugal e Brasil*, impressa em Lisboa, o nome de Alencar se apresentava como incontornável, posto que a história desses dois homens de letras se cruzou em um momento significativo de suas carreiras, quando Alencar assumiu o lugar de Otaviano nos folhetins do *Correio Mercantil*. Montóro enfatizou a qualidade do estilo dos folhetins de Alencar, os quais "já revelava[m] o futuro autor do *Guarany*, romance, que, apesar de imperfeito no plano, é talvez das melhores composições brasileiras".[107] A publicação de *Iracema*, em 1865, daria fôlego à recepção crítica de Alencar em Portugal. Em 1866, Pinheiro Chagas noticiou a aparição do romance na sua coluna "Letras e Artes", do *Anuário do Arquivo Pitoresco*. Na ocasião, além de acenar para a presença do nome de Alencar na Europa, afirmando que o escritor "não só na sua pátria, mas em Portugal e na própria França, é conhecido e venerado",[108] Chagas reconhecia em *Iracema* "uma tendência louvável para dar autonomia à literatura brasileira".[109] Mas, de maneira corrente, como veremos, a par do elogio vinha a censura; nesse caso, ela foi feita quanto à língua, ao reclamar maior "correção da linguagem" e "alguns decotes na esplêndida ramaria do seu opulentíssimo estilo".[110]

Como bem mostrou Marcelo Peloggio, essa escrita mais seca e polida, sugerida a Alencar, foi adotada pelo próprio Chagas na composição de seu romance à brasileira, o que lhe rendeu uma obra, ao ver de Peloggio, artificial e ineficaz em seus propósitos. É bem verdade que a conformação que a língua portuguesa e seu emprego

---

106. Português de origem, vivia em Vassouras, no Rio de Janeiro, e, desde a adolescência, era intenso colaborador na imprensa brasileira e portuguesa.
107. *Revista Contemporânea de Portugal e Brasil*. "Francisco Otaviano de Almeida Costa". Reinaldo Carlos Montóro.
108. *Annuario do Archivo Pittoresco*, janeiro de 1866, n. 25, "Letras e Artes", Pinheiro Chagas, p. 198.
109. *Annuario do Archivo Pittoresco*, janeiro de 1866, n. 25, "Letras e Artes", Pinheiro Chagas, p. 198.
110. *Annuario do Archivo Pittoresco*, janeiro de 1866, n. 25, "Letras e Artes", Pinheiro Chagas, p. 198.

iam adquirindo no Brasil poderia ferir as expectativas dos leitores portugueses, dada a força do idioma na cultura de um povo e o quanto poderia soar estranho aos leitores um tipo de expressão que fugisse do seu uso habitual. Mas, ao que parece, os problemas apontados por Chagas e Montóro não representaram um obstáculo para a recepção de Alencar em terras portuguesas, pois as críticas continuaram a aparecer e a popularidade que o escritor adquiria no Brasil era noticiada na imprensa portuguesa, o que, por certo, aguçou a busca por suas obras e o comércio delas, com um ápice comercial na década de 1870, conforme vimos acima. Apesar disso, no ano de 1866, Inocêncio da Silva lamentava o fato de Alencar não ser tão conhecido em Portugal como deveria: "é talvez entre os portugueses menos conhecido do que havia direito de sê-lo".[111]

Sayers mostra a importância dos círculos de letrados brasileiros e portugueses na promoção dos escritores brasileiros além-mar.[112] Palma informa que, antes da comercialização dos livros brasileiros em Portugal, os leitores interessados em obras publicadas no Brasil tinham de recorrer aos conhecidos ou fazer encomendas individuais, fato exemplificado pelo discurso dos homens de letras portugueses que buscavam a leitura de obras brasileiras. Esse circuito que se compunha para estabelecer os contatos através do Atlântico foi testemunhado por Inocêncio da Silva, que, para compor o seu artigo sobre Alencar, contou com informações de homens ligados às letras, como Joaquim da Silva Mello Guimarães, Manuel da Silva Mello Guimarães e Baptiste-Louis Garnier. Inocêncio da Silva tinha especial interesse em fazer os escritores de seu catálogo se tornarem conhecidos no exterior, principalmente num país de língua portuguesa onde ele poderia comercializar seus livros diretamente. O editor, possivelmente, foi uma peça relevante na projeção de escritores

---

111. *Arquivo Pitoresco*, semanário ilustrado. Lisboa: Editores proprietários, Castro irmão e Cia., vol. 9, n. 31, 1866. "José de Alencar". Inocêncio Francisco da Silva, p. 244.
112. "[...] em Portugal, como em quase todos os países, as relações pessoais podiam promover a reputação de um escritor, como foi o caso de Gonçalves Dias, Casimiro, Gonçalves de Magalhães, Luís Guimarães Júnior, Raimundo Correia, Alencar, Bilac, e outros." (*in* Sayers, 1983, p. 119).

brasileiros além do Atlântico, sobretudo de Alencar, uma vez que, como vimos em recibo desse escritor passado ao livreiro, autorizou a tradução de *O Guarani*, cujos direitos havia comprado.

Joaquim da Silva Mello Guimarães e Manuel da Silva Mello Guimarães[113] eram irmãos portugueses, residentes no Brasil, e colaboraram com Inocêncio Francisco da Silva fornecendo-lhe muitas informações bibliográficas sobre o país para a composição de seu dicionário.[114] Essa rede favorecia não apenas a circulação dessas informações, mas também a rapidez com que se tomava conhecimento delas, pois Inocêncio da Silva, nesse artigo, referiu, por exemplo, a intenção de Carlos Gomes de levar à cena o romance *Il Guarani*, publicado na Itália em 1864, fato que só seria concretizado em 1870, quatro anos depois de essa notícia ter sido veiculada.[115] Sobre *O Guarani*, Inocêncio da Silva acrescentou que "obteve conspícua aceitação no mundo literário",[116] não esquecendo de declarar as censuras que eram correntemente feitas pela crítica portuguesa: "Alguns puristas desejariam que o ilustre escritor se mostrasse mais sóbrio em sua narrativa, e mais cuidadoso do estilo, evitando a monotonia que às vezes resulta da reprodução de imagens análogas;

---

113. Manuel da Silva Mello Guimarães era um bibliófilo e foi responsável pela composição do Catálogo do Real Gabinete Português de Leitura de 1868.
114. "Hoje acabo de receber um abundante e precioso mimo de notícias e esclarecimentos biobibliográficos de maior importância, provindos diretamente do Rio de Janeiro, e obtidos pela espontânea e dedicada solicitude de dois compatriotas ali residentes, os srs. Joaquim e Manuel da Silva Mello Guimarães, irmãos no sangue, e no amor que ambos professam às letras nacionais e brasileiras". Nesse mesmo texto, Inocêncio da Silva informa que suas condições de pesquisa foram facilitadas também com a chegada a Lisboa de Manuel de Araújo Porto-Alegre". *O Dicionário Bibliográfico Português* julgado pela imprensa contemporânea nacional e estrangeira (*in* Silva, 1862, p. 40).
115. "Há dele uma tradução italiana, impressa de pouco tempo; e o sr. dr. Antonio Scalvini formou dela um libreto para opera, que o sr. Carlos Gomes, aplaudido compositor brasileiro, achando-se em Milão, já no ano corrente, se propunha converter em música. Ignoramos, contudo, se esse intento se realizou". *Arquivo Pitoresco*, semanário ilustrado. Lisboa: Editores proprietários, Castro irmão e Cia., vol. 9, n. 42, 1866, "José de Alencar". Inocêncio Francisco da Silva, p. 331.
116. *Arquivo Pitoresco*, semanário ilustrado. Lisboa: Editores proprietários, Castro irmão e Cia., vol. 9, n. 42, 1866, "José de Alencar". Inocêncio Francisco da Silva, p. 330.

porém todos concordam em que na parte descritiva emparelha com os melhores".[117]

Em 1868, veio a público a famosa crítica de Pinheiro Chagas nos *Novos ensaios críticos*. Com o título "Literatura brasileira, José de Alencar", o artigo apontava o escritor como o de maior capacidade para levar à frente a tarefa de dar originalidade e abrir os caminhos para a futura autonomia da literatura brasileira, pois, para Chagas, a história do país, ao contrário de outras nações americanas, não havia amadurecido o suficiente para possibilitar a existência de uma literatura. A natureza americana e o afastamento dos motivos europeus eram fatores que também contribuiriam para essa originalidade, lição que os brasileiros precisavam incorporar e que Alencar, a seu ver, havia exprimido de maneira bem-sucedida em seu *Iracema*:

> Felizmente o sr. José de Alencar livrou a sua pátria desse labéu. *Iracema* é uma tentativa, uma lenda apenas de 156 páginas, mas em que se revela o estilista primoroso, o pintor entusiasta das paisagens natais, e o cronista dos antigos povos brasileiros. Pela primeira vez aparecem os índios, falando a sua linguagem colorida e ardente, pela primeira vez se imprime o cunho nacional num livro brasileiro, pela primeira vez são descritos os selvagens com aqueles toques delicados, que dão um realce tão vivo aos tipos do romancista da América do Norte [...]. A musa nacional solta-se enfim dos laços europeus, e vem sentar-se melancólica e pensativa à sombra das bananeiras, vendo o sol apagar o seu facho ardente na perfumada orla das florestas americanas. (Chagas *in* Alencar, 1965, p. 198)

A crítica de Chagas tangencia alguns dos desafios que a literatura brasileira encarou na conformação de sua nacionalidade. Em uma passagem dessa crítica, citando artigo do *Diário do Rio de Janeiro*, Chagas deu notícia da restrição de alguns leitores quanto ao uso de termos indígenas no romance, o que comprometeria a sua compreensão. Para que a literatura brasileira conquistasse reconhecimento,

---

[117]. *Arquivo Pitoresco*, semanário ilustrado. Lisboa: Editores proprietários, Castro irmão e Cia., vol. 9, n. 42, 1866, "José de Alencar". Inocêncio Francisco da Silva, p. 331.

ela deveria tratar apenas de coisas que fossem intrinsecamente nacionais e afastar-se de qualquer referência europeia. Contudo, aderindo a uma linguagem imagética de teor indígena, afastando-se dos preceitos portugueses da língua, enfim, quebrando com a relação europeia, *Iracema* caía no risco de não ser bem aceita, haja vista as críticas que recebeu nesse sentido. Resumindo, a literatura brasileira deveria ser nacional, mas nem tanto, uma vez que precisava dialogar com algumas referências europeias que faziam parte do gosto e do repertório comum para se fazer lida e compreendida. Alencar soube dosar a medida em *O Guarani*, que se tornou a sua obra mais popular no Brasil e no mundo ocidental, mostrando-se também muito bem considerada pela crítica portuguesa. Já os romances de salão parecem ter soado demasiado europeus para o gosto estrangeiro, enquanto *Iracema* foi considerado demasiado nacional. Chagas (*in* Alencar, 1965, p. 198-199) mencionou as críticas que foram feitas quanto aos termos indígenas presentes em *Iracema*, asseverando que esse não seria o defeito do romance, mas a sua "falta de correção na linguagem portuguesa".

Esse tipo de censura se propagou, mesmo entre alguns brasileiros, como Antonio Henriques Leal, que viveu por um longo tempo em Portugal, onde escreveu e publicou as críticas de que trataremos. Em 1870, o *Jornal do Comércio* de Lisboa veiculou o artigo "A Literatura Brasileira Contemporânea", no qual Leal partia da premissa de que "tem a literatura brasileira existência própria", para contra-argumentar quanto à posição dos portugueses sobre a autonomia da literatura brasileira, elencando os escritores e as condições para o desenvolvimento do meio letrado brasileiro. O seu principal interlocutor nesse texto é Luciano Cordeiro, que, em seu *Livro de Crítica* (1869), julgou ser a literatura do Brasil incapaz de mostrar-se independente e original, rechaçando, ao mencionar Gonçalves Dias e o fato de este ser nomeado poeta brasileiro,[118] a "monomania [dos brasileiros] de terem uma literatura" (Cordeiro, 1869, p. 278). Em sua réplica, Leal (1874) recorreu aos críticos e historiadores Ferdinand Denis,

---

118. Na verdade, em seu livro, o nome do escritor aparece como Gonçalo Dias.

Delaplace e Ferdinand Wolf, que haviam escrito sobre a literatura brasileira e reconhecido a sua separação de Portugal.[119]

Verificamos no procedimento de Leal um mesmo movimento presente no discurso dos críticos brasileiros, isto é, o de recorrer à autoridade francesa para, assim, dar credibilidade à literatura brasileira em sua busca pela autonomia e legitimação. Diante de Denis, Wolf e Delaplace – que veicularam seus trabalhos sobre o Brasil em língua francesa –, a declaração de Cordeiro perderia força e soaria falha, pois homens de letras que integravam um núcleo com efetiva capacidade de atribuir "carta de nobreza" às literaturas nacionais já haviam se posicionado favoravelmente em relação às letras brasileiras e sua independência.[120] Leal (1874, p. 191) defendeu que a literatura brasileira estava a "competir com a da antiga metrópole em fecundidade, louçania, riqueza de imaginação, se é que na originalidade e ousadia não a vence". Para prová-lo, recorreu a aspectos naturais presentes no Brasil – no intuito de mostrar o potencial criativo das letras no país – e ao diálogo realizado pelos seus escritores com a cultura de outros países, a fim de comprovar sua erudição: "nossa mocidade frequenta com preferência a França e a Alemanha" (Leal, 1874, p. 200). Dentre os escritores contemporâneos, apresentou de maneira mais detida Magalhães ("o iniciador e chefe da nossa emancipação literária" [Leal, 1874, p. 201]); Porto-Alegre; Gonçalves Dias; Joaquim Manoel de Macedo e José de Alencar, além de outros literatos que foram referidos de maneira mais breve.

Com relação a Alencar, Leal (1874, p. 215) exaltou seu destaque nas diferentes carreiras e o talento que exprimia em seus romances. Para o crítico: "Não carecíamos de mais ninguém para formar uma escola e pôr limites incontestes à nossa literatura. Há, por exemplo, no *Guarani* trechos que valem por si um livro (...)". Mas nem tudo eram elogios na passagem dedicada a Alencar, pois o seu estilo foi aí também alvo de reprovação: "É pena que talento tão superior não se aplique ao estudo da língua, com mais interesse e sem prevenções.

---

119. Grifo do autor.
120. Luciano Cordeiro (1871) rebateu as críticas de Antonio Henriques Leal em *Segundo Livro de Crítica*.

Por enquanto sua linguagem e estilo são descuidados, e por vezes desiguais e frouxos (...)" (Leal, 1874, p. 214).

No pós-escrito à segunda edição de *Iracema*, em 1870, como vimos, Alencar rebateu as críticas de Chagas e Leal, cujo teor foi analisado no segundo capítulo. Leal voltaria a se expressar sobre o assunto, respondendo a Alencar em "Questão filológica", uma espécie de carta destinada a Temístocles Aranha, pai de Graça Aranha, diretor do jornal *O País*, de Maranhão, onde o texto foi publicado no ano de 1871. Otacílio Colares (1977, p. 79), analisando o conteúdo das críticas de Leal em "Questão filológica", interpreta que o crítico "como que se sentira na obrigação de assumir, em chão luso, a defesa daqueles dogmas estruturais que, a seu ver, não poderia (sic) jamais vir a ser superados, mesmo por um criador do porte de Alencar".[121] Leal defendia o estudo e o emprego do que chamava "boa linguagem", apesar de compreender que, no Brasil, a língua portuguesa estava sujeita a alterações, dada a especificidade da condição brasileira em relação à europeia: "Nós, os brasileiros, viajamos muito, educamo-nos em países muito adiantados, lemos e sabemos as literaturas italiana, inglesa e alemã; temos pois visto e conhecemos mais objetos que os literatos portugueses" (Leal *in* Alencar, 1965, p. 213).

Esse trânsito de conhecer e se fazer conhecido perpassou a atuação dos homens de letras brasileiros e de seus incentivadores estrangeiros. As crispações desse início de década de 1870 entre Leal e Alencar não significaram um impedimento para a aproximação entre os dois, que trocavam cartas pessoais, com quem Alencar partilhava suas angústias e incertezas sobre sua situação de saúde e sua ida à Europa. O próprio Leal escreveu a Alencar pedindo obras suas para "dá-l[as] a ler a alguns literatos".[122] Sabemos que o imperador D. Pedro II foi atuante na causa da projeção da literatura brasileira no exterior por meio da proteção e do mecenato. Mas muitas de suas iniciativas

---

121. Diferentemente do que afirma Colares, a carta de Leal a Temístocles Aranha não foi publicada em nenhum dos jornais intitulados *O País*, em Portugal, e sim no jornal homônimo do Maranhão, de propriedade do próprio Temístocles Aranha.
122. Carta de Antonio Henriques Leal a José de Alencar, datada de 19 de dezembro de 1871, Lisboa. Transcrita em Pereira (2012, p. 163).

que se mantiveram nos bastidores não chegaram ao conhecimento atualmente. Em uma das cartas enviadas a Alencar, datada de 18 de maio de 1873, Leal dizia ter lido o *Til* e o primeiro volume do *Tronco do Ipê*, que lhe fora ofertado pessoalmente pelo imperador. Na ocasião, D. Pedro II fez "merecidos louvores" a Alencar.[123]

Apesar das divergências entre Alencar e o imperador e dos ataques que este recebeu publicamente pelas *Cartas de Erasmo*, D. Pedro II parecia apreciar as obras de Alencar. À parte os elogios feitos pelo monarca, como testemunhado na missiva, o fato de ter presenteado Leal com apenas um dos dois volumes que integram *O Tronco do Ipê* sugere que o imperador estava lendo o romance, pois se os transportasse para dar como brinde pela Europa, certamente teria presenteado Leal não com um, mas com os dois volumes. Além disso, atuou como um *passeur* ao dar a conhecer a um crítico brasileiro instalado em Portugal um dos mais recentes romances de Alencar.

As suas últimas publicações, assim como de outros brasileiros, eram noticiadas na revista *Artes e Letras*, dirigida pelo dramaturgo português Francisco Rangel de Lima. Nessas notas, obras brasileiras que receberam alguma apreciação de Alencar, seja em forma de prefácio ou de carta, assim eram apresentadas para reforçar o seu valor. Foi o caso de *Nocturnos*, de Guimarães Júnior, que teve prefácio de Alencar; de *Gonzaga*, de Castro Alves, sobre o qual se informava da carta de Alencar a Machado; e *Cenas Populares*, de Juvenal Galeno, que recebeu uma carta elogiosa de Alencar, a qual foi integralmente transcrita nessa revista. A publicação de *Til* e *Sonhos d'ouro* também foi noticiada. A edição de 1874 de *Artes e Letras* transcreveu ainda um texto intitulado "Literatura Brasileira", de autoria de Camilo Castelo Branco, originalmente publicado no número 4 de *Noites de Insônia*, em que se tratava das recentes iniciativas de Ernesto Chardron no fornecimento de livros brasileiros aos leitores de Portugal e do destaque dado em seus catálogos aos escritores brasileiros, aludindo a Joaquim Manoel de Macedo, que,

---

123. Carta de Antonio Henriques Leal a José de Alencar, datada de 19 de maio de 1873, Lisboa. Transcrita em Pereira (2012, p. 167-168).

em suas palavras, "disputa a supremacia a J. de Alencar, que tanta nomeada granjeou com o seu *Guarani* (...)". Camilo Castelo Branco (1874, p. 51-53) discorreu também sobre o papel de B.L. Garnier na promoção da literatura brasileira: "(...) o impulsor deste brilhante movimento literário no Rio de Janeiro, e por isso em todo o império, é o livreiro-editor Garnier, espírito empreendedor que tanto faz luzir os talentos que divulga, quanto lucra para si a honra de os fazer conhecidos e laureados".

Muitas das obras brasileiras noticiadas nesse artigo provinham do catálogo de Garnier. Uma teia de contatos se montava, o que favorecia a difusão das letras brasileiras, seja por motivos intelectuais ou comerciais. Contudo, a postura de Camilo Castelo Branco quanto à literatura brasileira e mesmo a Alencar nem sempre foi diplomática. Em passagem de *O Cego de Landim* (1876), romance que compõe *As novelas do Minho*, Camilo Castelo Branco expressou uma visão nada lisonjeira da literatura brasileira e de Alencar. O trecho merece ser lido integralmente:

> O leitor vai descobrindo que eu não estou escrevendo um romance. Consta-me que, no Rio, os homens que já o eram há trinta anos, recordam estes fatos com algumas miudezas que não pude obter nem já agora inventarei [...]. Aqui me contam eles os amores da morena filha de Landim com o chefe da polícia. Este episódio poderia ser o esmalte do meu livrinho, se em um chefe de polícia coubesse cenas de amor brasileiro, mórbidas e sonolentas, como tão languidamente as derrete o sr. J. d'Alencar. Em país de tanto passarinho, tantíssimas flores a recenderem cheiros vários, cascatas e lagos, um céu estrelado de bananas, uma linguagem a suspirar mimices de sotaque, com isto, e com uma rede – ou duas por causa da moral – a bamboarem-se entre dois coqueiros, eu metia nelas o chefe de polícia e a irmã do cego, um sabiá por cima, um papagaio de um lado, um sagui do outro, e veriam que meigas moquenquices, que arrulhar de rolas eu não estilava desta pena de ferro! (Castelo Branco, 1876, p. 37-38)

O episódio foi motivo para mais uma contenda promovida por brasileiros que saíram em defesa de Alencar nesse mesmo ano de

1876 (cf. Bezerra, 2012, p. 142-144). O próprio Alencar respondeu a Camilo Castelo Branco em artigo para a seção "Beotices", do jornal *O Protesto*, em 1877. No mesmo ano dessas apreciações de Camilo Castelo Branco, Alencar esteve na Europa, permanecendo em Lisboa entre os meses de setembro e outubro. Noticia-se que o escritor foi muito bem recebido pelos círculos de letrados portugueses, conforme se lê no jornal *O País*, do Maranhão: "O nosso ilustre compatriota tem sido mui visitado em Lisboa". O jornal transcreveu uma crítica a Alencar, publicada no *Jornal do Comércio*, de Lisboa. Nela, o jornalista anônimo agradecia a remessa de dois volumes do romance *Senhora*, sem declarar quem os enviou, e enaltecia Alencar, como de praxe, pela pintura da cor local. Dentre suas obras, o jornalista destacava que "A *Iracema* é uma miniatura verdadeiramente adorável, mas o *Guarani* é um quadro que bastaria por si só para imortalizar o autor". Assim como nos demais países, onde *O Guarani* foi o predileto para tradução e publicação, como veremos à frente, no discurso crítico português, esse romance também se fazia favorito dentre as obras de Alencar. *O Guarani* foi, inclusive, levado à cena em Portugal em forma de drama,[124] além de contar com representações da ópera de Carlos Gomes nesse país. Durante a passagem de Alencar por Lisboa em 1876, o jornalista Eduardo Coelho, após classificar Alencar como "uma das glórias literárias" do Brasil, destacou que

---

124. Cf. *O Guarani*, ou o amor no deserto. Drama em 3 atos. Lisboa, s/e, 1875. O drama, adaptado por Visconti Coaracy e Pereira da Silva, foi levado à cena no Rio de Janeiro pelo empresário teatral Jacinto Heller. Alencar contestou a legitimidade da adaptação e acusou a peça de espoliação, envolvendo o nome do presidente do Conservatório Dramático Cardoso de Meneses. O episódio gerou uma briga na imprensa, que ficou conhecida por "Questão Guarani". Não se conhecem as negociações que culminaram na aprovação, por parte de Alencar, da representação da peça. A versão apresentada em Portugal contou com uma companhia de atores diferente da que atuou na corte brasileira, composta, dessa vez, de atores italianos que haviam feito uma temporada no Brasil nos anos anteriores. A estrutura da peça também era diferenciada, uma vez que a adaptação anunciada no Rio de Janeiro era composta em quatro atos, enquanto a que foi encenada em Portugal tinha apenas três. Não sabemos se se trata da mesma versão, reduzida, levada por essa companhia italiana, que atuava no Rio no mesmo momento de encenação do drama *O Guarani*.

"*O Guarani* deu-lhe um nome europeu".[125] Conforme já discutimos anteriormente, *O Guarani* parece ter calhado ao gosto europeu, pois mostra ter dialogado com as preferências de leitura europeias e com a imagética que se elaborou a respeito do Novo Mundo, de forma a resultar nesse êxito.

Os textos sobre o escritor veiculados nos periódicos portugueses durante sua estadia em Lisboa foram bastante elogiosos, nos quais vê-se o intuito de abrandar qualquer dissabor que possa ter indisposto Alencar. O próprio Eduardo Coelho (*in* Peloggio, 2006, p. 137) chegou mesmo a se contrapor ao que se disse quanto ao estilo de Alencar, apesar de corroborar com a ideia de unidade entre os dois países: "consideramo[-no] três vezes ligado a nós, embora se ache no mais levantado elo dessa cadeia indissolúvel – pela confraternidade literária, pelo sangue e tradições, pela língua que fala, e em que tão brilhantemente escreve".

Com a morte de Alencar, em 1877, cada vez mais o tom se apaziguava no que dizia respeito às censuras, mantendo-se apenas o discurso de caráter encomiástico. Em *As Farpas*, em 1878, informando da morte do escritor, Ramalho Ortigão (1887, p. 198) sustentava que o escritor "alcançara um dos mais luminosos lugares entre os homens mais célebres e mais prestigiosos do seu tempo". Guiomar Torresão escreveu no *Almanaque das Senhoras* que "a individualidade de José de Alencar ocupa um lugar excepcional, devido não só à pujança criadora do seu talento, como a originalidade de suas concepções eminentemente nacionais", considerando ser *O Guarani* "a obra prima do grande poeta".[126] A importância desse romance para a repercussão de Alencar aparece ainda na "Notícia Biográfica", uma espécie de apresentação na abertura da edição portuguesa de *Iracema*, em 1890. O texto, de autoria não identificada, defende que *O Guarani* teria colocado Alencar como "primeiro romancista brasileiro". No entanto, mesmo que pautado no elogio, dava

---

125. *Diário de Notícias*, 21 de setembro de 1876, n. 3087. Transcrito por Peloggio (2006, p. 136).
126. *Almanaque das Senhoras para 1884*. Portugal e Brasil. "José de Alencar", Guiomar Torresão. Transcrito em Silva (2004, p. 258).

ainda eco ao que se dizia no auge da carreira do escritor quanto à linguagem: "Trabalhava com uma rapidez tal que isso prejudicava muitas vezes o acabado das suas obras, e impedia-o de lhes fazer atingir a perfeição" (Silva, 2004, p. 261). Mesmo com o texto servindo de apresentação a *Iracema*, para seu autor, não seria esse o romance mais representativo de Alencar, e sim *O Guarani*, o qual, ao lado da peça *O Demônio Familiar*, "bastava (...) para assegurar a glória de um escritor" (Silva, 2004, p. 261).

Como mostramos acima, nas falas dos críticos brasileiros e no pensamento de Alencar, o romance *Iracema* foi concebido pelo escritor e acolhido pelos homens de letras brasileiros para ser a expressão máxima da nacionalidade da literatura brasileira naquele momento e reforçar a autonomia das letras no país, mas, ao que constatamos, Portugal deu muito mais importância a *O Guarani*. Nesse final de século, Alencar firmava seu lugar na posteridade, sendo lembrando pela crítica portuguesa como o nome de maior importância da literatura brasileira no século XIX, responsável por inseri-la num contexto maior de conformação literária. Sampaio Bruno (1898, p. 336) confirmou tal apreciação, ao considerar que "no romance, Alencar, com o *Guarani*, integralmente, com as novelas, desiguais, de Sênio, ergue-se às autônomas, continentais alturas de Cooper". Para Sousa Bastos (1898, p. 172), os livros de Alencar, "principalmente *O Guarani*, são considerados obras notáveis e dignas de fazerem a reputação de um escritor em qualquer parte do mundo".

Vimos que também no caso português se confirma o interesse ou mesmo a exigência por uma cor local pitoresca na composição da literatura brasileira, e a unicidade de idioma acrescenta uma imposição a mais nessa elaboração: a atenção à correção. O fato de Brasil e Portugal fazerem uso da mesma língua sugere uma facilidade de comunicação entre as produções dos dois países e favoreceria o conhecimento pelos portugueses do conjunto das obras de Alencar, sejam os romances de salão, os históricos, indianistas, etc., quando, para os outros países, a leitura pelo público de seus romances dependia das escolhas dos *passeurs* (tradutores, editores), que interpretavam, eles próprios, quais seriam as obras mais atrativas ao gosto estrangeiro. Vimos que entre os críticos portugueses, a preferência recaiu em romances de caráter indianista, dos quais se destacou *O Guarani*, que esteve à disposição dos leitores nas livrarias daquele país, prenunciando um gosto corrente entre os leitores estrangeiros e a precedência desse romance no ingresso das obras de Alencar no mercado de impressos de diferentes países da Europa e nos Estados Unidos.

Enquanto a França não vem... êxito na Itália e Alemanha

Se, de um lado, alguns literatos, ligados ao círculo de Magalhães, mostraram-se pouco interessados na divulgação do nome de Alencar pela Europa, de outro, brasileiros que tinham o mesmo afã de promover o Brasil escolheram traduzir uma obra de Alencar por considerá-la representativa do caráter nacional. Sabendo da importância da França e, principalmente, do idioma francês para a repercussão nos mais diversos países, dada a existência de uma larga faixa de leitores francófonos pelo mundo, alguns brasileiros, interessados na difusão internacional de informações relativas ao Brasil, decidiram veicular, no ano de 1863, um jornal em língua francesa intitulado *Le Brésil*, em cujas páginas tentaram emplacar uma tradução francesa de *O Guarani*, conforme se lê em anúncio do *Diário do Rio de Janeiro* sobre o referido periódico.[127] De acordo com as pesquisas de Ilana Heineberg, o jornal *Le Brésil* era editado por brasileiros no Rio de Janeiro e tinha por objetivo divulgar o país na Europa, sobretudo na França. Mas teve uma existência bem curta, contando apenas com oito números, o que permitiu a tradução e difusão de somente sete capítulos do romance (Heineberg *in* Peloggio; Vasconcelos; Bezerra, 2015; Xavier *in* Abreu, 2017). Não há informações sobre quem foi o tradutor e não se explicitam as razões para a escolha de *O Guarani* para a difusão em suas páginas,[128] mas é

---

127. *Diário do Rio de Janeiro*, 18 de janeiro de 1863, p. 1. Agradeço essa informação a Rodrigo Camargo de Godoi.
128. *Diário do Rio de Janeiro*, 18 de janeiro de 1863, p. 1.

provável que seus editores estivessem atentos ao que poderia causar interesse no leitor do exterior quanto a uma narrativa brasileira.

Conforme mostramos, as expectativas do público estrangeiro em relação às obras do Novo Mundo giravam em torno de paisagens exóticas e de enredos voltados para temas históricos e indígenas. *O Guarani* parecia atender a essa exigência e estar mais apto a captar a atenção do leitor francês, mas a sua entrada na França não foi bem-sucedida, e o romance teve de esperar décadas até finalmente ter sua versão traduzida em língua gálica. Sua primeira efetiva tradução ocorreu na Itália, onde, em 1864, sete anos após a aparição de *O Guarani* nas páginas do *Diário do Rio de Janeiro*, esse romance foi publicado em idioma italiano, em quatro pequenos volumes, impressos na cidade de Milão. No prefácio, o tradutor, Giacomo Fico, informou quanto à novidade da origem da obra entre os leitores italianos: "Aqui está, leitoras e leitores galantes, um belo romance, vindo, nem da zona fria, nem da zona temperada, como comumente ocorre, mas da zona tórrida, para além do Equador".[129] Para o tradutor, o interesse do leitor italiano seria despertado pelo romance não apenas por sua especificidade exótica, paisagística, histórica, como lemos em boa parte da recepção crítica estrangeira, mas também no que ele oferecia de comum à humanidade como um todo, pois "embora as paixões dos indivíduos da nossa espécie sejam basicamente as mesmas", os fatores particulares e mesmo exóticos do Brasil ofereceriam uma nova forma àquilo que seria imanente ao ser humano e comporiam o elemento de interesse de boas composições literárias.[130]

A análise de Fico ia ao encontro do que os homens de letras brasileiros ansiavam para a literatura do país, como Alencar em "Benção Paterna", Machado, em "Instinto de Nacionalidade", ou mesmo o

---

129. "*Eccovi, lettori e lettrici galanti, un bel romanzetto, che non vien nè dalla zona fredda, nè dalla temperata, come accade ordinariamente, ma fin dalla torrida, al di là dall'equatore.*" (Fico *in* Alencar, 1864, p. V). Agradecemos a Giorgio de Marchis, da Università Roma Tre, por ter gentilmente revisado as traduções do italiano.
130. *Diário do Rio de Janeiro*, 18 de janeiro de 1863, p. 1.

crítico Moraes Carneiro, em artigo para a *Imprensa Acadêmica*,[131] os quais viam que, para além da natureza, aspectos que fossem locais e ao mesmo tempo cosmopolitas deveriam pautar a composição literária nacional, conforme mostramos no capítulo 2. Avaliando-se a interpretação de Fico, podemos entender que a adoção desse critério pelo autor na construção dos personagens de *O Guarani* teria sido bem executada. Peri, em vez de ser destacado exclusivamente como um indígena nativo, dialogaria com aspectos presentes na cultura europeia. Qualificado como "intrépido, valoroso, sagacíssimo", para satisfazer Cecília, Peri seria capaz de proezas que causariam inveja a Hércules e Teseu, sendo, portanto, aproximado aos deuses da mitologia clássica. Além de classificado como uma espécie de herói grego, incorporava ainda valores do cavaleiro medieval, dotado de "*fedeltà veramente cavalleresca*". Para ampliar a mistura cultural com que seu perfil foi apresentado ao leitor italiano, Fico (*in* Alencar, 1871, p. 7-8) confrontou sua raça com a dos chineses no que diz respeito aos costumes e à resistência ao catolicismo. Vê-se, aqui, um Peri em trânsito entre valores do mundo antigo, medieval e mesmo oriental, em vez de restrito a imagens estereotipadas do Novo Mundo.

Quanto aos demais personagens, "são tomados a partir do seio da sociedade civil, e têm hábitos e costumes pouco diferentes dos nossos".[132] Dom Antonio de Mariz seria o "melhor modelo de um verdadeiro fidalgo português".[133] Cecília, como tantas moças de sua idade, foi qualificada como "ingênua, alegre e graciosa menina, (...) tão gentil quanto bonita";[134] Isabel (Isabella na versão em italiano) era uma "infeliz e desventurada amante".[135] O tradutor enfatizou características reconhecíveis na sociedade europeia do seu tempo

---

131. *Imprensa Acadêmica* (São Paulo), 4 de junho de 1871, J. C. de Moraes Carneiro (*apud* Coelho *in* Alencar, 1874, p. XXXVIII).
132. "[...] *sono tratti dal seno della civile società, ed hanno abiti e costumi poco differenti dai nostri.*" (Coelho *in* Alencar, 1874, p. VIII).
133. "[...] *più bel modello che si poteva dare di un vero fidalgo portoghese.*" (Coelho *in* Alencar, 1874, p. VIII).
134. "[...] *ingenua, gaia e leggiadra fanciulla, è una creatura tanto gentile, tanto graziosa.*" (Coelho *in* Alencar, 1874, p. IX).
135. "[...] *infelice e sventurata amante.*" (Coelho *in* Alencar, 1874, p. IX).

e afastou a obra da noção de documento, que daria a conhecer especificamente o seu país e a realidade do Novo Mundo: "logo percebemos que esses e outros aspectos são apenas fantasias do poetas".[136] Encarada em sua faceta ficcional, nem por isso a obra teria valor menor. Carregando em seu subtítulo a designação "*romanzo storico di J. de Alencar*" – subgênero detentor de melhor prestígio –, a obra teria maior qualidade em relação a muitos outros romances estrangeiros, chegando a ser mesmo proposta como espécie de "antídoto" aos leitores: "parece-nos ainda um bom antídoto contra tantos romances estrangeiros, que fazem falar, sentenciar e operar seus personagens segundo normas de uma sociedade, que poderá talvez ser chamada de ultramontana, mas certamente não de italiana".[137]

Nesse sentido, *O Guarani* apresentava-se como habilmente realizado, formalmente bem composto e capaz de dialogar com uma cultura diferente daquela de sua origem. O tradutor permanece um desconhecido, pois não há, nos dicionários biográficos, qualquer informação sobre Fico.[138] Identificamos duas obras de sua autoria: *L'uomo e la natura, ovvero, Dello sviluppo cosmico della nostra specie: storico, morale, civile, religioso* e *L'uomo imbestiato: antropologia dello sviluppo cosmico della nostra specie: storico, morale, civile, religioso*, ambas publicadas na mesma editora pela qual saiu a tradução de *O Guarani*, a Serafino Muggiani e Comp.

Entre as publicações dessa casa, identificamos uma grande quantidade de obras de Antonio Bresciani (1798-1862), padre jesuíta, além de um significativo número de romances estrangeiros de popularidade, muitos com caráter de descoberta e aventura, como os de

---

136. "[...] *ben presto ci accorgiamo ce queste altro non sono che fantasticherie di poeti.*" (Coelho *in* Alencar, 1874, p. IX).
137. "[...] *ci sembra anche un buon antidoto contro quei tanti romanzi forestieri, che fanno parlare, sentenziare e operare i loro personaggi secondo le norme di una società, che potrà forse chiamarsi oltremontana, ma non certamente italiana.*" (Coelho *in* Alencar, 1874, p. X-XI).
138. Consultamos o *Indice Biografico Italiano*, que reagrupa todos os principais dicionários desse gênero em língua italiana (Nappo, 2007). Checamos ainda a base de dados World Biographical Information System, que dispõe de dicionários biográficos de todo o mundo. O recurso é disponibilizado pela BnF.

Jules Verne, Fenimore Cooper, Gustave Aimard, Mayne Reid, e, ainda, a versão italiana do popular *A Cabana do Pai Thomás*, de Harriet Beecher Stowe, composições estas que demonstram a existência de narrativas de sucesso internacional que se passam em cenários não europeus, filão que favoreceu a entrada de *O Guarani* nesse circuito.

Il Guarani aparece ainda anunciado entre os livros de um gabinete de leitura chamado Biblioteca di Lettura di G[iovanni] Meiners e Figlio, de Milão. Entre os títulos disponíveis aos associados, estavam as obras de Balzac, Chateaubriand, Cooper, Dumas, Erckmann-Chatrian, Fénélon, Feuillet, Féval, Flaubert (apenas *Salammbô*), Gaboriau, Victor Hugo, Paul de Kock (o segundo com mais títulos, após Dumas), Mayne Reid, Walter Scott, Eugène Sue, dentre muitos outros estrangeiros. Todos os títulos desses autores aparecem em edições italianas, com local de publicação em Milão em sua quase totalidade, o que atesta a força e a competitividade do mercado de tradução de romances nessa cidade e salienta o desafio que representou a entrada da obra de Alencar nesse espaço.[139]

Como sabemos, da versão italiana de *O Guarani*, Antonio Scalvini (1835-1881), romancista, dramaturgo, libretista e diretor de companhia teatral (Leonelli, 1946, p. 351; Schmidl, 1938, p. 445), criou o libreto da ópera *Il Guarany*, que seria finalizado por Carlo D'Ormeville e musicado pelo maestro brasileiro Carlos Gomes, o qual recebeu todas as honras em relação à adaptação nos periódicos franceses e ingleses a que tivemos acesso, pois é quase sempre o único mencionado nas revistas e colunas dedicadas a críticas e notícias artísticas e musicais na imprensa francesa e inglesa.[140] Devido

---

139. Abbonamento alla Biblioteca di Lettura di G. Meiners e Figlio. Milano: Tip. Bernardoni, 1871.
140. Consultamos os exemplares dos jornais franceses *La Comédie*, *Le Ménestrel* e *Le Monde Artiste* publicados entre os anos de 1870 a 1900. Quanto à imprensa inglesa, usamos as ferramentas de busca da base de dados da British Library e do British Newspaper Archive. No libreto da representação no Covent Garden, em Londres, não é noticiada a origem da ópera, nem mencionados os nomes de Alencar ou de Scalvini. Cf. *Il Guarany*; An Epic Drama in four Acts, the English Translation by Thomas J. Williams. The Music by A. Carlos Gomez. As represented at the Royal Italian Opera, Convent Garden. London: J. Miles & Co., s/d.

a essa ausência do nome de Alencar na recepção crítica da ópera nesses países, possivelmente não foi o sucesso dessa adaptação que impulsionou a difusão das obras de Alencar pela Europa, embora, não podemos ignorar, algumas vezes, na recepção crítica estrangeira de José de Alencar, mencione-se a existência da ópera inspirada em seu romance, composta pelo maestro brasileiro. A ópera estreou no renomado Teatro Scala, de Milão, em 19 de março de 1870. Devido ao enorme sucesso, manteve recorrentes representações nas cidades italianas e pelo mundo ao longo de toda a década e contou ainda com montagens ou temporadas esporádicas nas décadas subsequentes.

Carlos Gomes respondia sozinho pelos contratos que estabeleceu quanto à ópera, como mostram os arquivos da Coleção Carlos Gomes, no Museu Imperial. O maestro obteve, por parte de Scalvini, a cessão dos direitos sobre o libreto em abril de 1870.[141] Uma das edições do libreto italiano traz a informação de que Carlos Gomes seria o único detentor dos direitos sobre a ópera, indicando ainda, em sua advertência, a origem da composição: "Este drama foi tirado do estupendo romance de mesmo título do escritor brasileiro José de Alencar".[142] A celebridade rendeu a Carlos Gomes algumas comendas: em 27 de junho de 1872, recebeu, do Ministro da Instrução Pública da Itália, o diploma de Cavaleiro da Ordem da Coroa da Itália;[143] o imperador D. Pedro II seguiu o exemplo e conferiu a Comenda da Ordem da Rosa a Carlos Gomes na noite de representação de *Il Guarany* no Rio de Janeiro em dezembro de 1871.

---

141. Museu Imperial, Coleção Carlos Gomes. Localização I-DIG-11.04.1870-Sca. de. Grande parte da coleção Carlos Gomes, presente no Museu Imperial, encontra-se digitalizada e disponível no seguinte site <http://www.museuimperial.gov.br/dami/>.
142. "Questo dramma fu tratto dallo stupendo romanzo dello stesso titolo del celebre scrittore brasiliano José de Alencar". *Il Guarany*, Melodramma in quattro atti, parole di Antonio Scalvini. Musica del maestro cav^e. A. Carlos Gomes, da rappresentarsi nel R. Teatro Alla Scala, nella stagione di Carnevale-Quaresima 1869-70. Milano, Coi Tipi di Francesco Lucca, 1869.
143. O diploma encontra-se conservado no Museu Histórico Nacional, Ibram. Localização: CGcr 18 n ° 032. 347.

Nesse mesmo ano de 1871, a revista *Nuova Antologia* dedicou um artigo à ópera intitulado "Il Guarany, del maestro Carlos Gomes". De autoria de A. Biaggi, o artigo deteve-se nos aspectos do enredo do libreto, mencionando a sua autoria, sem esquecer a origem da inspiração da obra: "Este é o tema da ópera, adaptada de um romance de José de Alencar, que se intitula igualmente *Guarani* e que é no Brasil tão popular como é entre nós o nosso *I Promessi Sposi*".[144] Sobre a música de Carlos Gomes, Biaggi discutiu os aspectos de originalidade e imitação nela presentes, comparando-a com composições de ícones da música clássica assim como destacando os elementos que, a seu ver, seriam originais na composição.

Na Itália, como se vê, diferentemente de outros países, a ópera parece ter significado um impulso a mais na recepção de Alencar. É possível que o sucesso da ópera tenha motivado a publicação da segunda edição da versão italiana do romance, ocorrida ainda no ano de 1871. O próprio prefácio da segunda edição reforça essa hipótese, pois oferece o mesmo texto do prefácio da primeira edição, com o acréscimo de um parágrafo que dava notícia do sucesso da ópera adaptada do romance (Fico *in* Alencar, 1871). A edição aparece em volume único, in-8º, com lombada dourada e ilustrações. Apresenta, ainda, dedicatória ao imperador D. Pedro II e à imperatriz, por ocasião da passagem do casal pela Europa e da visita à Itália nesse ano de 1871 (Alencar, 1871). O título sofreu uma considerável modificação: antes intitulado *Il Guarany, ossia l'indigeno brasiliano. Romanzo storico di J. de Alencar*, o romance passou a ter como título *Il frate avventuriere e la vergine, romanzo storico di J. Alencar*. Apesar da manutenção do nome do autor e da classificação da obra como romance histórico no novo título, foram excluídos os

---

144. "È questo il soggetto dell'opera, tolto da un romanzo di José de Alencar, che s'intitola ugualmente *Guarany*, e che è nel Brasile cosi popolare come sono fra noi *I Promessi Sposi*". *Nuova Antologia di Scienze, Lettere ed Arti*. Firenze: Direzione della Nuova Antologia, 1871. Il Guarany, del Maestro Carlos Gomes, A. Biaggi, p. 643. *I Promessi Sposi* é um romance histórico de autoria de Alessandro Manzoni, publicado em 1827, que fez enorme sucesso em seu tempo, tendo sido traduzido em vários idiomas, e que permanece lembrado como um dos mais célebres romances italianos (cf. Colquhoun, 1954).

aspectos indianista e brasileiro. Para Amarilis Gallo Coelho (1988), que realizou um trabalho de cotejo entre o texto original e a tradução, tal título ressaltou o papel do antagonista, deixando Peri em posição secundária na obra.[145] A estudiosa identifica, na versão de Fico, a adoção de procedimentos de tradução literal e empréstimo, resultando numa relevante quantidade de notas de rodapé feitas pelo próprio tradutor para explicar ao leitor italiano os sentidos dos aspectos e termos mantidos, que preservavam no texto o caráter indianista da obra.

Com o êxito de *O Guarani* na Itália, que já contava com duas edições nesse ano de 1871, e com o sucesso da ópera, vislumbrou-se a possibilidade de esse romance obter a sua incursão na França em edição em língua francesa. A tarefa foi atribuída a Adolphe Hubert, diretor-gerente do *Courrier du Brésil*,[146] não se sabe por iniciativa de quem, mas há documentos que provam a interferência de Baptiste-Louis Garnier e do próprio Alencar nesse propósito. Em recibo destinado ao seu editor, Alencar, além de lhe fazer a cessão da propriedade perpétua dos romances *O Guarani*, *Lucíola*, *Cinco Minutos* e *A Viuvinha*, comprometia-se a, segundo declarou, "respeitar por um ano a permissão gratuita que dei a A. Hubert para imprimir a tradução francesa do *Guarani*".[147] Se o documento era destinado a Garnier, provavelmente tal permissão lhe diria respeito,

---

145. Agradecemos ao professor Pedro Paulo Catharina por ter gentilmente reproduzido e nos enviado a cópia deste trabalho. Conferir também Coelho (1999). A autora destaca ainda que o tradutor omitiu a nacionalidade de Loredano, substituindo todas as ocorrências em que o narrador nomeia o vilão como "o italiano" por seu nome, Loredano, ou pelo termo "avventuriere". No libreto da ópera, Loredano vira Gonzáles, um espanhol.

146. "Adolphe Hubert foi o diretor-gerente do jornal *Courrier du Brésil – politique, littérature, revue des théâtres, sciences et arts, industrie, commerce*, periódico semanal dirigido à comunidade francesa e escrito nesta mesma língua, que circulou no Rio de Janeiro entre 1854 e 1862." (Heineberg, 2015, p. 242-243).

147. O contrato traz o seguinte texto: "Recebi do Snr. Baptiste Louis Garnier a quantia de um conto de réis preço da propriedade dos romances, *Guarani*, *Lucíola*, *Cinco Minutos* e *Viuvinha*; propriedade que lhe faço cessão perpétua com a condição de dar-me cinco exemplares de cada uma edição das mesmas e de respeitar por um ano a permissão gratuita que dei a A. Hubert para imprimir a tradução francesa do Guarani. Rio de Janeiro, 23 de agosto de 1870." (Heineberg, 2015).

ou seja, era de seu interesse que Alencar autorizasse a difusão dessa tradução, com a qual o editor podia estar engajado. Outra prova dessa hipótese é uma carta que Alencar destinou a Garnier, orientando-lhe a fazer um pagamento a Hubert, possivelmente pelos honorários da tradução do romance: "Quanto à importância do preço do contrato pode entregar ao Sr. Adolfo Hubert a quantia de oitocentos mil réis, passando-lhe o mesmo Sr. Hubert recibo da quantia".[148] Vê-se, portanto, o interesse do autor e do editor na circulação de O Guarani em idioma francês, versão que existiu de fato, como comprova Sacramento Blake (1899, p. 75), que, em seu *Diccionario bibliographico brazileiro* indicou ter sido a tradução remetida ao prelo em 1871: "Este romance foi traduzido em (...) francês por Adolphe Umbert (sic) que incumbiu de revê-lo ao comendador Luiz Bivar, antes de dá-lo ao prelo, em 1871". Luiz Garcia Soares de Bivar foi jornalista e tradutor, a quem aparentemente foi confiada a revisão da tradução (Coutinho; Sousa, 2001). Infelizmente, essa edição não contou com uma efetiva publicação, testemunhando assim as dificuldades de se ingressar no competitivo e fechado mercado francês, ao contrário de outras nações europeias, que tinham grande abertura para as traduções. Foi o caso da Alemanha, país detentor de um agitado polo editorial, a cidade de Leipzig, onde ocorria a célebre feira de livros, que acolhia expositores de todo o mundo.

O Guarani se tornou um verdadeiro *best-seller* nesse país, contando com uma primeira tradução em 1872, sob o título *Der Guarany: Brasilianischer Roman von J. de Alencar*, veiculado na revista *Roman-Magazin des Auslandes*, da cidade de Berlim (Xavier in Abreu, 2017).[149] De acordo com pesquisas de Wiebke Xavier, o editor da revista era Otto Janke, um inovador empresário do ramo editorial que se destacou com a publicação de romances populares. A própria revista que administrava tinha o propósito de oferecer aos

---

148. Carta a Baptiste-Louis Garnier, datada de 11 de setembro de 1863 (*in* Pereira, 2012, p. 112). Infelizmente, o documento aparece truncado na transcrição e não localizamos o original. Também não temos certeza quanto à exatidão da data.
149. Todas as principais informações relativas às traduções alemãs das obras de Alencar são resultado de consultas aos trabalhos dessa pesquisadora.

leitores traduções de romances estrangeiros, entre os quais a estudiosa identificou obras de escritores que usufruíam de celebridade no país. O tradutor de *Der Guarany* aparece designado sob a sigla E.G.L., de quem Wiebke Xavier não oferece detalhes pessoais, mas reconhece em seu trabalho de tradução o domínio do idioma português e o conhecimento da cultura brasileira, a julgar pelas soluções que propôs para especificidades linguísticas e também pela inserção de notas explicativas, que esclareciam ao leitor alemão o sentido de alguns elementos presentes na narrativa. O romance parece ter agradado os leitores da revista, pois, logo em seguida, surgia sua edição em livro, publicada em 1873, com edição novamente em Berlim por Otto Janke, a qual oferecia em sua capa a informação "Autorisierte Ausgabe" (edição autorizada). Wiebke Xavier revela que Alencar tomou conhecimento dessa edição, mas não se sabe por quais meios o autor conferiu a sua permissão.

Em 1876, uma nova tradução do mesmo romance veio a público, empreendida por Maximilian Emerich, que atuou no exército brasileiro durante a guerra do Paraguai e como instrutor da Escola Militar do Rio de Janeiro. O tradutor correspondia-se com Alencar, obtendo do autor a sua permissão para verter o romance para o alemão.[150] A finalidade de Emerich com sua versão de *O Guarani* parece ter sido a de divulgar aos leitores alemães a relevância de Alencar para as letras brasileiras, diferentemente da tradução difundida anos antes, que tinha um propósito marcadamente mercadológico e popular. Emerich esclareceu essa intenção em prefácio à obra, na qual declarou desejar "promover junto ao público alemão pela primeira vez 'um romance original brasileiro'" (Xavier *in* Abreu, 2017). O tradutor fez um resumo das funções ocupadas por Alencar e acrescentou que o escritor era "um dos melhores romancistas brasileiros e 'verdadeiro

---

150. Wiebke de Alencar teve acesso a correspondências de Mário de Alencar a Arno Philip, tradutor de romances de Alencar em língua alemã para a colônia teutônica do Brasil durante as primeiras décadas do século XX. Numa delas, Mário de Alencar informa da existência de duas cartas enviadas por Maximilian Emerich ao pai Alencar, em que comenta sobre a sua tradução. Em outra, cita a versão alemã de 1872 editada por Otto Janke.

poeta'" e comparou *O Guarani* a seu congênere estadunidense *O último dos moicanos*, de Fenimore Cooper. Em atenção ao caráter original da obra, o tradutor interferiu o mínimo possível no texto, chegando mesmo a incorporar expressões tal qual empregadas por Alencar, sem sequer explicá-las, mas omitindo as notas do autor, o que, para Wiebke Xavier, causou maior embaraço aos leitores dessa versão.

O Guarani revelou-se um romance bastante atrativo não apenas para os leitores brasileiros, que fizeram dele um *best-seller* nacional, como mostram as edições do romance no século XIX. Portugal, Itália e Alemanha testemunharam o êxito do romance em dialogar com os mais diferentes públicos, redimensionando o alcance dessa narrativa que responderia, segundo diversos críticos e historiadores, a interesses eminentemente nacionais e locais. Vê-se que o romance ultrapassou esses limites, levando consigo a representação de seu país de origem, o que motivou a elaboração de imagens sobre o Brasil entre os leitores no exterior e aguçou sua curiosidade, fatores estes possivelmente responsáveis pela introdução de outras obras de Alencar nesses países.

Na Itália, Alencar tornou-se um nome relevante entre os escritores coetâneos, a julgar pela sua inclusão em um dicionário chamado *Dizionario Biografico degli scrittori contemporanei* (1879). Chamado de Giuseppe Alencar, a entrada informa que o escritor era considerado o "chefe da nova Escola literária brasileira". Menciona o título de algumas de suas obras, com destaque a *O demônio familiar*, apontado como "uma comédia de costumes muito aplaudida",[151] e *O Guarani*, que havia sido "traduzido em italiano e em inglês".[152] Não localizamos nenhuma versão em inglês de *O Guarani* anteriormente ao ano em que esse dicionário foi publicado.

A mesma informação aparece no *Lexicon Vallardi; enciclopedia universale illustrata*, editado durante a década de 1880, o qual também oferece um verbete sobre o escritor. Indicando a variedade da obra

---

151. "[...] *capo della nuova Scuola letteraria brasiliana.*" (Gubernatis, 1879, p. 26).
152. "*Il suo romanzo 'Guarany' fu tradotto in italiano ed in inglese.*" (Gubernatis, 1879, p. 26).

de Alencar ("Publicou comédias, dramas, críticas, etc"),[153] destacou o que considerou a sua principal obra: "seu maior título de glória é de ter sido o criador do romance nacional no Brasil, de modo que é considerado o Fenimore Cooper daquele país. O mais célebre de seus romances é *O Guarani* (1857), que foi traduzido em francês, inglês, italiano, etc."[154] Vemos que não apenas a representatividade de Alencar na escrita da literatura nacional de seu país era um índice de sua avaliação, mas também a sua inserção no estrangeiro por meio das traduções de suas obras.

Outra tradução de Alencar surgiu em 1883, ano em que foi publicada a versão italiana de *Ubirajara*, intitulada *Ubiraiara leggenda tupica di J. de Alencar*. O tradutor, G. Morena, foi professor de latim, francês e português no Brasil e diretor do Collegio União, conforme se lê na própria folha de rosto da edição. Não localizamos notícias sobre Morena em dicionários biográficos. O cargo de importância nessa escola poderia ser uma pista para a descoberta de mais informações sobre a sua identidade, mas o país contava com muitas escolas com esse nome no período.[155]

O longo prefácio da edição, escrito pelo tradutor, oferece uma breve apresentação do seu autor, qualificado como "um dos mais cultos e elegantes literatos brasileiros"[156] e erroneamente apontado como Senador. Morena salientou, na sua exposição da obra, a natureza virgem e os seus amores delicados, recomendando-a ao leitor interessado nesses assuntos, em oposição àqueles que buscariam numa produção corrente "comoções violentas em cenas trágicas de

---

153. "*Pubblicò commedie, drammi, scritti di critica, ecc.*" Lexicon Vallardi; enciclopedia universale illustrata. Milão: Casa editrice Dottor Francesco Vallardi, s/d, Volume I – A, p. 408.
154. "[...] *suo maggior titolo di gloria è di essere stato il creatore del romanzo nazionale nel Brasile, così da essere considerato come il Fenimore Cooper di quel paese. Il più celebre de' suoi romanzi è*: O Guarany (1857), *stato tradotto in francese, in inglese, in italiano, ecc.*" Lexicon Vallardi; enciclopedia universale illustrata. Milão: Casa editrice Dottor Francesco Vallardi, s/d, Volume I – A, p. 408.
155. Fizemos buscas relacionadas na Hemeroteca Digital, da Fundação Biblioteca Nacional, sem êxito.
156. "[...] *uno dei più culti e leggiadri letterati brasiliani.*" (Morena *in* Alencar, 1883).

sangue e crimes inesquecíveis".[157] Assim como Fico, que contrapôs o romance *Il Guarany* a obras que considerava de menor valia, aqui também Morena enalteceu a qualidade de *Ubirajara* diante de uma maneira de escrever romances que tinha atenção do público, mas que era depreciada pelo tradutor.

Morena explicou brevemente aspectos do enredo, do cenário e dos indígenas, mas, em um período de intensa publicidade em vista da imigração, parece ter sido esse o principal interesse do prefácio e possivelmente da publicação da obra em italiano, por mais curioso que isso pareça, uma vez que obras ilustradoras da civilidade e da modernidade do país talvez fossem mais eloquentes nesse convencimento do que aquelas que tratavam de selvas e embates entre indígenas. Ou, possivelmente, por outro viés de leitura, os valores naturais dos indígenas anteriores à colonização poderiam sugerir a retidão do caráter nativo da população brasileira de então, herdeira desse legado. Destacando a imensidão do Brasil, o tradutor ofereceu dados estatísticos quanto às características do país, como a sua superfície e população; a extensão dos rios e navegabilidade; informações sobre costa e portos; clima e solo; minérios, fauna e flora; cultivo do café e relevância do país no mercado estrangeiro desse produto; tudo de forma bastante laudativa com o fim de atrair o interesse de possíveis imigrantes. Ao final, pronunciou-se sobre as artes, a liberdade religiosa (talvez para dar segurança a possíveis imigrantes protestantes quanto à sua acolhida), sem deixar de exaltar o imperador, que dirigia essas alegadas maravilhas. Como se vê, mais uma vez um romance de Alencar foi escolhido para a promoção de sua literatura e do conhecimento sobre o país no exterior, a exemplo do que ocorreu com a publicação *Le Brésil*, já referida.

Reforça a evidência do tema da imigração por essa época a criação no Brasil, nesse mesmo ano de 1883, da Sociedade Central de Imigração, que tinha como princípios, segundo explicação de Michael M. Hall (1976, p. 149), baseado nos estatutos da sociedade:

---

157. "[...] *violente commozioni in tragiche scene di sangue e di memorabili delitti.*" (Morena *in* Alencar, 1883).

"difundir no Brasil a ideia da imigração europeia, dar informações a imigrantes, trabalhar politicamente por reformas necessárias e, ulteriormente, divulgar na Europa a imigração para o Brasil".[158] A fundação tinha como vice-presidente e uma das figuras mais atuantes Alfredo d'Escragnolle Taunay. A sociedade, no entanto, apesar de pregar ambiciosas medidas, não teve efetiva intervenção nas ações de imigração e difusão publicitária no exterior, conforme mostra o estudioso.

É possível que iniciativas institucionais tenham exercido alguma interferência nessa tradução, considerando que seu tradutor havia morado no Brasil e possivelmente havia estabelecido contato com as lideranças do país particularmente interessadas na imigração nesse período e que viam nos italianos um dos alvos principais. Eram mantidas agências na Itália com o fim de dar publicidade ao país e atrair imigrantes, as quais repercutiram em resultados, uma vez que, entre 1880 e 1904, o país era o terceiro principal destino dos italianos, representando 57,4% do total de imigrantes no Brasil nessa época (Trento, 1988, p. 18). Giorgio de Marchis questiona o efetivo impacto que traduções de obras brasileiras alcançariam entre imigrantes italianos, dado o alto índice de analfabetismo entre os trabalhadores propensos à imigração e a predominância de dialetófonos. Marchis (*in* Nascimento; Furtado; Guimarães, 2017) verifica, contudo, ter sido a imigração uma das razões, dentre outras analisadas pelo estudioso, do aparecimento de obras brasileiras em idioma italiano. O romance de Alencar, portanto, possivelmente integrou esse circuito em favor da imigração, favorecendo um diálogo não apenas com o público trabalhador apto para a leitura da obra, mas também com autoridades e indivíduos de instâncias envolvidas com a atividade migratória.

No ano seguinte, em 1884, informações sobre Alencar apareceram em outra publicação italiana, um livro de relatos de viagem de Alberto de Foresta intitulado *Attraverso l'Atlantico e in Brasile*.

---

158. Agradeço a informação bem como as referências bibliográficas sobre o assunto a Jefferson Cano.

Em passagem por Campinas, terra natal de Carlos Gomes, o viajante relembrou o sucesso da ópera, o que lhe deu ensejo para comentar a obra de Alencar. Foresta fez elogios às crônicas de *Ao Correr da Pena*, as quais "pintavam ao vivo a sociedade fluminense, sem o prisma europeu e suas ideias preconcebidas, e a julgavam naturalmente a partir dos próprios costumes".[159] Apesar de identificar a variedade cultural da sociedade brasileira, criticando aqueles que a estereotipavam, mostrou um discurso habitual quanto ao romance de Alencar na crítica estrangeira ao evidenciar o uso dos temas locais. De todos os romances de Alencar, *O Guarani* e *Iracema* foram considerados "obras-primas do gênero (...) que lhe renderam o nome de Fenimore Cooper sul-americano".[160] O repetido epíteto de Fenimore Cooper do Brasil atribuído a Alencar guarda aqui o sentido de um escritor hábil em sua arte e capaz de criar obras-primas, igualadas às daquele que, por diversas vezes na crítica brasileira e estrangeira, foi considerado como exemplar na execução do gênero romance.

Enquanto a Itália já dispunha da tradução de um segundo romance alencarino, a França continuava impondo suas barreiras para a penetração das obras do escritor brasileiro. Exemplares desses entraves foram as iniciativas de Adèle Toussaint-Samson reveladas em seu relato *Une Parisienne au Brésil*. Nessa obra, a autora, que viveu no Brasil durante doze anos, entre as décadas de 1850 e 1860, conta anedotas sobre o dia a dia dos habitantes da corte, seus modos, fazendo comentários ainda sobre as atividades artísticas da cidade. No tocante à literatura, afirmou ter apreciado os poemas de Gonçalves Dias e Gonçalves de Magalhães, dizendo ter oferecido a tradução de poemas desses escritores ao final do volume, quando, na verdade, traduziu, além da *Canção do Exílio*, de Dias, o poema *O escravo*, de Fagundes Varela. Citou também um texto de Caetano Filgueiras

---

159. "[...] *le quali dipingono al vivo la società fluminense, senza il prisma dell'europeo, che, giunto con idee preconcette, la giudica naturalmente dai propri costumi.*" (Foresta, 1884, p. 309).
160. "*Capolavoro del genere sono i romanzi* Guarany, *ed il poema in prosa* Iracema, *che gli valsero il nome di Fenimore Cooper sud-americano.*" (Foresta, 1884, p. 309-310).

sobre a literatura brasileira, em busca de defini-la para o leitor francófono. Certamente, testemunhou o sucesso da recepção do *Guarani* durante a sua veiculação nos folhetins do *Diário do Rio de Janeiro*, o que deve tê-la levado ao entusiasmado registro, em que reputava *O Guarani* um dos melhores romances da literatura brasileira, do qual pretendia fazer uma tradução para a língua francesa. Disse ainda ter realizado a tradução de *Cinco Minutos*, mas não se têm notícias da publicação de nenhuma das duas traduções referidas por Madame Toussaint-Samson, provavelmente em razão da falta de interesse de editores.

Em 1885, o jornal bilíngue de propaganda *Chronica Franco-Brazileira/Chronique Franco-Brésilienne* iniciou uma nova tentativa de publicação de outra versão transladada de *O Guarani* (Quintela, 2013),[161] atestando a predominância desse romance sempre que se pretende introduzir a literatura brasileira, mais precisamente as obras de Alencar, nas culturas representadas por um determinado idioma. Ilana Heineberg (*in* Abreu, 2017) deu continuidade às investigações a respeito dessa versão e identificou que a tradução foi realizada por Alfred Marc, jornalista francês e viajante, autor de livros sobre o Brasil e redator da *Chronica Franco-Brazileira*. A revista, de direcionamento republicano, teve início em 25 de setembro de 1885, número no qual veiculou em seu editorial os propósitos da publicação. Dentre eles, tinha como intenção "vulgarizar no Brasil costumes e instituições francesas" assim como "patentear à França os elementos de progresso que o povo brasileiro já começou de acumular".[162]

O autor do editorial, Lopes Trovão, queixou-se da má visão que os franceses teriam do Brasil devido à corrupção, à escravidão, à febre amarela e até mesmo à instituição monárquica. O periódico tinha como fim, portanto, mostrar o país para além desses fatores. Para isso, publicava textos sobre o Brasil em francês, pois os redatores entediam que, com o recurso dessa língua, poderiam tornar o

---

161. Agradeço a informação à Ilana Heineberg.
162. *Chronica Franco-Brazileira*, 25 de setembro de 1885, n.º 1. "Chronica Franco-Brazileira". Lopes Trovão.

país "compreendido pela maioria do mundo civilizado".[163] Quanto aos artigos que versavam sobre a França, estes eram escritos em português, para assim efetivar a troca entre os povos dos dois países. Em editorial em francês, os redatores acrescentaram: "Queremos mostrar à Europa os imensos recursos que o Brasil possui e lhe revelar os seus progressos artísticos, literários, industriais, científicos, agrícolas, econômicos".[164] Nesse intento de comprovar os avanços literários brasileiros, a *Chronica Franco-Brazileira* publicou *O Guarani* em francês, mas apenas 12 capítulos do romance foram veiculados, entre 10 de outubro de 1885 e 15 de outubro de 1886, quando teve fim a publicação do periódico (Quintela, 2013).[165] O primeiro número da *Chronica Franco-Brazileira* oferecia a uma nota noticiando a veiculação do romance, designado como "uma amostra da literatura popular do Brasil",[166] ao mesmo tempo em que dizia ser "no outro lado do Atlântico (...) considerado uma obra-prima".[167] A nota toca, portanto, numa especificidade do romance que possivelmente favoreceu a sua repercussão no exterior. Trata-se de uma obra popular

---

163. *Chronica Franco-Brazileira*, 25 de setembro de 1885, n.º 1. "Chronica Franco-Brazileira". Lopes Trovão.
164. "*Nous voulons découvrir à l'Europe les immenses ressources que le Brésil possède; lui révéler ses progrès artistiques, littéraires, industriels, scientifiques, agricoles, économiques.*" *Chronica Franco-Brazileira*, 25 de setembro de 1885, n.º 1. "Chronica Franco-Brazileira". Lopes Trovão. Os números 4 e 6 do periódico (edições de 1-15 de novembro de 1885 e de dezembro) publicaram em francês o primeiro capítulo da *História da Literatura Brasileira*, de Sílvio Romero, com o título "Littérature Brésilienne". Ao final do capítulo, foi emitida uma nota em que se declarava a importância da obra, acrescentando a transcrição de todo o sumário, com o intento de fazer o leitor estrangeiro tomar conhecimento do estudo de Romero.
165. A partir do segundo número, o romance aparece em todas as edições, salvo a de número 13, de 15 de julho de 1886, que, em nota, justifica a ausência: "*L'abondance des matières nous oblige à remettre au prochain numéro notre feuilleton le* Guarany [A grande quantidade de matérias nos obriga a adiar para o próximo número nosso folhetim o *Guarani*]. *Chronica Franco-Brazileira*. 15 de julho de 1885, n. 13, p. 210.
166. "[...] *un spécimen de la littérature populaire du Brésil.*" *Chronica Franco-Brazileira*. 25 de setembro de 1885, n.º 1. "Chronica Franco-Brazileira", Lopes Trovão.
167. "*Nous avons choisi un roman célèbre au-delà de l'Atlantique, où il est considéré comme chef-d'œuvre.*" *Chronica Franco-Brazileira*. 25 de setembro de 1885, n.º 1. "Chronica Franco-Brazileira", Lopes Trovão.

e, ao mesmo tempo, representativa da literatura nacional, que constituía um *chef-d'oeuvre* da produção literária brasileira. Ela tinha a capacidade, portanto, de envolver o leitor interessado em recreação e também de dizer a respeito do desenvolvimento literário do Brasil aos leitores estudiosos e curiosos pelos progressos artísticos nos diferentes países do mundo.

Igualmente conciliando esses dois interesses, os alemães davam continuidade à incorporação de obras de Alencar no conjunto das publicações literárias no seu idioma. Um ano após a mais recente tentativa fracassada de circulação de um romance de Alencar na França, os leitores germânicos passavam a dispor de outra tradução desse escritor, *Ubirajara. Roman aus den Urwäldern Brasiliens* (Romance das selvas do Brasil), publicado em 1886 pela Wilhelm Friedrich, de Leipzig, que atuava como a editora oficial da Corte da Saxônia (Xavier *in* Abreu, 2017).[168] O seu tradutor, Georg Theodor Hoffmann, teve uma destacada carreira pública em seu país como juiz, tendo sido nomeado como diretor da Comarca de Leipzig. Sua versão, segundo Wiebke Xavier (*in* Abreu, 2017), anulou os pressupostos de Alencar com sua obra original, que, por meio de sua "Advertência" e das "Notas do autor", buscava proporcionar uma reavaliação do discurso europeu sobre o indígena brasileiro e resgatar a sua "civilidade" natural como exemplo para a identidade nacional brasileira. Em vez dos paratextos de Alencar, o tradutor inseriu outros de sua própria autoria, por meio de cinco notas de rodapé e mais 103 notas explicativas numa espécie de glossário ao final do volume. Dessa forma, importaria mais a Hoffmann aproximar a lenda exótica do leitor alemão, tornando-a inteligível a essa cultura, do que fazê-lo compreender a sua significação para a literatura de origem. Mesmo assim, ao contrário de *O Guarani*, que atingiu um público amplo através das páginas de um periódico e de edição popular, para a estudiosa, não se tratava de fazer dessa obra uma leitura para o público de massa, pois, considerando-se a quantidade de notas e a

---

168. Todas as informações sobre essa tradução foram consultadas a partir do trabalho da estudiosa.

permanência de termos e elementos indígenas, a versão almejava, antes, atender a um público restrito e acadêmico interessado pela cultura nativa brasileira. O romance dialogaria, assim, com uma tradição científica alemã, representada por nomes como Alexander von Humboldt e Carl Friedrich von Martius, voltada para a descoberta e para a compreensão de novas regiões e povos.

Segundo Wiebke Xavier, todos os romances de Alencar até então publicados respondiam a essa curiosidade alemã pelo pitoresco, seja do leitor popular ou erudito, em meio a quem as obras do escritor tinham entrada e reafirmavam o renome daquele que era considerado como o "melhor romancista brasileiro". A circulação das obras de Alencar na Itália e na Alemanha cumpriu uma trajetória bastante similar, pois *O Guarani* teve entrada na Itália, onde fez sucesso e contou com reedições, seguindo para a Alemanha, país em que alcançou êxito semelhante. Na sequência, dentre todos os escritos de Alencar, *Ubirajara* foi o escolhido pelos intermediadores de ambos os países, sugerindo uma afinidade no gosto ou mesmo o contato entre o que acontecia nas duas nações. Contudo, a mesma regra não se aplica ao idioma inglês, pois, ao que tudo indica, *O Guarani* não se impôs como o primeiro romance de Alencar a sair nessa língua.

Os mediadores culturais e a circulação de Alencar em língua inglesa

No mesmo ano em que *Ubirajara* saiu em idioma alemão, em 1886, *Iracema, the honey-lips* foi publicada na Inglaterra, em tradução assinada por Isabel Burton.[169] A tradutora viveu no Brasil entre 1865 e 1868 devido às funções consulares do marido, Richard Francis Burton, que atuava na cidade de Santos. Richard e Isabel Burton cultivaram uma vida aventureira e desbravadora, experiências que lhes resultaram em vários livros de viagem ou traduções de obras dos países em que estiveram. Isabel Burton secundou o marido em todas as suas atividades e deu-lhe suporte na concepção, edição e

---

169. Apesar de a edição aparecer datada de 1886, foi possível localizar um anúncio do romance no final do ano de 1885. Cf. *The Athenaeum*, 25 de dezembro de 1885, "List of New Books".

publicação de seus livros, sem contar as boas relações sociais que tecia em nome da promoção da carreira de Richard Burton (Burton; Wikins, s.d.; Lovell, 1998, p. 471). A tradutora dominava o francês, língua com a qual se comunicava com a família Imperial brasileira – a qual recorrentemente recebia o casal –, e aprendeu a língua portuguesa no Brasil, onde tomou aulas desse idioma. Nas suas cartas destinadas à mãe, transcritas em sua autobiografia, Isabel Burton relatava momentos de conversação e de estudo do português. Ainda de acordo com Isabel Burton, em um trecho de correspondência a Lord Houghton, transcrito por uma biógrafa,[170] Richard Burton falava perfeitamente o português.

Tal domínio levou o diplomata inglês a realizar leituras sobre o Brasil e a desenvolver trabalhos relativos à cultura do país, como revela em carta ao amigo Albert Tootal em fevereiro de 1868: "Eu concluí a minha tradução de *Uruguay* e estou transcrevendo-a para a impressão. Meu dia de trabalho começa às 6 da manhã e termina às 10 da noite; há uma imensidão de leituras a fazer antes que se possa escrever sobre o Brasil".[171] O catálogo de parte da biblioteca pessoal do casal, conservada pelo *Royal Anthropological Institute*, lista cerca de 100 publicações sobre o Brasil, com temas sobre história, exploração, mineração, caminhos de ferro, hidrografia, navegação, geografia, indústria, escravidão, imigração, política, indígenas, costumes, folclore e literatura, nos idiomas português, francês, inglês e alemão (Kirkpatrick, 1978). De José de Alencar, constam apenas *Ao Imperador, cartas de Erasmo*, em edição de 1865. Chama a atenção também a presença dos romances ambientados no Brasil *Jakaré-Ouassou*, de Gavet e Boucher, e *Calabar*, de Mendes Leal; as crônicas de Joaquim Manoel de Macedo de *Um passeio pela cidade do Rio de Janeiro*, em

---

170. A vida de Richard Burton estimulou a escrita de inúmeras biografias. Utilizamos aqui a mais recente, referida acima, escrita por Mary Lovell, que trata não só de Richard Burton como também de Isabel Burton e que teve o cuidado de, na maioria dos casos, indicar as fontes de suas pesquisas. A carta citada é datada de 23 de novembro de 1867 e encontra-se conservada na Houghton Library.
171. "*I have finished my translation of* Uruguay *and am copying it out for print. My daily work begins at 6 a.m. and ends at 10 p.m.; there is an immensity of reading to be done before one can write about the Brazil.*" (Lovell, 1998, p. 471).

edição de 1862-3, e a tradução em inglês de *Noções de Corografia do Brasil* (*Notions on the geography of Brazil*), de 1873. Muitas das obras sobre o Brasil presentes na biblioteca do casal, sobretudo aquelas que tratam da província de Minas Gerais, justificam-se pelo interesse de Richard Burton em explorar as riquezas minerais no interior do Brasil, tendo, inclusive, alcançado a concessão de uma mina na província de São Paulo para exploração de chumbo e estanho,[172] atividade que dividia espaço com o exercício diplomático e o trabalho intelectual, voltado para a tradução de obras brasileiras e a difusão do Brasil.

A tradução do poema de Basílio da Gama só foi publicada em 1982, embora Richard Burton tivesse grande interesse em dar publicidade a obras brasileiras. Em artigo para a revista *The Athenaeum* em 24 de fevereiro de 1872, espécie de carta aberta ao presidente da Royal Geographical Society, questionou a preponderância do idioma francês e de suas traduções pelo mundo, alegando a necessidade de a Inglaterra conhecer outras culturas. Para isso, propôs a criação de um "General Translation Fond", cuja finalidade seria incrementar a oferta de livros estrangeiros para além da cultura francesa, concentrando-se nos de origem brasileira. Tendo uma de suas traduções recusadas por um editor, que argumentou que traduções "não se pagam", Burton defendeu a importância desse exercício para o âmbito inglês, destacando que franceses e alemães teriam acesso a informações sobre a literatura do Brasil a partir dos trabalhos de Ferdinand Denis e Ferdinand Wolf, enquanto, para os ingleses, as letras brasileiras representavam um campo desconhecido. Ressaltou ainda a existência das traduções francesas de *Caramuru* e *Marília de Dirceu*. Essa presença em língua francesa reforçava, segundo Burton, o seu argumento sobre a importância de os homens de letras ingleses se deterem nas traduções brasileiras na Inglaterra. Para tanto, Burton listou uma série de obras que, ao seu ver, precisavam ser vertidas para o inglês:

---

172. *Diário do Rio de Janeiro*, 1º de outubro de 1868, n. 269; *Correio Mercantil*, 10 de outubro de 1866, n. 280.

I copy from my notebook an abstract of what might be made a long list calling for translation [Transcrevo de meu caderno de notas um resumo do que deve formar uma longa lista de obras que esperam por tradução]:
The detached papers of Dr. de Lacerda.
Cartas Chilenas, popularly attributed to Gonzaga, like the 'Lyras', called 'Marilia de Dirceu'. (Rio, Garnier, 1862.)
Confederação dos Tamoyos of Magalhaens.
Collecção Completa das Maximas do Marquez de Marica. [...]
The School History of the Brazil, by General José Ignacio de Utica e Lima.
Historia dos Indos (sic) Cavalleiros da Nação Guaycurú, by Francisco Alves de Prado.
Vasconcellos, Chronica da Compania (sic) de Jyces (sic) do Estado do Brasil.
Orbe Serafico, by Antonio de Santa Maria de Jaboatão.
Cartas Selectas, by the Padre Antonio Vieira.
Poetry of Antonio Gonsalez (sic) Teixeira e Souza.
Poetry of Joaquim Roberto (sic) de Souza Silva especially.
Romances, por Joaquim Manoel de Macero (sic).
A Assumpção, por Frei Francisco de S. Carlos. (Rio, Garnier, 1862.)
Selections from the Revista Trimestral do Instituto Historico Geografico e Ethnographico of Rio de Janeiro. (Thirty volumes.)
The Geographical Works of Mendes de Almeida.
The very valuable statistical work upon the Amazons, by the Deputy Tavares Bastos.
Obras de João Francisco Lisboa. (4 vols. S. Luiz do Maranhão, 1864.)
Discursos Parlamentares of Dom Gabriel José Rodrigues dos Santos. (Rio, 1863.)
Calabar, Historia Brasileira (Rio, 1863.)[173]

Principalmente a história e a literatura estavam no cerne dos interesses de Burton, que entendia ser possível oferecer aos leitores ingleses uma amostra significativa para conhecimento do país a partir desses títulos. Livros de poesia, de romance e de história,

---

173. *The Athenaeum*, 24 de fevereiro de 1872, n. 2313, p. 242.

do passado ou coetâneos, se misturavam, adquirindo *status* semelhante entre si. Chama a atenção a presença da obra do escritor português Mendes Leal, *Calabar*, romance histórico ambientado no Brasil, o qual, certamente por essa razão, foi incorporado por Burton entre aquelas representativas da nação. No artigo, Richard Burton mencionou ainda as traduções que já tinha realizado: *O Uraguai*, de Basílio da Gama; *Manoel de Moraes*, de Pereira da Silva, e *Iracema*, de Alencar, sobre quem acrescentou: "tem produzido romances históricos que se situam entre os maiores de sua escola, apesar de *O Guarani* ser tão pouco conhecido na Inglaterra quanto as admiráveis prosas ficcionais do Prof. Herculano, de Lisboa".[174] Nem o *Guarani* tampouco os romances de Herculano haviam sido publicados em inglês até esse ano de 1872.[175] Possivelmente, Burton deveria estar levando em conta o círculo de letrados que, como ele, se empenhava no conhecimento de outras culturas e idiomas, entre eles, o português: "Muitos devem querer ter tempo para dominar a língua do Brasil, a qual é certamente a mais difícil das línguas neolatinas (...). Muitos mais têm sido desencorajados do estudo do "brasileiro" devido aos transtornos e dificuldades da importação de livros".[176]

O fato ganha reforço quando observamos uma relevante presença de obras literárias brasileiras em idioma original adquiridas pela biblioteca do British Museum, que tinha o cuidado de carimbar os exemplares que dispunha para o público, informando o ano de aquisição. Todos os livros brasileiros do acervo contêm um carimbo vermelho, com indicação de data ao final do volume.

---

174. "[...] *has produced historical novels which rank amongst the highest of their school, yet 'O Guarani' is a little known in England as the admirable prose fictions of Prof. Herculano, of Lisbon.*" The Athenaeum, 24 de fevereiro de 1872, n. 2313, p. 242.
175. Em 1847, *Eurico, o presbítero* obteve uma tradução em alemão. Em 1875 apareceu em espanhol. *A Abóbada* também foi traduzida para o espanhol, em 1877. Em 1888, *Eurico, o presbítero* ganhou uma versão em francês.
176. "*Many must want time to master its [Brazil's] language, which is certainly the most difficult of those neo-Latin tongues [...]. More have been deterred from studying Brazilian by the trouble and difficulty of importing books [...]*". The Athenaeum, 24 de fevereiro de 1872, n. 2313, p. 242.

A cor vermelha designa que a obra foi comprada pela biblioteca.[177] Constam no acervo as primeiras edições de *Iracema* (1865), de *O Gaúcho* (1870) e de *Sonhos d'Ouro* (1872); *O Guarani* em tradução alemã de 1876,[178] assim como a versão germânica de *Ubirajara* de 1886,[179] a edição de *Senhora* de 1888, para citar todas as obras de Alencar presentes no acervo, além de edições contemporâneas de vários romances e peças de teatro de Joaquim Manoel de Macedo, dos livros de poesia *Crisálidas* e *Phalenas*, de Machado de Assis, de seu romance *Ressurreição* e de *Contos Fluminenses*. Todos esses livros foram adquiridos alguns anos após a sua edição ou ainda no mesmo ano em que foram editados.

Figuras 8 e 9: Carimbos do exemplar de *O Gaúcho*, em edição de 1870.[180]

Causa surpresa a existência de obras literárias brasileiras em versão original no acervo da mais importante biblioteca do país,

---

177. Os carimbos das obras do acervo em geral aparecem ainda nas cores azul – que indica depósito legal –, marrom, amarelo, verde, para doação, e preto, que indica um tipo específico de aquisição (cf. Harris *in* Mandelbrote; Taylor, 2009).
178. As páginas desse exemplar estavam unidas, indicando que dificilmente ele tenha sido lido.
179. Da mesma forma, as folhas de *Ubirajara* em alemão se encontravam ainda unidas.
180. Apesar de o carimbo indicar apenas a dezena final do ano, o logotipo do carimbo foi identificado por especialistas, funcionários da livraria, como pertencente ao século XIX. Atestamos a informação em livros sobre a história do British Museum. Além disso, a instituição se desfez na década de 1970, quando as mais recentes aquisições do acervo passavam a adquirir um carimbo da British Library.

existente desde meados do século XVIII (Harris, 1998) e pertencente à época a um prestigiado centro como o British Museum. Quem teria decidido pela aquisição dessas obras e realizado a escolha dos títulos? Para que público? Com que finalidade? Decerto, havia um público que eventualmente poderia se interessar por tais títulos.

E possivelmente, em meio a esse mesmo tipo de público, Burton contava com o interesse em traduzir ou subsidiar a tradução de obras brasileiras. Trechos do seu artigo para a revista *The Athenaeum* foram traduzidos e reproduzidos um mês depois na revista *O Novo Mundo*, de José Carlos Rodrigues, com quem o casal também estabeleceu relações, como revela carta de Isabel Burton destinada ao editor em 21 de maio de 1872. A epístola tinha como assunto as traduções do romance *Manuel de Moraes*, de Pereira da Silva, de *Iracema*, de Alencar, além de um terceiro manuscrito de tradução de obra e autoria não identificadas. Isabel Burton informou ao editor do *Novo Mundo* que Pereira da Silva estava se entendendo com seu editor quanto à publicação da versão inglesa de seu romance. Declarando ter sido a única tradutora de *Iracema*, disse que iria lhe remeter os manuscritos da tradução, pedindo-lhe que comparasse o seu texto com o romance original a fim de verificar a qualidade de seu trabalho.[181] Pelo que se entende, Isabel Burton confiou a José Carlos Rodrigues a edição das obras, fato comprovado por *The Publishers and Stationers Weekly Trade Circular*, de Nova York, ainda no mesmo ano de 1872: "O editor de *O Novo Mundo*, Nova Iorque, anuncia que irá publicar no decurso do próximo ano duas traduções do Capitão Richard F. Burton, originadas de obras de autores brasileiros, intituladas: *Manuel de Moraes*, do Sr. Pereira da Silva; e *Iracema*, do Sr. J. de Alencar".[182] Não se conhecem as razões de as referidas edições não terem saído à lume como previsto.

---

181. Carta de Isabel Burton a José Carlos Rodrigues conservada na Fundação Biblioteca Nacional do Rio de Janeiro, seção manuscritos. Localização: I-03,01,085. Agradeço a Timothy James Dart a transcrição da carta.
182. "*The editor of 'O Novo Mundo', New York, announces that he will publish in the course of the following year a couple of translations by Captain Richard F. Burton from the works of Brazilian authors, namely: 'Manuel de Moraes', by Sr. Pereira da Silva; and 'Iracema', by Sr. J. de Alencar.*" The Publishers and Stationers Weekly

Quem assina a tradução de *Iracema* é, na verdade, sua esposa, Isabel Burton, em vez de Richard Burton, conforme indica o anúncio acima. Ao que parece, a parceria intelectual entre os dois, muitas vezes, impunha fronteiras muito tênues quanto à autoria. Richard Burton, no citado artigo para a revista *The Athenaeum*, informava: "Nós (isto é, eu mesmo e Cia.) traduzimos sua [de Alencar] *Iracema, a Legend of Ceara*, um dos mais belos espécimes de um estilo hoje um tanto obsoleto, como *Paul and Virginia*, *Atala*, e outros da mesma escola".[183]

A tradução de *Iracema* parece ter sido realizada durante a estadia do casal no Brasil, uma vez que o prefácio traz, ao final, a indicação de ter sido escrito em Santos. A folha de rosto destaca que a tradução obteve a devida autorização de Alencar. Segundo Isabel Burton, Alencar lhe deu pessoalmente instruções a respeito do Tupi,[184] o que reforça que autor e tradutores mantiveram contato.

No entanto, em sua autobiografia, Isabel Burton não descreveu nenhum momento de seu trabalho literário no Brasil, somente os do marido,[185] sem chegar a mencionar a tradução de *Iracema* ou o nome de Alencar entre as vivências relatadas no país. Apenas na biografia que escreveu sobre Richard Burton é que a autora fez menção à tradução do romance, informando que a publicação foi custeada pelo casal: "Publicamos nossa pequena tradução de *Iracema* e *Manoel de*

Trade Circular. New York, 14 de novembro de 1872, n. 20. A mesma informação aparece no periódico semanal nova-iorquino *The Nation*, de 7 de novembro de 1872, p. 298, e no *The Publishers' Weekly*, em 9 de janeiro de 1873, p. 26.
183. "We (i.e., Myself & Co.) have translated his [Alencar's] *Iracema, a Legend of Ceara*, one of the prettiest specimens of a style now waxing somewhat obsolete, like *Paul and Virginia*, *Atala*, and others of the same school". *The Athenaeum*, 24 de fevereiro de 1872, n. 2313, p. 242.
184. "[...] *if he permits me to translate all his Works, I hope to do better as I go on, especially if he will again – as he has already done – give me instructions in Tupy, the language of the aborigines.*" (Burton *in* Alencar, 1886).
185. Richard Burton realizou vários projetos ao mesmo tempo no Brasil e, de acordo com Isabel Burton, mantinha várias mesas de trabalho, uma para cada um de seus afazeres (cf. Burton & Wilkins, s/d).

Moraes, the Convert, ambos originais do 'brasileiro', às nossas custas".[186] Ao público inglês, no prefácio da edição, Isabel Burton apresentou Alencar como o primeiro representante da prosa de ficção brasileira, que, a seu ver, "merece ser tão conhecido na Inglaterra como no Brasil". Disse não aceitar que seus leitores "permaneçam ignorando o nome do Senhor J. de Alencar", cujo estilo "escrito no melhor português da atualidade – o único a ser aprendido e imitado –, é perpassado de bom gosto e sentimento e contém toques delicados e poéticos, belo em símiles, sendo ainda real e verdadeiro com a vida".[187]

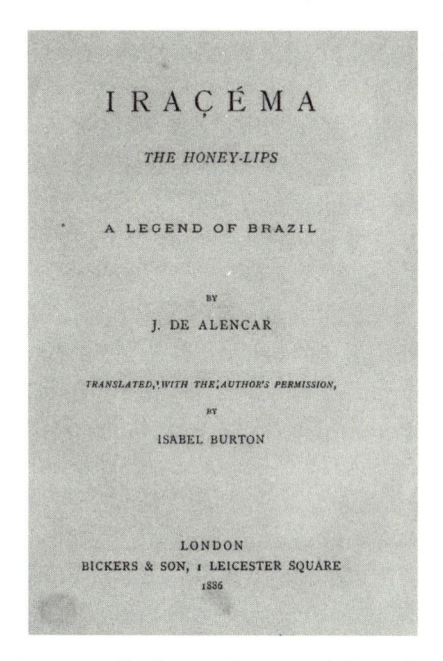

> IRAÇÉMA
>
> *THE HONEY-LIPS*
>
> A LEGEND OF BRAZIL
>
> BY
> J. DE ALENCAR
>
> TRANSLATED, WITH THE AUTHOR'S PERMISSION,
> BY
> ISABEL BURTON
>
> LONDON
> BICKERS & SON, 1 LEICESTER SQUARE
> 1886

Figura 10: Folha de rosto de *Iracema: the honey-lips*.

186. "*We brought out our little translation from the Brazilian of 'Iracema' and 'Manoel de Moraes, the Convert', at our own expense.*" (Burton, 1893, p. 294).
187. "*I cannot allow my readers to remain ignorant of the name of Senhor J. de Alencar, the author of this and several other works; for he deserves to be as well known in England as in Brazil, and it must be the result of the usual modesty of a really clever man that he is not so. He is their first prose and romance writer. His style, written in the best Portuguese of the present day – one to be learnt and copied – is in thorough good taste and feeling. It contains poetic and delicate touches, and beauty in similes, yet is real and true to life.*" (Burton *in* Alencar, 1886, p. 3).

Ao que se vê, Alencar não foi apresentado como narrador de romance de aventuras, de caráter de lazer e entretenimento, mas como escritor que devia ser conhecido pelo público estrangeiro devido à sua representatividade para as letras brasileiras e pela qualidade de escrita de seu trabalho literário, aspecto reforçado na descrição da autora sobre a sua dificuldade em verter o estilo do escritor para o inglês: "Eu me empenhei em ser o mais literal possível, mas não pretendo com isso ter feito justiça ao escritor, pois a nossa áspera língua transmite apenas grosseiramente uma história que se apresenta cheia de graça e musicalidade em língua portuguesa".[188] As experiências de Isabel Burton no Brasil, sobretudo a expedição de dois meses que fez pela província de Minas Gerais junto ao marido, lhe propiciaram um conhecimento da paisagem que certamente contribuiu para o emprego de imagens e vocábulos na composição da tradução, como se identifica pela sua fascinação pela natureza do interior do Brasil em carta à mãe em junho de 1868 (Burton; Wilkins, s/d, p. 348-349).

Na mesma carta, às vésperas de retornar à Inglaterra, Isabel Burton confessou o interesse em publicar alguns dos escritos elaborados pelo casal durante sua estadia no Brasil: "Toda a minha fortuna depende da edição de um livro e de um poema de Richard e de uma ou duas coisas de minha lavra para a imprensa de outubro".[189] O livro a que se refere é *Highlands of the Brazil*, publicado logo em 1869, no qual Richard Burton também apresentou aspectos de sua expedição em Minas Gerais, dados sobre a exploração de ouro e diamantes na província, além de apreciações sobre a poesia do século XVIII nessa província (Souza, 2017). No entanto, não temos explicações para a demora da publicação da tradução do romance de Alencar, que se deu cerca de 18 anos depois da partida do casal do Brasil.

---

188. "*I have endeavored to be as literal as possible, but I cannot pretend to do him justice, for our harsh Northern tongue only tells coarsely a tale full of grace and music in Portuguese language.*" (Burton *in* Alencar, 1886, p. 3).
189. "*All my wealth depends on my editing a book and a poem of Richard's and two things of my own for the October press.*" (Burton; Wilkins, s/d, p. 348).

Apenas em 1886 é que a versão em inglês de *Iracema* foi publicada, juntamente com *Manuel de Moraes*, de Pereira da Silva. A edição saiu pela Bickers and Son, editores sediados na Leicester Square, em Londres. Em busca por informações quanto aos editores homônimos (pai e filho tinham o mesmo nome, Henry Bickers), constatamos que muito pouco se sabe sobre eles. Conforme informa o *British Biographical Index* (Nappo, 2008), o único dicionário que oferece dados sobre os livreiros é o *Modern English Biography*, de autoria de Frederic Boase (1995, p. 270), o qual informa apenas a profissão, os anos de atuação, o endereço profissional e o ano de morte de ambos. O *Publishers' Circular*, de 1890, declarou que pai e filho desenvolveram "um dos mais renomados negócios de Londres".[190] A loja em que se instalava a livraria, nos idos dos anos de 1890, era "antes representativa de uma biblioteca de um 'gentleman' do que uma livraria".[191] No tempo em que o romance *Iracema* foi publicado, os responsáveis pela empresa que assina a edição não estavam mais vivos e o negócio era administrado por seu antigo funcionário, Mr. John Harwood. Perguntado sobre a característica principal da Bickers and Son, Harwood declarou: "Destacamo-nos como vendedores de livros de alta classe, conhecidos principalmente pelas edições com encadernações de luxo".[192] Ao final do artigo, o jornalista elogiou o trabalho de Harwood, a seu ver "competente em gerir seu negócio ao lado de qualquer outro livreiro contemporâneo, através da seleção de obras que poderiam compor uma biblioteca de um 'gentleman' inglês".[193] Vê-se pela descrição que a editora parecia voltada para a

---

190. "[...] *one of the most renowned businesses in London.*" Publishers' Circular and general record of British and foreign literature. London: Sampson Low, 1º de maio de 1890, n. 1263, vol. 53, p. 498.
191. "[...] *rather representative of a gentleman's library than a show room.*" Publishers' Circular and general record of British and foreign literature. London: Sampson Low, 1º de maio de 1890, n. 1263, vol. 53, p. 498.
192. "*We have been noted here as high-class booksellers, principally standard editions bound in first-class bindings.*" Publishers' Circular and general record of British and foreign literature. London: Sampson Low, 1º de maio de 1890, n. 1263, vol. 53, p. 498.
193. "[...] *competent to hold his own with any contemporary bookseller, in the selection of such works as go to form an English gentleman's library.*" Circular and

publicação de livros destinados a um público bastante selecionado: o dos "gentlemen" ingleses.

Consultando no catálogo da British Library, no Google Books e no World Catalogue os livros publicados pela Bickers and Son, identificamos uma extensa variedade de títulos concernentes a livros de História, de viagem, de poesia, de artes, técnicos, científicos, educacionais, religiosos, biografias.[194] Eram ainda especializados na publicação das obras de Shakespeare ou sobre ele. Foram localizados nesses catálogos alguns poucos romances editados pela Bickers and Son. Não descobrimos os laços estabelecidos entre o casal Burton e John Harwood e nem a razão exata da escolha da editora pelos tradutores para a publicação dos romances dos escritores brasileiros, mas, a partir do perfil da Bickers and Son, podemos pressupor que as obras não tenham sido dadas a público com o fim de oferecer-lhe um romance popular de aventura. As palavras de Isabel Burton, no prefácio citado acima, corroboram essa interpretação no que diz respeito ao autor de *Iracema* ("Não posso permitir aos meus leitores que permaneçam ignorando o nome do Senhor J. de Alencar [...], o primeiro romancista do Brasil.").[195]

Por essa época, a Inglaterra contava com um relevante número de leitores, resultante de várias iniciativas educacionais colocadas em prática ao longo do século, as quais culminariam, por fim, na criação da lei de Mundella, em 1880, que determinava o ensino elementar obrigatório e gratuito. A atividade das *circulating libraries*, o estabelecimento de bibliotecas públicas e a supressão de taxas sobre o direito de impressão, em 1855, e sobre o papel, em 1861, favoreceram o acesso aos impressos. No entanto, apesar de o romance contar com uma popularização a partir de sua veiculação em folhetim e em fascículos, a sua publicação em livro continuava representando um

---

general record of British and foreign literature. London: Sampson Low, 1º de maio de 1890, n. 1263, vol. 53, p. 498.

194. Buscando por catálogo das obras publicadas pelos editores, localizamos apenas um catálogo de 1841 e outro de 1843, o que seria insuficiente para esclarecer quanto ao perfil editorial dos livreiros.

195. "*I cannot allow my readers to remain ignorant of the name of Senhor J. de Alencar, [...] first prose and romance [Brazilian] writer.*" (Burton *in* Alencar, 1886, p. 3).

obstáculo para a sua aquisição pelo grande público (Cachin, 2010), donde podemos concluir que a tradução de *Iracema* na Inglaterra não teve destino popular, mas sim um público específico, interessado no conhecimento de uma obra representativa da literatura brasileira, aspecto reforçado pela recepção crítica do romance. O jornalista anônimo de *The Freeman's Journal*, de Dublin, divulgou suas impressões quanto a *Iracema*, referindo o *status* de Alencar no Brasil a partir das declarações feitas pela tradutora no prefácio: "A senhora Burton nos assegura que J. de Alencar, o autor dessa narrativa, é um talentoso e distinto escritor brasileiro, que deixou a sua marca na literatura de seu país". Sobre a versão, o autor da nota julga que "parece ser muito bem realizada, de leitura fácil".[196]

Já o autor da seção "Literature" de *The Glasgow Herald* tinha opinião distinta quanto à qualidade da tradução e sua legibilidade. Ele qualificou o romance como uma "curiosidade literária" e corroborou as palavras de Isabel Burton ao apresentar Alencar como "o mais renomado romancista no Brasil",[197] cujo estilo seria caracterizado pela elegância do uso do idioma português. No entanto, o jornalista fez críticas ao trabalho de Isabel Burton por julgar que esse tipo de obra seria intraduzível, dada a distinção da língua portuguesa com a inglesa, e que chegaria a ser insana a tentativa de transposição literal do texto. Após a transcrição da abertura do romance, julgou que a necessidade de explicar os termos "tropicais" com o recurso de notas de rodapé dificultaria a apreciação da obra pelo leitor, aspecto que

---

196. "*Mrs Burton assures us that J. de Alencar, the writer of this tale, is a gifted and distinguished Brazilian author, who has made his mark on the literature of his country, and that she is happy to be the medium of introducing him to the English public, with whom his works are sure to become favourites. We are not acquainted with the ways and manners of her in Brazil, and, are, therefore, unable to speak with any authority as to the fidelity or otherwise with which the writer of the legend was has depicted them. But we can safely say that Mr. (sic) Burton's translation seems to be a very good one, and is very readable, and that the title book is excellently brought out by Bickers and Son, of Leicester-square, London.*" The Freeman's Journal (Dublin, Ireland), 22 de janeiro de 1886, "Literature", anônimo.
197. "*[...] the first reputation as a prose and romance writer in Brazil.*" The Glasgow Herald (Glasgow, Scotland). 18 de fevereiro de 1886. "Literature", anônimo. No mesmo artigo, trata ainda das obras de Shakespeare e Washington Irving.

deixaria "claro que o Senhor Alencar provavelmente não se tornará um romancista popular neste país".[198]

Ao que parece, a forma como Alencar foi oferecido no Reino Unido o distanciava de qualquer acolhida popular. Diferentemente da primeira circulação de *O Guarani* na Itália e na Alemanha, a recepção crítica de *Iracema* no Reino Unido indicou a obra como representativa de uma literatura nacional, proveniente da pena do seu principal literato. Outros veículos em língua inglesa exprimiram sua opinião sobre Alencar e o designaram não como um autor que usufruía de popularidade mesmo em seu país de origem, mas sim como um eminente escritor. Tratando da questão da escravidão no Brasil, uma publicação londrina voltada para o combate ao escravismo enxergou no autor de *O Demônio Familiar* "um distinto escritor brasileiro".[199] Alencar foi ainda apresentando como detentor de qualidade artística em nota anônima veiculada na *Appletons Annual Cyclopedia*, dessa vez em Nova Iorque, por ocasião da morte do escritor: "Escreveu vários dramas, poemas e romances, alguns dos quais, como o seu poema *Iracema*, e os seus romances *O Guarani* e *Ubirajara*, todos baseados nas lendas indígenas do Brasil, estão entre as melhores produções do país".[200] Anos depois, a mesma enciclopédia incluiu um verbete sobre o escritor, de autoria de H.H. Smith, que assentava serem os romances de Alencar tematizados pela "vida indígena e colonial",[201] pelos quais o escritor seria conhecido como o Cooper brasileiro. O autor citou alguns desses romances, mas não esqueceu

---

198. "*Such flowery language is not palatable to our matter-of-fact northern taste, and when the innumerable tropical allusions require to be explained by an elaborate system of footnotes which fill a third of the pages, it is clear that Senhor de Alencar is not likely to become a popular novelist in this country.*" The Glasgow Herald (Glasgow, Scotland). 18 de fevereiro de 1886. "Literature", anônimo.
199. "[...] *a distinguished Brazilian writer.*" (Laboulaye; Broglie, 1867, p. 116).
200. "*He* [Alencar] [...] *wrote various dramas, poems, and romances, some of which, such as his poem of 'Iracema', and his romances of 'The Guarany' and 'Urabijara' (sic), all founded on Indian legends of Brazil, rank among the finest literary productions of the country.*" Appleton's Annual Cyclopedia and Register of Important events of the year 1877. New series, vol. II. New York: D. Appleton and Company, 1889, p. 591.
201. "*Indians and colonial life.*" (Adams, 1898, p. 108).

de mencionar aqueles nos quais se contemplaria "a vida social do Rio de Janeiro".[202] Com pequena variação em relação a esse texto, o suplemento da *Encyclopedia Britannica*, publicação estadunidense apesar do título, também ofereceu um verbete sobre o escritor nesse mesmo ano de 1898 (Kellogg, 1898).

Além das enciclopédias, outras fontes em língua inglesa forneceram informações sobre Alencar nesse período. Em 1887, em livro intitulado *Brazil, its conditions and its prospects*, Christopher Columbus Andrews, que atuou como Cônsul Geral dos Estados Unidos no Brasil, dedicou um capítulo à literatura brasileira, no qual o autor destacou o papel de Alencar, Macedo e Bernardo Guimarães para as letras no país. Sobre Alencar, asseverou ser um escritor prolífico, apontando a quantidade de 30 obras de sua autoria, entre as quais via *Iracema* e *O Guarani* como as melhores. Após apresentar um resumo biográfico de Alencar, ofereceu a tradução do "Argumento Histórico" de *Iracema*, a síntese do seu enredo e a tradução de uma passagem do romance.[203] Descreveu ainda brevemente *O Guarani* e colocou Alencar ao lado de Gonçalves Dias, os quais cultivariam, cada um em seu gênero de predileção, "uma espécie de estilo nativo".[204] Ambos, embora muito apreciados, não teriam formado seguidores na literatura do país (Andrews, 1887, p. 217-221). Já a revista nova-iorquina *The Critic*, em artigo sobre a literatura brasileira publicado em 1890, situou lado a lado Macedo e Alencar, "os dois mais distintos nomes" do âmbito literário brasileiro.[205] O autor do artigo, Rollo Ogden, enfatizou o sucesso editorial de *O Guarani*, mas, surpreendentemente, apontou como sua obra-prima o romance *Senhora*, raramente citado pela crítica no exterior, tendo em vista que esse romance quase nada oferece do que se entendia ser a cor local segundo o olhar estrangeiro.

---

202. "[...] *the society life in Rio de Janeiro.*" (Adams, 1898, p. 108).
203. Comparamos a tradução apresentada nessa edição com a realizada por Isabel Burton e identificamos que são distintas, o que indica ter Christopher Columbus Andrews possivelmente realizado ele mesmo a tradução do trecho.
204. "[...] *a kind of native style.*" (Andres, 1887, p. 220).
205. "[...] *the two most distinguished names.*" *The Critic*, 10 de maio de 1890, "Brazilian Literature", Rollo Ogden, p. 235.

No entanto, eram os romances indianistas que continuavam despertando a atenção e obtendo publicações no exterior. Em janeiro de 1893, os primeiros capítulos em inglês de *O Guarani* apareceram para os leitores da *Overland Monthly and Out West Magazine*. É provável que a publicação, original de São Francisco, tenha alcançado a Europa, sendo conhecida na Inglaterra ou em outros países desse continente onde houvesse leitores nesse idioma, os quais costumavam importar as publicações estadunidenses.[206] A revista, fundada em 1868, teve suas atividades encerradas em 1875, voltando a ser editada em 1883 de maneira ininterrupta até 1900. O seu criador, Anton Roman, um comerciante de livros de São Francisco, tinha como fim levar a público um periódico mensal que "deve ser, num estimável sentido, um incentivador da literatura da costa do Pacífico".[207] Para tanto, almejava a formação de um público junto aos homens educados, espalhados nas fazendas e nos campos – e que, mesmo assim, preservavam seu interesse por erudição e cultura –, profissionais especializados, além de mulheres com interesses intelectuais.[208] A revista oferecia artigos de natureza variada, com algumas seções fixas, dentre elas a intitulada "Current Literature"; além de poesias e textos de prosa de ficção, inclusive romances.

Ao que se percebe, a literatura contemplada pela revista não se deteve à costa do Pacífico, chegando mesmo a este lado do Atlântico. Talvez alguma identificação partilhada quanto à paisagem do Novo Mundo, com seus habitantes naturais indígenas e as lutas da colonização, tenha motivado o interesse pela tradução e publicação do romance. Em nota de apresentação de *O Guarani*, o seu tradutor, James William Hawes, revelou o interesse, nos Estados Unidos, por narrativas ambientadas no Brasil, escritas por autores como Mayne

---

206. Prova desse interesse é o fundo de periódicos dos Estados Unidos, publicados entre os séculos XVII e XIX, disponível na British Library, no qual se encontram exemplares físicos do *Overland Monthly and Out West Magazine*.
207. "[...] *should be, in some worthy sense, an exponent of the literature of the Pacific coast.*" *Overland Monthly and Out West Magazine*. "Overland Reminiscences", anônimo. Janeiro de 1883, volume 1, n. 1.
208. *Overland Monthly and Out West Magazine*. "Overland Reminiscences", anônimo. Janeiro de 1883, volume 1, n. 1.

Reid e Alice Wellington Rollins; no entanto, constatou que eram bem poucas as traduções de obras escritas pelos brasileiros. Informou ainda seus leitores sobre o sucesso de *O Guarani* no seu país de origem, onde era "a mais popular das histórias brasileiras".[209] Mas, no índice da revista, não é o nome de Alencar que figura ao lado do título, e sim o do seu tradutor. De acordo com Hawes, ao sucesso da obra e seu autor no Brasil não corresponderia a sua difusão entre os falantes do inglês, cuja recepção, segundo esclarece, se restringiria aos verbetes contidos nas edições da *Appleton Cyclopedia*. Hawes ofereceu breves informações biográficas sobre Alencar e concluiu mencionando algumas de suas obras: "Suas principais obras são um poema, *Iracema*, e dois romances, *Ubirajara* e *O Guarani*. Este último foi traduzido em alemão, e uma ópera baseada nesse romance foi encenada em Nova York".[210] O romance apareceu integralmente publicado em *Overland Monthly* entre janeiro e dezembro de 1893, com capítulos saídos em todos os números da revista durante esse período. Não localizamos nenhuma edição em livro dessa versão no período pesquisado ou mesmo durante o século XX.[211]

O tradutor de *O Guarani*, James William Hawes, foi advogado e militante em associações e organizações republicanas. Colaborava

---

209. "the most popular of Brazilian stories." *Overland Monthly and Out West Magazine*, v. 21, n. 121, janeiro de 1893, p. 81.
210. "His principal works are a poem, 'Iracema', and two romances, 'Urabijara' (sic) and 'The Guarani'. The latter has been translated into German, and an opera founded on it has been played in New York". *Overland monthly and Out West magazine*, v. 21, n. 121, janeiro de 1893, p. 81. Checando a recepção crítica em língua inglesa da ópera *Il Guarany* nos periódicos digitalizados na base de dados da British Library e no British Newspaper Archive, não localizamos menção ao nome de Alencar e a seu romance, o que revela que a composição de Carlos Gomes pouco ou nada interferiu na difusão de seus romances fora da Itália. No libreto de *Il Guarany* para representação no Covent Garden, em Londres, não há nenhuma menção ao romance ou ao escritor. O libreto foi traduzido por Thomas J. Williams e traz apenas o nome de Carlos Gomes como autor da música, sem menção ao libretista original.
211. A versão ganhou uma edição recente em versão digital estabelecida por Daniel Serravalle e Emilene Lubianco de Sá, oferecida como anexo à tese de Serravalle e também disponibilizada na biblioteca digital de literatura brasileira da UFSC: <http://www.literaturabrasileira.ufsc.br/documentos/?action=download&id=27803>.

para diversas enciclopédias dos Estados Unidos, entre as quais as da Appleton, nas quais foram difundidos verbetes sobre Alencar. Hawes traduziu ainda para a *Overland Monthly* uma narrativa intitulada "A carta do Brasil", do português José Augusto Vieira,[212] e publicou um artigo sobre a então mais recente Constituição Brasileira.[213] Não se sabe como Hawes conheceu a língua portuguesa e por que meios mantinha contato com a cultura e política brasileiras. Apesar da acolhida favorável de Hawes na nota de apresentação sobre *O Guarani*, houve também quem censurasse Alencar na imprensa dos Estados Unidos. Para Herbert H. Smith (*in* Adams, 1899, p. 725), em verbete sobre o que chama "Portuguese-Brazilian Literature", da *Universal Cyclopaedia*, Alencar seria o mais conhecido escritor brasileiro, mas suas obras indianistas usufruiriam de sucesso imerecido, ainda que oferecessem excelentes passagens descritivas, superiores às dos romances de Taunay. Chamado de "Cooper brasileiro",[214] seus romances foram comparados com narrativas de sucesso naquele país, como *Pocahontas*, de John Smith, e *Ramona*, de Helen Hunt Jackson (Ramsay *in* Warner, s.d., p. 8.923). A comparação com essas duas histórias estadunidenses é bastante simbólica da trajetória dos romances de Alencar no exterior. Enquanto a lenda da indígena de Pocahontas inspirou várias adaptações, romanescas ou teatrais, para o público de massa, *Ramona* (1884), apesar de também popular, foi encarada como obra a se levar a sério, cujo enredo tinha como fim chamar a atenção sobre as injustiças das políticas indígenas adotadas no país e sobre os maus-tratos a que os índios eram submetidos (Jackson, 2008). As obras de Alencar, em sua circulação no exterior, ora foram acolhidas como narrativas populares, ora foram vistas como obras sérias, representativas da realidade do seu país de origem,

---

212. *Overland Monthly and Out West Magazine*. "The letter (carta) from Brazil: a tale of the province of Minho (from the Portuguese of José Augusto Vieira)". J. W. Hawes. Agosto de 1886, Vol. 8, n. 44, p. 154-160.
213. *Overland Monthly and Out West Magazine*. "The New Constitution of Brazil". J. W. Hawes. Fevereiro de 1892, Vol. 19, n. 110, p. 161-168. Sobre James William Hawes, conferir Leonard (1908, p. 1139-1140), Van Pelt (s/d, vol. III).
214. A *Library of the World's Best Literature* chama Alencar de "a Cooper of Brazilian history and life" (Warner, s/d, p. XXXV).

importantes para serem conhecidas por um leitorado que almejava se ilustrar e se informar, chegando até mesmo a serem usadas como documento, como fez Richard Burton (1869, p. 28), quando, por várias vezes, recorreu aos escritos de Alencar para ilustrar suas explicações de aspectos culturais brasileiros em *Highlands of the Brazil*. Essa presença dos romances de Alencar em diferentes idiomas e países acarretou, enfim, a sua inserção no âmbito francês, e essa entrada tardia foi ressaltada pelos críticos e intermediadores de língua francesa, que mencionaram em seus escritos a repercussão anterior das obras desse escritor entre os leitores italianos, alemães e ingleses.

Enfim a França

Os textos críticos veiculados em francês sobre a literatura do Brasil apresentam, de maneira bastante corrente, queixas, por parte de seus autores, quanto à ausência de obras literárias brasileiras traduzidas para o idioma francês. Ao longo de todo o século XIX, poucas foram, de fato, as iniciativas: como mencionado acima, Eugène de Montglave verteu *Caramuru* e *Marília de Dirceu* ainda nas primeiras décadas do XIX; em 1875, Sant-Anna Nery publicou sua tradução de poemas de Gonçalves Dias em uma antologia intitulada *Un poète du XIXe siècle*; em 1885, a antologia de poesias organizada por Melo Morais Filho, *Parnaso Brasileiro*, apareceu em francês por meio de tradução de Émile Allain.[215] Só em 1883 é que um romance brasileiro seria objeto de tradução, *Inocência*, de Alfredo d'Escragnolle Taunay, publicado em folhetim. Em 1895, o romance foi reimpresso nesse mesmo formato e editado em livro no ano posterior (Heineberg *in* Abreu, 2017). Em 1885, a versão francesa de *O Guarani* saiu parcialmente em folhetins. Em 1899, outra tradução desse romance foi publicada integralmente, também em folhetins, e, em 1902, difundida em livro. Machado de Assis teria sua primeira obra traduzida para o francês em 1910, *Quelques Contes*, publicado por Garnier Frères; no ano

---

215. Não conseguimos localizar nenhum exemplar dessa versão.

seguinte, seria a vez de *Memórias Póstumas de Brás Cubas*. *Canaã*, de Graça Aranha, seria vertido também em 1910 (Abreu, 2008).[216]

A pequena existência de traduções de obras brasileiras na França não significou, como mostrado acima, que os franceses não tivessem acesso a informações relativas ao movimento literário do país, visto que os jornais, revistas, dicionários e, eventualmente, livros ofereciam aos leitores notícias sobre escritores e livros brasileiros. Identificamos que José de Alencar não desempenhou um relevante papel na imagem que se divulgou da literatura brasileira como um todo na França. No entanto, suas ações revelam o seu anseio de fazer o Brasil, sua literatura e suas próprias obras obterem reconhecimento naquele país que designou como "grande foco da civilização europeia".[217]

Em 1856, o nome de Alencar era mencionado na imprensa francesa por ocasião de sua propaganda em prol da venda no Brasil do *Cours familier de littérature*, de Alphonse de Lamartine. O poeta francês passava por problemas financeiros, e Alencar, sensibilizando-se com a sua situação, realizou uma campanha junto aos leitores do *Diário do Rio de Janeiro* (à época sob sua direção) para a subscrição do livro de Lamartine (Menezes, 1977). Homens de letras, políticos, diplomatas e o imperador aderiram à campanha, aos quais pessoas próximas a Lamartine e até o próprio poeta expressaram seus agradecimentos em correspondências, transcritas posteriormente pela imprensa de língua francesa e portuguesa. Em carta a Alencar, Lamartine referiu-se aos brasileiros como "Portugueses do Brasil", conjecturando-lhes um futuro promissor: "Grandes destinos

---

216. Nísia Floresta também publicou obras em língua francesa, assim como em italiano. A autora teve ainda um escrito didático, originalmente composto em português, vertido para o francês: *Conselhos à minha filha* (1845), editado por Paula Brito, foi traduzido por Braye Debuysé e publicado em 1859. O ensaio filosófico *Fatos do espírito humano*, de Gonçalves de Magalhães, publicado por Garnier em 1858, aparece em francês logo no ano seguinte. Vale lembrar ainda de *Retraite de Laguna*, de Taunay, e do volume de versos *Amour et Dieu*, de Joaquim Nabuco, ambos compostos originalmente em francês (cf. Cunha, 1997).
217. Alencar, José de. Carta a Antonio Henriques Leal em 02 de agosto de 1876. Fundo Antonio Henriques Leal, Instituto Histórico e Geográfico Brasileiro (IHGB), lata 466, pasta 46.

felizmente começados os esperam. Esses destinos lhe são devidos. (...) É a vez deles agora de poetizar um outro continente".[218]

Alencar remeteu a Lamartine um álbum feito pelos assinantes do livro do escritor francês, juntamente com uma carta redigida pelo próprio Alencar, em que tratava Lamartine como "o maior poeta da França". No presente oferecido pelos brasileiros, Lamartine encontraria "a expressão do sentimento que seu nome despertou no coração de um povo jovem, mas que sabe honrar as glórias da velha Europa, – a mãe da civilização americana".[219]

O episódio foi noticiado pelo célebre *La Presse*,[220] que informou a encomenda pelos subscritores brasileiros de quinze mil exemplares do *Cours familier de littérature*, de Lamartine, sugerindo, assim, ao circuito francófono a imagem de um gosto literário em desenvolvimento no Brasil. Ao suscitar a solidariedade dos brasileiros com o poeta francês, cuja vida, segundo Alencar, foi "gasta quase toda no serviço da humanidade, na glória das letras e nos combates incessantes do progresso e da civilização",[221] o então diretor do *Diário do Rio de Janeiro* expressava a vontade de inscrição do Brasil nesse interesse comum de engrandecimento literário.

Em 1876, era a vez de Alencar ser acolhido entre os letrados europeus. Em sua viagem à Europa, dentre as atividades que Alencar realizou com o fim de difundir a sua produção e a literatura brasileira, além de suas pesquisas na Biblioteca Nacional da França, consta a sua relação com Ferdinand Denis, relatada por este em carta a Pereira da Silva em 14 de junho de 1876, na qual menciona ter mantido contato com o romancista brasileiro durante sua estadia no país, a

---

218. "*De grandes destinées heureusement commencées les y attendent. Ces destinées leur étaient dues [...]. C'est à eux maintenant de poétiser un autre continent.*" *Courrier du Brésil*. 3 de agosto de 1856, n. 31.
219. "*Vous y trouverez l'expression du sentiment que votre nom a éveillé dans le cœur d'un peuple jeune, mais qui sait honorer les gloires de la vieille Europe, – la mère de la civilisation américaine.*" *La Grande Encyclopédie*: inventaire raisonné des sciences, des lettres et des arts. Tomo 22. Paris: H. Lamirault et Cie, éditeurs, 1885-1902, p. 1.191.
220. *La Presse*, 31 de agosto de 1856.
221. *Diário do Rio de Janeiro*, 12 de junho de 1856, n. 163.

quem ele disse ter visitado e colocado à disposição "[seus] livros e [sua] pessoa sempre que necessário".²²² Em uma dessas trocas de visitas, Alencar lhe ofereceu um exemplar de *Ubirajara* autografado, conservado atualmente pela Bibliothèque Sainte-Geneviève, em Paris.

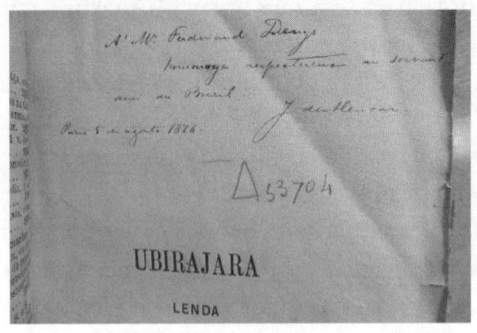

Figura 11: detalhe do frontispício de *Ubirajara*, pertencente a Ferdinand Denis. "À M. Ferdinand Denys, hommage respectueux au savant ami du Brésil. J. de Alencar. Paris 5 de agosto 1876 [sic]".

Durante sua vida, conforme atestam alguns documentos – como o recibo passado a Garnier em que menciona a tradução de *O Guarani* em francês de Hubert; o artigo destinado a Nabuco, no qual fala da versão inglesa de *Iracema* por Burton –, Alencar também se interessou por sua projeção no exterior. Contudo, apenas no final do século XIX é que a tradução francesa de *O Guarani* chegou integralmente às mãos dos leitores franceses, depois de passar pela Itália, Alemanha, Reino Unido e Estados Unidos.

Publicado em 1899 no rodapé das páginas do jornal *Les Droits de l'Homme*, com o título *Les Aventuriers ou le Guarani*, o romance aparece ao lado do debate sobre o caso Dreyfus – tema de artigos como "L'Antissémitisme et le general Fix" ou "Dreyfus est coupable" –; das notícias sobre a morte do presidente Felix Faure e sobre os preparativos da Exposição Universal de 1900 – sediada em Paris e marco de um novo tempo para a França. O primeiro capítulo

---

222. "[...] *en lui allant rendre sa visite, [j'ai mis] mes livres et ma personne à sa disposition, toutes les fois que cela pourrait lui être nécessaire.*" Denis, Ferdinand. Carta a Pereira da Silva em 14 de junho de 1876. Fundo Ferdinand Denis, Instituto Histórico e Geográfico Brasileiro (IHGB).

apareceu no dia 15 de janeiro, e o último em 11 de abril, contabilizando 71 entregas. O jornal foi fundado em 1898, por iniciativa de Henri Deloncle, e tinha como orientação o republicanismo, o anticlericalismo e o dreyfusismo (Heineberg, 2015).

O jornal *Les Droits de l'Homme*, que continha quatro páginas e custava 5 centavos, era herdeiro da empreitada editorial de massificação da imprensa periódica ocorrida desde o Segundo Império, quando, em 1863, *Le Petit Journal* passou a ser vendido por número (o que pôs fim à obrigação de assinatura) e pelo valor de 1 *sous* (5 centavos de franco), procedimento que mudou a atividade da imprensa na França ao generalizar-se entre os concorrentes. Anne-Marie Thiesse mostra que esse valor correspondia, na *Belle Époque*, a 12,5% do preço de um quilo de pão; 17% do preço do litro de leite e 33% do bilhete de metrô (Thiesse, 2000, p. 11). Quanto aos salários, as crianças ganhavam 1 franco por dia, as mulheres em média 2 francos e os homens, a depender da função, recebiam de 2 a 6 francos na província e até 10 em Paris. Ou seja, o jornal passava a ser realmente acessível ao povo.

Além disso, uma série de leis concernentes à educação implementadas ao longo do século, a principal delas surgida em 1881,[223] favoreceu a formação de uma massa de leitores, fator que permitiu o surgimento de um público correspondente à ambição de expansão da imprensa. Thiesse explica o sentido que o romance detinha nesse formato de comercialização, pois, considerando-se que a assinatura passava a ser prescindível, impunha-se a necessidade de motivar o leitor a comprar diariamente o jornal. Os romances populares atendiam às exigências dos editores dos jornais e, assim, adquiriram uma estética bastante semelhante entre si, ao esgotarem as mesmas fórmulas para não provocar a perda de um público já garantido pelo

---

223. A Lei Guizot, de 1833, determinou que cada comuna deveria manter uma escola primária e cada departamento uma escola normal, contudo, seu acesso continuava restrito; em 1848, o ministro da Instrução Pública, Carnot Hippolyte, lançou um projeto que determinava a gratuidade e laicidade das escolas, fator devidamente alcançado a partir de 1881, com a criação das leis Ferry, que estabeleciam, dentre outros aspectos, a gratuidade e a obrigatoriedade do ensino (cf. Démier, 2000).

jornal. Nesse contexto, criaram-se subgêneros dentro do gênero romance, de acordo com o público de cada veículo. Jornais como o *Petit Parisien* e o *Petit Journal* continham romances predominantemente sentimentais. *Le Matin* e *Le Journal* investiam em relatos de aventuras históricas, exóticas ou policiais. Já o *Le Figaro* oferecia narrativas cujo caráter artístico era considerado mais elevado. Essa distribuição sugeria uma espécie de hierarquia entre os jornais, entre os romances propostos e também entre seus leitores (Thiesse, 2000, p. 107).

A autora entrevistou pessoas nascidas durante a *Belle Époque*, no intuito de descobrir os seus hábitos de leituras e os de seus pais. Apesar de os entrevistados não reconhecerem qualquer valor nos folhetins que leram, chegando mesmo a negligenciá-los nas primeiras perguntas, Thiesse destaca a separação de gêneros quanto ao público: mulheres liam romances sentimentais, enquanto homens, romances de aventuras. A autora reforça a conclusão quando recorre aos jornais que veiculavam cada tipo de romance. *Le Petit Parisien*, *Le Petit Journal*, *Le Matin* e *Le Journal*, citados na passagem, foram os quatro periódicos de maior sucesso durante a *Belle Époque*. *Le Petit Parisien* e *Le Petit Journal* disputavam a porção mais popular do público, destacando-se pela tiragem e pelo espaço que concediam aos romances sentimentais. *Le Matin* e *Le Journal* dividiam "um público majoritariamente urbano e correspondente à fração relativamente cultivada das camadas populares".[224] *Le Figaro* tinha reputação de sério e se destinaria a um público mais abastado e cultivado (Thiesse, 2000, p. 87).

Nesse contexto, o romance de aventuras, designação com a qual *O Guarani* foi classificado na França, estava um patamar acima dos romances sentimentais, mas abaixo de obras tidas como artísticas. Eleva ainda mais um pouco o nível da recepção de *Les Aventuriers ou le Guarani* o fato de ter sido veiculado em um jornal anticlerical, dreyfusista, dirigido a um público mais politizado. Apesar de o folhetim

---

224. "[...] *un public majoritairement urbain et correspondant à la fraction relativement cultivée des couches populaires.*" (Thiesse, 2000, p. 86).

ter alguma independência em relação ao restante do jornal, uma vez que se trata de espaço de entretenimento, diferente dos propósitos noticiosos e mais sérios de outras rubricas, é possível observar algum direcionamento nos romances escolhidos por *Les Droits de l'Homme* para publicação. O romance que o antecedeu intitula-se *La conquête de la vie*, de Réné Béhaine. O romance conta a história de Michel, que, durante as férias, conhece Catherine, mas as obrigações de sua idade, as hesitações da jovem e a interdição da família da moça causam dificuldades à união do casal. Em prefácio à edição em livro, após resumir o argumento do enredo, o autor ressaltou: "Este episódio da História da sociedade forma um todo de teor psicológico, suficiente por si mesmo".[225] Vê-se o esforço de seu autor de elevar a qualidade da obra, situando-a como integrante de domínios tidos como sérios e prestigiados: a História e o romance psicológico. Mais à frente, reforçou: "o objetivo do autor é, em suma, fazer a história psicológica de seu tempo".[226] Em seguida, criticou os romances de fácil leitura, formatados para o âmbito do jornal, enquanto obras que fariam *"appel à la conscience"* seriam logo abandonadas pelos seus leitores. Réné Béhaine (1899, p. 8-9) alegou que seu romance se destinaria àqueles que costumavam acompanhar a leitura com meditação e paciência. Ao longo da apresentação de *La conquête de la vie*, é possível reconhecer como receptor a imagem de um leitor homem, adulto, que, durante a leitura, segundo a representação feita pelo autor, seria levado à reflexão, tirando uma lição disso ao passar em revista seu próprio passado: "É, portanto, você mesmo, esse adolescente que você revê em suas lembranças, correndo por uma senda atrás de uma jovem, a quem você está convicto de tornar sua mulher".[227]

---

225. "*Cet épisode de l'Histoire d'une société forme donc un tout psychologique se suffisant à soi-même.*" (Behaine, 1899, p. 5).
226. "[...] *le but de l'auteur est, en somme, de faire l'histoire psychologique de son temps.*" (Behaine, 1899, p. 6).
227. "*C'est pourtant vous-même, cet adolescent que vous revoyez, dans votre souvenir, courant sur un sentier auprès d'une jeune fille dont vous étiez si certain alors de faire votre femme.*" (Behaine, 1899, p. 9).

O romance que sucedeu a *O Guarani* chama-se *Intellectuels*, de Henry Bertheray, para o qual se empreendeu o mesmo esforço de elevação da obra. Em anúncio do jornal *Les Droits de l'Homme*, apresentando a nova publicação aos leitores, destacava-se que o romance "não é um panfleto, é uma obra imparcial, constituída de verdade e de audácia, assim como de generosidade e de devotamento à grandeza da ideia".[228] Mesmo com essas indicações, é difícil presumir qual era efetivamente o perfil do público de *Les Droits de l'Homme* ou ainda qual era representação dos leitores da tradução de *O Guarani*, romance que, possivelmente, provocou o interesse de uma variedade de leitores, dada a acessibilidade das publicações periódicas. A posição do tradutor no âmbito das letras na época e suas relações com os órgãos de imprensa pode acrescentar dados quanto à forma de recepção do romance.

Tradutor de *O Guarani*, Louis-Xavier de Ricard (1843-1911) atuou intensamente na imprensa francesa, fazendo da atividade a sua profissão. Manteve contato com literatos e participou do movimento parnasianista, o que lhe rendeu alguns livros de poesia. Mas seu engajamento maior residiu em princípios anticlericais, republicanos, federalistas e no *félibrige*,[229] estes dois últimos consistindo na promoção cultural e política da região do Sul da França, onde viveu e atuou boa parte de sua vida (Carbasse, 1977; Peyronnet, 1997).[230] Em 1882, partiu para a América do Sul, onde fundou alguns jornais: durante a residência na Argentina, inaugurou o periódico *L'Union Française*; no Paraguai, o jornal *Le Rio-Paraguai*. Em 1885,

---

228. "[...] *n'est pas un pamphlet, c'est une œuvre impartiale, œuvre de vérité et d'audace, mais aussi toute de générosité et de dévouement à la grandeur de l'idée.*" Les Droits de l'Homme, 2 de maio de 1899, n. 473.
229. De acordo com Ilana Heineberg (2015, p. 250) "O *félibrige* é um movimento político-literário constituído em 1854 pelos poetas provençais Frédéric Mistral (1830-1914) e Roumanille (1818-1891), com o objetivo inicial de restituir a dimensão literária à língua provençal. A maioria de seus membros, contrariamente a Ricard, é monarquista e clerical. Aos poucos, e sobretudo depois da guerra franco-prussiana de 1870, numa oposição ao pangermanismo e ao paneslavismo, vai se desenvolver no seio do *félibrige*, como na França de maneira geral, a ideia do panlatinismo, que defende uma afinidade cultural e fraternal entre os povos latinos."
230. Sobre sua atuação enquanto literato, conferir Badesco (1971).

instalou-se no Rio de Janeiro, onde, ao lado de Georges Lardy, fundou *Le Sud-Américain*, provocando algumas polêmicas (Batalha, 2009, p. 169-170). De volta ao seu país, sua situação financeira se deteriorou, a ponto de precisar colaborar com vários jornais ao mesmo tempo, seja com artigos de fundo ou com prosa de ficção. Foi quando compôs uma série de romances que foram publicados em folhetins e livros, porém, sem alcançar visibilidade ou popularidade (Peyronnet, 1997, p. 19).

Não dando conta da necessidade de produção, recuperou escritos antigos e os ofereceu aos jornais, como a comédia *Valet de madame la duchesse*, escrita em colaboração com Anatole France em 1868 e publicada na *Revue des Revues* em 1903. Foi nessa fase de sua atividade que apareceu a publicação da sua tradução de *O Guarani* no jornal *Les Drois de l'Homme*, trabalho que, possivelmente, atendeu antes a interesses pecuniários de Ricard do que ao afã de divulgar a literatura brasileira na França. O tradutor escreveu um prefácio à edição em forma de carta dirigida a Rémy Couzinet, a quem chamou de amigo. Nela, reclamou da necessidade não apenas de se conhecerem outras culturas, mas também de assimilá-las, chamando a atenção para que houvesse um equilíbrio nessa relação. Ressaltou que o desconhecimento do romance e de seu autor pelos franceses "nos oferece (...) uma das provas mais espantosas de nossa apática e sistemática indiferença em relação ao que nos deveria ser menos estranho".[231] No entanto, acabou por relativizar bastante a relevância desse escritor brasileiro: "José de Alencar tem certamente um lugar marcado e em patamar de honra na literatura brasileira. Mas ele não é um desses gênios indispensáveis cuja ausência causaria lacuna na história intelectual da humanidade".[232]

---

231. "*Ce roman - et son auteur - nous offrent une des preuves les plus saisissantes de notre apathique et systématique indifférence à l'égard de ce qui nous devrait être le moins étranger.*" (Ricard, 1902).
232. "*José de Alencar a certainement une place marquée et à un rang fort honorable dans la littérature brésilienne. Mais il n'est pas un de ces génies indispensables dont l'absence ferait lacune dans l'histoire intellectuelle de l'humanité.*" (Ricard, 1902). Ilana Heineberg (2015) chama a atenção para a "sinceridade surpreendente" de Ricard nessa passagem.

Ricard (1902) apontou para o papel de Alencar na formação da literatura brasileira, salientando o seu esforço em conciliar a "raça conquistada" com a "raça conquistadora", fator que teria sido motivado por um intento de Alencar de legitimar a ação portuguesa. O tradutor apresentou dados da biografia do escritor e da diversidade de suas funções. Tendo vivido no Brasil, certamente Ricard pôde ter acesso a dados sobre a literatura brasileira que lhe viabilizassem um conhecimento um pouco mais aprofundado. Porém, seu julgamento do conjunto da obra de Alencar em nada destoava da crítica francesa, conforme se lê na seguinte passagem: "acho inútil apresentar a lista completa de suas obras, que são – como disse – com poucas exceções, lendas, contos e relatos da vida indígena".[233] Ricard noticiou ainda sobre o sucesso da ópera adaptada do romance e sobre as traduções que recebeu em outros idiomas.

Figura 12: Capa de *Le fils du soleil*, publicado pela editora Tallandier. Exemplar conservado na Bibliothèque Nationale de France.

---

233. "[...] je trouve inutile de donner la liste complète de ses œuvres, qui sont toutes – comme je l'ai dit, - à très peu d'exceptions près, des légendes, des contes, des récits de la vie indienne." (Ricard *in* Alencar, 1902).

A empreitada parece ter tido êxito, pois, logo em 1902, a mesma versão saiu em livro, a 3,75 francos (valor corrente dos romances populares na época), testemunhando um fenômeno comum no período, como mostra Thiesse: "Retomando um folhetim para uma publicação em volume, o editor empenha seus recursos numa obra certa e já conhecida, o que reduz os custos de lançamento e os riscos de fracasso".[234] O editor Jules Tallandier, que adotou largamente essa estratégia, adquiriu os direitos de reprodução do romance, incorporando-o à sua coleção popular "Bibliothèque des Grandes Aventures".[235]

A *Nouvelle Revue*, em sua seção "Les livres", que tratava das recentes publicações, ofereceu a seguinte nota sobre o romance:

> JOSÉ DE ALENCAR. *Le Fils du Soleil ou le Guarani*, traduzido do português por XAVIER DE RICARD (J. Tallandier). – Traduzido em italiano, em alemão, em inglês, este romance de um dos mais ilustres escritores de língua portuguesa usufrui no exterior de uma voga igual à dos mais populares romances de Alexandre Dumas e de Fenimore Cooper, devida a uma ação verdadeiramente apaixonante, que desencadeia suas peripécias dramáticas nos cenários pitorescos e esplêndidos da natureza tropical. Tal interesse se deve também, e principalmente talvez, à extraordinária variedade dos caracteres dos principais personagens e dos comparsas que se movem em torno desse núcleo, do qual se sobressaem as duas inesquecíveis figuras adoráveis, a crioula Ceci e seu fiel e heroico indígena, o guarani Peri, *Le Fils du Soleil*.[236]

---

234. "*Reprenant un feuilleton pour une publication en volume, l'éditeur engage ses capitaux sur une œuvre sûre et déjà connue, ce qui réduit les frais de lancement et les risques de l'échec.*" (Thiesse, 2000, p. 84).

235. Nesse período, eram comuns os anúncios de subscrição da "Biliothèque des Grandes Aventures", que ofereciam a um valor mensal de 3,75 durante 20 meses os 20 volumes que constituíam a coleção.

236. "*JOSÉ DE ALENCAR. Le Fils du Soleil ou le Guarani, traduit du portugais par XAVIER DE RICARD (J. Tallandier). – Traduit en italien, en allemand, en anglais, ce roman d'un des plus illustres écrivains de langue portugaise, jouit à l'étranger d'une vogue égale à celle des plus populaires romans d'Alexandre Dumas et de Fenimore Cooper: il la doit à une action vraiment passionnante, qui déroule ses péripéties dramatiques dans les décors pittoresques et splendides de la nature tropicale. Il la doit aussi, et surtout peut-être, à l'extraordinaire variété des*

De caráter publicitário, o texto apresenta alguns índices que buscam chamar a atenção do público para a obra, como o prestígio do escritor e o seu sucesso no exterior. A primeira informação oferecida diz respeito justamente às traduções, as quais validariam a importância para o leitor francês de conhecer a obra, visto que leitores italianos, alemães e ingleses já a conheciam. O objetivo publicitário da nota fica patente quando se identifica a publicação do mesmo texto em periódico distinto, *Le Temps*, veiculado na seção "Librairie" em 5 de novembro do mesmo ano. Quinze dias depois, o mesmo jornal publicou, na seção "Livres Nouveaux", uma nota mais extensa, que apelava àqueles leitores adultos que desejavam distração entre as atividades cotidianas, recomendando sua leitura ainda a jovens e mesmo às crianças, faixa de leitores à qual a coleção de aventuras da livraria Tallandier se destinava principalmente. A nota associou novamente o nome de Alencar ao de escritores populares como Alexandre Dumas e Fenimore Cooper, situando-o como "o grande contista da América". Em seguida, destacou o sucesso de *O Guarani* nos países de língua portuguesa e nas traduções em italiano, alemão e inglês, questionando-se do atraso com que chegou à França: "Era realmente surpreendente que o romance de Alencar não tivesse contado ainda com seu tradutor francês (...)".[237]

A associação de *O Guarani* à narrativa de aventuras e sua caracterização enquanto obra exótica e pitoresca poderia fazer pensar que sentido nacional do romance foi esvaziado em sua recepção na França, mas vimos que esses fatores são exatamente o que a crítica europeia esperava das obras do Brasil para que sua literatura fosse considerada autônoma e original.

Conforme pesquisas de Jean-Yves Mollier e Matthieu Letourneux, a livraria Tallandier teve suas origens em 1871, fundada por François

---

caractères des principaux personnages et comparses, qui s'agitent autour d'eux et sur lesquels se détachent les deux figures inoubliables de l'adorables créole Cécy et de son fidèle et héroïque indien, le guarani Pery, Le Fils du Soleil." *La Nouvelle Revue*, novembro e dezembro de 1902. "Les livres", p. 431.

237. "*Il était vraiment étonnant que le roman d'Alencar n'eût pas encore son traducteur français* [...]". *Le Temps*, 20 de novembro de 1902. "Livres Nouveaux".

Polo e Georges Decaux, o qual passou a liderar os negócios da companhia, direcionando a produção para a vulgarização cultural por meio de dicionários, livros de história, literatura, ciências, etc, com progressivo espaço para o livro popular. Jules Tallandier começou a colaborar com a Librairie Illustrée em 1888 e, juntamente com Désiré Montgrédien, outro colaborador da companhia, fez aquisição da editora em 1892. Até pelo menos 1898, este liderou os negócios, com um catálogo voltado ainda para a História, literatura popular e obras práticas, que continuariam sendo a base da editora, observando-se uma forte tendência para o romance popular, decorrente das mudanças nas estratégias editoriais. Os periódicos da companhia desapareceram, assim como os fascículos por entrega, que não mais se constituíam lucrativos e interessantes para os editores da época e mesmo para os leitores.

Os romances em volume se revelaram um novo filão. Essa mudança de preferência no formato fez com que fossem produzidas alterações na estética do escrito: se antes os romances eram compostos de maneira bastante extensa, espichando-se em vários volumes, a partir de então passavam a ser oferecidos em dois ou três tomos, com títulos independentes. Não era o fim da serialidade, pois havia casos de a estória se estender por mais títulos, ainda que independentes entre si. Daí se multiplicaram as coleções, formato que tinha como precursor Michel Lévy, com sua coleção de livros a 1 franco, criada em 1855. O romance sentimental permanecia como o principal gênero de sucesso do romance popular na primeira metade do século XX. Sobre o conjunto de escritores que colaboravam com as coleções da Librairie Illustrée entre 1892 e 1901, Jean-Yves Mollier e Matthieu Letourneux percebem sua inscrição "num campo cultural procurado pelo grande público mas deslegitimado aos olhos das elites".[238] E acrescentam: "Todos possuíam esse *status* ambíguo de

---

238. "*En effet, le trait commun des tous ces auteurs est de s'inscrire nettement dans un tel champ culturel recherché par le grand public mais délégitimé aux yeux des élites.*" (Letourneux; Mollier, 2011, p. 152).

escritores profissionais, de 'folhetinista', o que os insere, na época, no conjunto de literatos frequentemente desacreditados".[239]

O estatuto dos autores das coleções populares da editora, sobretudo daquelas que adotavam a fórmula "romance de vítima", revelava-se bastante desprestigiado. A companhia investia ainda em outro gênero muito caro ao público de massa: o romance de aventuras, que, em 1899, ganhou uma coleção específica para esse tipo de romance, a já mencionada "Bibliothèque des Grandes Aventures". Os títulos dessa coleção foram constituídos principalmente por aqueles publicados no *Journal des Voyages*, empreendimento de Léon Dewez, que instaurou uma parceria profissional com Tallandier, oferecendo os títulos de sucesso do jornal para a coleção desse editor. As características dos romances veiculados nesse periódico passaram por uma transição ao longo das décadas: sendo inicialmente voltados para a vulgarização geográfica e educativa, ganharam aspecto de aventura extraordinária, fazendo cada vez mais concessões ao caráter popular do público. Até aquele período, o negócio da Librairie Illustrée havia crescido 25 vezes desde 1892 graças ao livro popular, o que permitiu a compra, por Tallandier, da parte de seu sócio em 1901, um ano antes da publicação do romance de Alencar. À frente do empreendimento e consolidando a linha editorial da Librairie Illustrée, Jules Tallandier, segundo Mollier e Letourneux, tornou-se um dos editores populares mais importantes de Paris, dando um desenvolvimento desconhecido até então à editora.

O percurso das traduções do romance de Alencar na França testemunha o modo de funcionamento do mercado de impressos nesse país e confirma o perfil de obras brasileiras que poderiam constituir o interesse de um público francófono, pois, até então, apenas *O Guarani* recebeu de fato uma publicação. Outro romance de Alencar que poderia proporcionar uma imagem exótica, *O Tronco do Ipê*, apareceu anunciado como obra em preparação, a partir do ano de 1905, nas edições de P.V. Stock, éditeur. Nas páginas iniciais

---

239. "*Tous possèdent ce statut ambigu d'écrivains professionnels, de 'feuilletoniste', ce qui les classe à l'époque dans cet ensemble de littérateurs souvent décriés.*" (Letourneux; Mollier, 2011, p. 152).

da edição em livro de *Le Crime de Lord Arthur Savile*, de Oscar Wilde, traduzido por Albert Savine, aparece o seguinte anúncio:

> Le traducteur et l'éditeur déclarent réserver leurs droits de traduction et de reproduction pour tous les pays, y compris la Suède et la Norvège.
> Cet ouvrage a été déposé au Ministère de l'Intérieur (section de la librairie) en Août 1905.

DU MÊME TRADUCTEUR

JACINTO VERDAGUER. — **L'Atlantide.**
NARCIS OLLER. — **Le Papillon**, préface d'Emile Zola.
— **Le Rapiat.**
JUAN VALERA. — **Le Commandeur Mendoza.**
HENRYK SIENKIEWICZ. — **Pages d'Amérique.**
ALGERNON C. SWINBURNE. — **Nouveaux poèmes et ballades.**
PERCY BYSSHE SHELLEY. — **Œuvres en prose.**
TH. DE QUINCEY. — **Souvenirs autobiographiques du Mangeur d'opium.**
TH. ROOSEVELT. — **La vie au Rancho.**
            Chasses et parties de chasse.
            La Conquête de l'Ouest.
            New-York.
ANDREW CARNEGIE. — **La Grande-Bretagne jugée par un Américain.**
ELISABETH BARRETT BROWNING. — **Poèmes et poésies.**
ROBERT-L. STEVENSON. — **Enlevé !**

Sous presse :

OSCAR WILDE. — **Le Portrait de Monsieur W. H.**
ROBERT-L. STEVENSON. — **Catriona.**
HENRYK SIENKIEWICZ. — **La Préférée.**
JOSÉ MARIA DE PEREDA. — **Au premier vol.**
JUAN VALERA. — **Morsamor.**
ARMANDO PALACIO VALDES. — **L'Idylle d'un malade.**
CARLOS REYLES. — **Beba, mœurs de l'Uruguay.**
ALGERNON C. SWINBURNE. — **Derniers poèmes et ballades.**

En préparation :

GABRIEL DANTE ROSSETTI. — **Poèmes.**
JOHN KEATS. — **Poèmes.**
JOSÉ DE ALENCAR. — **Le tronc de l'ipé, mœurs brésiliennes.**
EDUARDO BLANCO. — **Santos Zarate, mœurs du Vénézuela.**
ANNA-CHARLOTTE LEFFLER. — **Aurore Bunge.**

Figura 13: Página de *Le Crime de Lord Arthur Savile*, de Oscar Wilde. Paris: P. –V. Stock, éditeur, 1905.

De acordo com o anúncio, Albert Savine estaria preparando a tradução do romance *Le tronc de l'ipé, mœurs brésiliens*, mas não encontramos pistas que indiquem a efetiva publicação dessa versão. Entre 1906 e 1908, várias obras editadas por P. -V. Stock e traduzidas por Albert Savine continuavam anunciando o futuro lançamento do romance, sem que a publicação tenha, aparentemente, ocorrido.

Apenas em 1907 o segundo romance de Alencar chegou ao público francês. Sem repetir a tendência que se verificou na Itália e Alemanha, onde *Ubirajara* sucedeu a *O Guarani*, os intermediadores franceses aproximaram-se em sua escolha dos ingleses ao preferirem

Iracema. A versão de Philéas Lebesgue saiu em folhetim no jornal *L'Action Républicaine*,[240] mas a edição em livro só veio a lume em 1928.

O primeiro folhetim abre com uma carta, mas, em vez de ser a tradução da epístola original de Alencar destinada ao Dr. Jaguaribe, a qual enceta *Iracema*, trechos dela foram usados numa correspondência transcrita no início do romance, assinada por Lucien e destinada a Georges, na qual se lê a seguinte passagem, que muito se aproxima do texto de Alencar: "*Il faut lire cela durant l'heure ardente de la sieste, quand le soleil darde à pic sur la campagne ses rayons de feu et que la nature est livrée toute aux effluves puissants de l'irradiation tropicale*".[241] O "Argumento histórico", que na primeira edição de *Iracema* consta como nota ao final do volume, também aparece traduzido, inserido como anexo a essa mesma carta de Lucien, no primeiro folhetim de veiculação do romance. Lebesgue teve o cuidado de imprimir em sua tradução os elementos paratextuais de abertura do romance, criados por Alencar, para embasar a leitura da obra pelo leitor, mesmo que alterando o contexto da carta, o seu emissor e destinatário. *Iracema: conte brésilien* foi publicado integralmente no espaço do folhetim do periódico.

Seu tradutor, Philéas Lebesgue (1869-1958), foi um prolífico escritor francês, autor de poesias, romances e novelas, dramas e ensaios. Notável em sua época entre seus confrades, foi chamado a colaborar com mais de 200 revistas (Beauvy *in* Lobies; Chiron, 2011, p. 219-221). O papel de destaque que desempenhou nas letras resultou, principalmente, de seu interesse pelos idiomas e culturas, sejam eles internos ao seu próprio país (como Xavier de Ricard, foi *félibre* e promotor da cultura regional), ou estrangeiros. Aprendeu muitas línguas, chegando a afirmar em entrevista a capacidade

---

240. Agradeço o acesso ao periódico *Action Républicaine* à Ilana Heineberg.
241. *Action Républicaine*, 1907. Na carta de Alencar (1865, p. I-II) que abre o romance, lê-se: "Este livro o vai naturalmente encontrá-lo em seu pitoresco sítio da várzea, no doce lar, que povoa a numerosa prole, alegria e esperança do casal. Imagino que é a hora mais ardente da sesta. O sol a pino dardeja raios de fogo sobre as áreas natais: as aves emudecem; as plantas languem. A natureza sofre a influência da poderosa irradiação tropical, que produz o diamante e o gênio, as duas mais sublimes expressões do poder criador."

que tinha de entender um grande número de idiomas: "Oh! Entre estudar e as dominar [as línguas], há uma distância brutal. Enfim, eu consigo decifrar uma carta que qualquer um possa me escrever na maior parte das línguas da Europa".[242] Esse aprendizado lhe permitiu conhecer as literaturas dos mais diferentes países, como atesta declaração de Lucien Vuilhorgne em carta destinada a Lebesgue em 17 de fevereiro de 1896: "Que conhecimento profundo das literaturas comparadas evoca em meu espírito a sábia discussão na qual o senhor teve quase a única e melhor participação! Literatura hindu, língua sânscrita, literatura celta, gaélica, nosso poeta tudo leu, tudo digeriu".[243] As trocas que estabeleceu com os literatos de diversos países lhe assegurou um lugar de reconhecimento na promoção das letras estrangeiras, tornando-se muito requisitado pelos confrades para a composição de traduções ou artigos críticos, interação testemunhada pelas 25 mil cartas de seu fundo pessoal, estudadas por François Beauvy. Vale reportar que Philéas Lebesgue conta inclusive com uma sociedade destinada à sua promoção, a Société des Amis de Philéas Lebesgue. Fundada ainda durante a sua vida, em 1930, existe até hoje, tendo como fim a conservação de seus arquivos e o incentivo a publicações sobre o escritor.

Beauvy mostra que, dentre os seus correspondentes, estavam personalidades portuguesas e brasileiras, o que o aproximou cada vez mais da cultura lusófona. Eugenio de Castro, que manteve intenso contato com Lebesgue, recomendou o escritor francês a Alfred Vallette, diretor da revista *Mercure de France*, para a qual Lebesgue colaborou regularmente entre 1896 e 1940, assinando rubricas como "Lettres Portugaises"; "Lettres Norvégiennes", "Lettres Néo-grecques";

---

242. "*Oh ! entre étudier et les posséder [les langues] il y a une rude distance. Enfin j'arrivais à déchiffrer une lettre qu'on pouvait m'écrire dans la plupart des langues de l'Europe.*" (Beauvy, 2004, p. 13).
243. "*Quelle connaissance profonde des littératures comparées évoque en mon esprit l'entretien savant où M. Lebesgue avait presque la seule et meilleure part ! ! Littérature hindoue, langue sanscrite, littérature celtique, gaëlique, notre poète a tout lu, tout digéré.*" (Beauvy, 2004, p. 15).

"Lettres Yougoslaves" e, por algumas vezes, "Lettres Brésiliennes".[244] Do Brasil, introduziu em língua francesa, além de *Iracema*, títulos como *Janna et Joël*, de Xavier Marques, *Macambira, roman brésilien* (1920) e *La Tapera* (1943) de Coelho Netto, além do conto "Um enfermeiro", de Machado de Assis.[245] Graça Aranha testemunhou o prestígio de Philéas Lebesgue na difusão das letras brasileiras. Após receber desse escritor francês um texto crítico publicado em *Le Monde nouveau* sobre *A estética da vida*, Aranha lhe escreveu em carta: "Graças à autoridade de seu estudo magistral, uma grande curiosidade foi despertada em torno do livro, que repercute e que provavelmente aparecerá em francês".[246]

Beauvy não revela em seu estudo por quais contatos e razões Lebesgue traduziu *Iracema*, mas apresenta algumas informações sobre a tradução. Philéas Lebesgue, após a publicação do romance em folhetim no jornal l'*Action Républicaine*, ofereceu-o a uma editora nomeada La Renaissance du Livre, que lhe respondeu: "Não é preciso dizer que aplicaremos toda a nossa simpatia na leitura de seu *Iracema* vindo de você. Envie-o então".[247] No entanto, a edição nunca teria vindo a público. Outra eminente edição se anunciou em 1920, conforme se depreende de carta de Graça Aranha a Lebesgue: "Parabenizo-o por ter conseguido preparar a edição de sua harmoniosa tradução desse poema tropical".[248] Novamente, o propósito não se concretizou.

---

244. Eugenio de Castro o recomendaria ainda ao Instituto de Coimbra, do qual se tornaria membro.
245. Todas essas traduções, inclusive a versão em livro de *Iracema*, contaram com a colaboração de Manoel Gahisto (Paul Tristan Coolen), escritor belga, que também se familiarizou com a literatura brasileira, assinando a rubrica "Lettres brésiliennes" no *Mercure de France* entre 1932 e 1939 (Beauvy, 2004, p. 616). Sobre a tradução do conto machadiano, ler Audigier (2008).
246. *"Grâce à l'autorité de votre étude magistrale une grande curiosité s'est éveillée autour du livre qui se répand et va peut-être paraître en français."* (apud Beauvy, 2004, p. 489).
247. *"Il va sans dire que nous apporterons toute notre sympathie à lire Iracema venant de vous. Envoyez donc."* (apud Beauvy, 2004, p. 508).
248. *"Je vous félicite vivement d'avoir réussi à faire l'édition de votre harmonieuse traduction de ce poème tropical."* (apud Beauvy, 2004, p. 508).

Por essa época, Lebesgue envolveu-se numa interessante polêmica em torno de traduções de *Iracema*, na qual reclamou a sua precedência na tradução do romance. Como aludido acima, *Iracema* apareceu inicialmente nas páginas do jornal *Action Republicaine* ainda no ano de 1907. De acordo com Beauvy, décadas mais tarde, uma revista parisiense intitulada *Le Soc* anunciou a veiculação no seu folhetim de uma tradução de *Iracema*, alegando ser a primeira realizada em idioma francês. Suspeitando que sua versão do romance estava sendo alvo de contrafação pela revista, Lebesgue enviou à redação uma reclamação, pedindo provas da efetiva existência dessa segunda versão. Segundo Beauvy (2004, p. 508), a tradução prometida pela revista *Le Soc* acabou não vindo a público. A edição em livro de *Iracema* saiu apenas em 1928, pela casa de edição Gédalge, versão que oferece alterações em relação ao texto inicial publicado no l'*Action Républicaine* em 1907 (Beauvy *in* Lobies; Chiron, 2011, p. 220).

Diante da instigante entrada do romance de Alencar na França, dada a quantidade de iniciativas de tradução em língua francesa e a tardia efetivação desse intento, faz-se interessante verificar os dados sobre tradução no mercado editorial francês para identificarmos o nível de aceitação da literatura produzida fora do país. Em *Histoire des traductions en langue française*, Blaise Wilfert-Portal mostra que, entre 1840 e 1910, a tiragem de livros cresceu vigorosamente. Extraindo dados apresentados por Frédéric Barbier, o autor constata que a produção de livros entre 1840 e 1875 multiplicou-se por três, indo de 4.630 títulos em 1840 a 14.195 em 1875, chegando a 20.951 em 1900.

Wilfert-Portal usou, como fonte para a investigação sobre as traduções nesse período, o *Catalogue Général de la Librairie Française*, de Otto Lorenz e Daniel Jordell. Uma explanação sobre o método empregado pelo autor faz-se importante: o estudioso optou, em vez de uma avaliação exaustiva do material, por sondar uma amostragem, escolhendo, na rubrica "Romans", uma página a cada cinco, atribuindo às páginas não investigadas a mesma quantidade de títulos e de traduções detectada nas páginas de teste e a multiplicando para presumir um valor oferecido pelo conjunto da seção no *Catalogue*.

Nas páginas de teste investigadas, dentre as 19 que constituíam a seção, foram detectadas 181 notícias de títulos de romances traduzidos, levando-o, portanto, a concluir que o conjunto da seção conteria 882 traduções publicadas entre 1840 e 1875, perfazendo um total de 11,4% em relação ao número de títulos. Quanto à seção "Livres pour les enfants", o autor se reporta ao estudo de Isabelle Nièvres-Chevrel contido no mesmo volume, o qual identificou, para o mesmo período, 294 títulos traduzidos sobre 2 845 publicados, totalizando 10,33%. É importante destacar, como o próprio autor informa, que não entram nas suas estatísticas as traduções publicadas fora das fronteiras francesas, como as editadas na Suíça, Quebec e Bélgica, sendo o último um importante centro editorial na época, cujas produções percorriam o mundo e tinham entrada inclusive na França. Também ficam de fora as traduções veiculadas em folhetim nesse país. Dessa forma, seus resultados devem ser ponderados. Os dados são organizados da seguinte maneira:

	Produção total	Produção total média anual	Total de traduções	Média de títulos traduzidos por ano	Percentual de tradução
1840-1844	924	185	73	14	7,9%
1845-1849	528	105	43	8	8,1%
1850-1854	1 061	212	82	16	7,7%
1855-1859	1 421	284	257	51	18%
1860-1864	2 634	527	243	48	9,2%
1865-1869	2 092	418	216	43	10,3%
1870-1875	1690	338	249	41	14,7%

Tabela 4: Obras de prosa de ficção traduzidas e publicadas entre os anos de 1840 e 1874.[249]

    Quanto aos números da primeira metade do século, Wilfert-Portal recorreu à *Bibliographie de la France, ou Journal Général de l'imprimerie et de la librairie* e a recenseamentos sobre publicação de romances e traduções apresentados por outros pesquisadores que

---

249. Tabela originalmente intitulada "*Titres de fiction en prose traduits par tranches chronologiques de cinq ans, pour la période 1840-1874, d'après le CGLF.*" (Wilfert-Portal *in* Chevrel; D'Hulst; Lombez, 2012, p. 286).

se debruçaram sobre essa mesma fonte. A partir dessa investigação, o autor propôs para o período a seguinte tabela:

	1816	1818	1821	1824	1827	1830	1833	1836	1839
Romances traduzidos	37	54	72	72	65	95	58	44	35
Produção total	125	153	246	305	253	229	334	185	262
Parte da produção (em %)	29,6	35,3	29,3	23,6	25,7	41,5	17,4	23,7	13,35

Tabela 5: Tradução literária na França na primeira metade do século XIX.[250]

Wilfert-Portal compara os resultados a que chega aos apresentados por Franco Moretti, em seu *Atlas do romance europeu*, no qual também se verifica uma restrita presença de traduções na França e na Inglaterra entre o final do século XVIII e meados do XIX. Amparada dos argumentos de Moretti e da história da imprensa na França, a explicação de Wilfert-Portal para tal fenômeno reside no processo de fechamento da França à literatura estrangeira como consequência da nacionalização da produção e do consumo de romances. O autor destaca o papel dos novos suportes, o romance-folhetim e o formato popular in-18 (chamado formato Charpentier) na expansão do *status* nacional da produção literária em oposição à literatura estrangeira. Para Wilfert-Portal, "industrialização e estruturação nacional do mercado estão assim estreitamente interligadas".[251] Segundo o autor, tendo em vista o forte mercado concorrente da Bélgica, os editores franceses investiram em temas adaptados ao público e aos seus interesses, recorrendo a um repertório partilhado pelos grupos sociais. A contestação da monarquia, por exemplo, teria sido o filão responsável pelo sucesso de Eugène Sue, Paul Féval, Frédéric Soulié e Alexandre Dumas, daí que a politização estaria no cerne dessa tendência histórica e social na narrativa, afastando os assuntos

---

250. Tabela originalmente intitulada "*La traduction littéraire en France au premier XIXe siècle.*" (Wilfert-Portal *in* Chevrel; D'Hulst; Lombez, 2012, p. 268).
251. "*Industrialisation et structuration nationale du marché sont ainsi étroitement liées.*" (Wilfert-Portal *in* Chevrel; D'Hulst; Lombez, 2012, p. 291).

estrangeiros, que não tomariam parte da mesma dimensão discursiva. Essa perspectiva se recrudesceu no final do século, quando se desenvolveu o que Wilfert-Portal chama de "nacionalismo intelectual", promovido por debates de ordem ideológica, temáticas, textuais, como o caso Dreyfus, o "Renascimento Latino", o "romance russo", dentre outros, os quais polarizavam o sentimento de "defesa da integridade nacional contra a invasão cultural e o risco da dissolução cosmopolita pela abertura ao vasto mundo literário".[252] Para esse período, Wilfert-Portal oferece os dados abaixo:

	Produção total	Média anual de produção	Total de traduções	Média de títulos traduzidos por ano	Percentual de tradução
1886-1890	5 288	1 057,6	393	78,6	7,4%
1891-1899	9 415	1 046,1	664	74	7%
1900-1905	6 464	1 077,3	463	77	7,2%

Tabela 6: Tradução de literatura de ficção em prosa (1886-1905)[253]

Na virada entre o século XIX e o século XX, quando apareceram as publicações da versão francesa de *O Guarani*, a porcentagem de traduções girava em torno de 7%. No entanto, houve um aumento da quantidade total de títulos publicados. Entre 1900 e 1905, de 6.464 obras, 463 eram traduções. A partir do conjunto de dados, Wilfert-Portal conclui que houve um fechamento nítido do mercado de literatura traduzida em francês, "a ponto de se estabilizar a níveis muito baixos, próximos da situação atual da Grã-Bretanha e dos Estados Unidos", países que são "os espaços literários ricos e desenvolvidos mais fechados do mundo e, ao mesmo tempo, os mais

---

252. "[...] *défense de l'intégrité nationale contre l'invasion culturelle de l'étranger et le risque de la dissolution cosmopolite par l'ouverture au vaste monde littéraire.*" (Wilfert-Portal *in* Chevrel; D'Hulst; Lombez, 2012, p. 302-303).
253. Tabela originalmente intitulada "*Traduction de littérature de fiction en prose (Roman + Livres pour enfants), 1886-1905.*" (Wilfert-Portal *in* Chevrel; D'Hulst; Lombez, 2012, p. 307).

fortes exportadores em direção aos sistemas muito mais abertos à tradução, como os da Europa ocidental".[254]

Wilfert-Portal mostra que, num mercado cada vez mais competitivo, os editores procuravam variar suas ofertas para alcançarem uma fatia do público. A tradução acabou por angariar algum espaço por meio, dentre outros gêneros populares, do romance de aventuras, com obras de autores como Fenimore Cooper, Mayne Reid e Marryat, escritores ao lado dos quais Alencar foi situado, cujos romances *O Guarani* e *Iracema* alcançaram entrar nesse mercado fechado e seletivo. A incursão das obras de Alencar na França dialoga ainda com as questões apresentadas por Wilfert-Portal como indicativas das ideologias envoltas nesse nacionalismo intelectual na virada de século, uma vez que Xavier de Ricard usou o Renascimento Latino como argumento para justificar a tradução e a importância da leitura do romance de Alencar, conforme se pode ler no prefácio escrito pelo tradutor na edição em livro do romance.

Verificando o percurso da recepção crítica de Alencar em língua francesa, identificamos que a tradução de um romance como *O Guarani* atendeu a uma expectativa comum dos críticos estrangeiros, que entendiam ser a literatura do Novo Mundo uma produção voltada para a natureza e o exotismo, com elementos como o indígena, a paisagem exuberante, as lendas. Alencar buscou mostrar igualmente o aspecto urbano da vida brasileira por meio de romances como *Lucíola*, *Senhora*, dentre outros, mas, pelo que se lê na crítica francesa, quadros de costumes desse tipo, entendidos pelos literatos brasileiros da época como também representativos do espírito nacional, pareciam inexpressivos do ponto de vista europeu na composição de um repertório literário legitimamente brasileiro. Além disso, esses romances seriam pouco atrativos para leitores já habituados a obras francesas que contemplavam esse mesmo tipo de temática.

---

254. "[...] *au point de se stabiliser à des niveaux très bas, proches de la situation actuelle de la traduction en Grande-Bretagne et aux États-Unis, les espaces littéraires riches et développés les plus fermés au monde, et en même temps les plus puissants exportateurs à destination de systèmes beaucoup plus ouverts à la traduction, ceux d'Europe de l'ouest.*" (Wilfert-Portal *in* Chevrel; D'Hulst; Lombez, 2012, p. 305).

Os letrados brasileiros que escreveram críticas em língua francesa acenaram de maneira breve para a diversidade das produções de Alencar, mas parecem ter compreendido quais aspectos interessariam aos leitores estrangeiros, explorando o viés pitoresco das composições desse escritor, cuja melhor expressão seria *O Guarani*, obra bastante mencionada no empenho desses críticos de divulgar as letras brasileiras, pelo teor exótico do romance e também por sua circulação através de traduções em diversos países, aspecto este que, como se viu, teve bastante relevância na apreciação de Alencar pelos críticos estrangeiros.

Se, por um lado, na avaliação que fez dos romances de Alencar, a crítica em língua francesa simplificou a noção de literatura brasileira, por outro, validou o prestígio desse escritor e o desenvolvimento da produção literária do Brasil, parecer que, vindo desse âmbito tido como central no julgamento literário e cultural da época, era considerado importante pelos letrados brasileiros interessados na busca pelo fortalecimento e reconhecimento da tradição literária do país.

Conhecedor das técnicas narrativas apreciadas nesse tempo, com a ascensão do romance no gosto popular, já no início de sua carreira, Alencar fez com que *O Guarani* encarnasse valores de sucesso na Europa, mas apropriando-os de forma a aclimatá-los numa intenção nacionalista. Essa mistura acabou indo ao encontro das expectativas não só de brasileiros, familiares à leitura dos romances importados, como também de estrangeiros, resultando na boa avaliação desse escritor no exterior e na sua difusão internacional.

CONCLUSÃO
POR UMA LITERATURA BRASILEIRA TRANSNACIONAL

Mais de 150 anos depois da primeira iniciativa de tradução de uma obra de José de Alencar na Europa, após a qual se sucederam outras versões, algumas tendo alcançado sucesso, o fato, embora mencionado em alguns livros que informam sobre as traduções de obras brasileiras, apresenta-se hoje ainda como novidade e causa surpresa em leigos ou mesmo pesquisadores da área. Esse desconhecimento deve-se à forma como a elaboração da literatura brasileira foi recorrentemente situada pela história literária, em um contexto eminentemente local, destituindo-a da relação transnacional que marcou a sua constituição.

Os escritores nacionais enfrentaram o desafio de alcançar a difusão de suas obras entre os leitores brasileiros, que, à época, pareciam mais afeitos às tramas estrangeiras, amplamente importadas pelos principais livreiros da época, dentre os quais se destacava Baptiste-Louis Garnier, em cujo empreendimento as letras estrangeiras tomaram a maior fatia. No entanto, a menor oferta de livros brasileiros pelo editor não significa um fracasso da literatura nacional, pelo contrário, sua presença revela competitividade em face da produção estrangeira, principalmente francesa, que contava com um número muito superior de escritores e cuja volumosa produção era disseminada no mercado de impressos em boa parte do mundo ocidental. Na Itália e na Alemanha, países que no período também buscavam consolidar a sua literatura, as traduções dos escritores populares franceses e de outras origens, europeias e americanas, como vimos, ocuparam um importante espaço do comércio livreiro e foram incontornáveis na discussão literária desses países.

Essa convivência fez parte do desenvolvimento das letras em diferentes lugares, entre eles o Brasil, onde a ação dos editores na importação da literatura estrangeira e na publicação dos escritores locais foi crucial para a formatação do repertório literário. Os editores, muitos de origem estrangeira, em contato com seus confrades de além-mar, trouxeram para o país as narrativas que movimentavam o mercado de impressos na Europa. Com isso, incrementaram o comércio local e ofereceram chances de atuação profissional aos letrados, seja por meio da tradução, da resenha jornalística ou da publicação de obras originais, cuja veiculação era favorecida à medida que o mercado se fortalecia e criava condições de público. Garnier investiu na produção nacional, na remuneração dos escritores, na publicidade das obras e na sua comercialização, inclusive na Europa. Interveio ainda na projeção internacional da literatura brasileira ao, entre outras ações, autorizar, e mesmo intermediar, a trasladação de obras de Alencar.

A convivência das duas produções, nacional e estrangeira, pautou os termos de uma disputa, pois, diante da considerável participação das letras francesas no mercado e na preferência dos leitores, os letrados brasileiros viram ameaçadas as condições de estabelecimento de uma literatura genuinamente nacional, como demonstra, por exemplo, o discurso de Salvador de Mendonça, ao referir a necessidade de os escritores nacionais deixarem de lado o interesse pelo lucro e a referência aos escritores populares franceses, os quais censurava, em benefício de uma literatura de sabor local. Mendonça atuou em favor das letras brasileiras nos jornais por que passou, mas também contribuiu com a oferta de obras estrangeiras através da tradução de dezenas de títulos, inclusive de autores que condenava, exercendo, assim, a função de "*passeur*" como tantos outros agentes do Brasil e de outros países, que diversificaram o quadro literário de seu tempo.

Salvador de Mendonça e muitos outros letrados brasileiros conferiram a José de Alencar um relevante lugar na tarefa de empreendimento da nacionalidade literária. Tomado aqui como caso de estudo, Alencar revela em suas atividades as implicações em jogo no desenvolvimento da literatura brasileira e as soluções buscadas para a sua elaboração. Diante dos impasses provocados pela presença estrangeira, Alencar defendeu a coadunação entre os elementos eleitos como representativos da nacionalidade literária e os aspectos da cultura estrangeira, disseminados na sociedade brasileira. Tal proposta transpareceu em suas obras, pela forma literária priorizada, o gênero romance, e pelas características adotadas, que remetiam às narrativas de sucesso desse tempo. Essa combinação parece ter agradado o público, dado o número de edições de seus livros e o destaque que teve no negócio de Baptiste-Louis Garnier. Contribuiu ainda para isso a sua recepção crítica na imprensa, que buscou, em geral, promover seus livros e atribuir às obras nacionais uma situação de igualdade em relação às estrangeiras ou mesmo de superioridade pelas suas especificidades, a fim de validar a contribuição da literatura do Brasil para o patrimônio literário global e o seu consequente ingresso na república mundial das letras.

Reforçam essa ambição dos homens de letras da época as suas iniciativas em torno da inserção da literatura brasileira no exterior, quer pela tradução das obras de escritores nacionais, quer pela publicação de críticas sobre a literatura do país na imprensa estrangeira, sobretudo em língua francesa, pelo alcance que o idioma detinha no meio letrado. José de Alencar participou desse esforço e, ao lado dos seus pares, agiu no sentido de integrar a literatura brasileira nesse âmbito internacional: sua interlocução com os homens de letras no exterior, como Lamartine, Ferdinand Denis; seu empenho em consultar fontes sobre o Brasil na França e em divulgar as letras brasileiras nesse país, conforme seus relatos; a interferência na tradução de seus romances por meio do contato com seus tradutores, como Adolphe Hubert e o casal Burton; a preocupação quanto à percepção de suas obras por leitores estrangeiros; enfim, seus relatos testemunham o quanto Alencar tinha em vista essa repercussão. Essa postura não era uma idiossincrasia do escritor, visto que esse anseio esteve entre os propósitos da elite da época, com a participação de diferentes setores, políticos e literários. Essa confluência de interesses motivou ainda a escolha por brasileiros, em diferentes momentos, de obras de Alencar para a propaganda do Brasil no exterior, como a veiculação da tradução em francês do romance *O Guarani* no jornal *Le Brésil* e no periódico bilíngue *Chronica Franco-Brasileira* ou da versão italiana de *Ubirajara* no contexto da imigração.

Tradutores e editores estrangeiros contribuíram para essa difusão e cada um, de acordo com seu perfil e o modo como deram a sua versão do romance de Alencar à publicidade, delineou a recepção desses romances e da literatura brasileira no exterior. Na Itália, *O Guarani* apareceu em duas edições, por uma editora voltada para a tradução e publicação de romances populares da época, dentre os quais marcam presença narrativas de aventura e descoberta. Na Alemanha, o romance também obteve sucesso, fomentado por um editor que se notabilizou na publicação de romances populares. Já *Ubirajara* foi traduzido na Alemanha em versão para um público restrito, o que também aconteceu na Inglaterra, dessa vez com *Iracema*, traduzido pelo casal Burton – importantes agentes divulgadores de literatura estrangeira para as elites inglesas – e publicado por uma editora de livros destinados aos "*gentlemen*". A versão norte-americana de *O Guarani* apareceu de forma seriada em periódico distribuído aos homens e mulheres do campo, aos quais os redatores diziam oferecer erudição mediante as páginas da revista.

Todas as obras traduzidas correspondem à imagem que os estrangeiros faziam do Novo Mundo, pela presença de cenários e animais exóticos e de indígenas, elementos representativos, segundo os críticos estrangeiros, da cor local e da originalidade da literatura brasileira. Em razão disso, romances que contemplavam os costumes da sociedade contemporânea não chegaram a ser vertidos em língua estrangeira durante o período estudado. Por mais que os homens de letras brasileiros tenham buscado posteriormente desatrelar-se desses símbolos exóticos, ao eleger um universalismo para a elaboração da literatura brasileira, as primeiras iniciativas fincaram raízes, espalhando-se entre os críticos estrangeiros. Diante dessa expectativa, independentemente de as traduções de Alencar terem obtido uma acolhida popular, enquanto romance de aventuras, ou erudita, em edições para as elites, todas elas carregavam as expectativas que os leitores estrangeiros tinham da literatura brasileira e representavam o que eles esperavam da nacionalidade literária do Brasil.

Mesmo com esse êxito no exterior, José de Alencar sofreu um apagamento na recepção crítica em língua francesa, que tratava da literatura brasileira em sua visão de conjunto. Nesses textos que informavam sobre os principais escritores e obras das letras do Brasil, Alencar praticamente não foi lembrado, o que sugere que o livro de Ferdinand Wolf, no qual quase nada se diz a respeito de Alencar, tenha sido usado como fonte de consulta e influído na concepção que a crítica em língua francesa estabeleceu da literatura do Brasil. O fato reforça o êxito da propaganda estimulada pelo imperador e pelos homens de letras próximos ao seu círculo e da imagem da literatura brasileira que buscaram transmitir aos estrangeiros, repercutindo na recepção crítica em língua francesa, que silenciou sobre Alencar e situou Magalhães como o líder da literatura brasileira.

Por outro lado, a imprensa em língua francesa veiculou textos destinados especialmente a informar sobre Alencar. Publicados em diferentes tipos de suporte, como jornais, revistas, dicionários, enciclopédias, cada um agregando, pelo seu tipo de prestígio, um valor diferenciado ao conteúdo, esses textos, em geral, conferiam às obras de Alencar qualidades que colocavam esse escritor num lugar notável na literatura do país. Apreciações semelhantes foram identificadas na imprensa de língua italiana e inglesa, reforçando o alcance do nome de Alencar e de suas obras no reconhecimento internacional da nacionalidade da literatura brasileira.

No entanto, a França, principal centro de consagração literária na época, ofereceu resistência para a incursão dos romances de Alencar, onde muitas traduções foram interrompidas ou sequer chegaram a ser publicadas. Os motivos residem no fechamento do mercado livreiro francês, na saturação da sua própria produção literária (Moretti, 2003) e no tipo de nacionalismo em torno da sua literatura, que privilegiava o assunto local e se distanciava do contato com as culturas estrangeiras (Wilfert-Portal *in* Chevrel; D'Hulst; Lombez, 2012). A posição de centro da França situava esse país numa condição de exceção, e não de regra para a conformação da literatura nos mais diferentes países (Moretti, 2003), nos quais a tradução não significava um sintoma de atraso da produção literária local, e sim o resultado de um interesse à época em se conhecerem as literaturas estrangeiras e estar a par dos movimentos literários em curso no mundo. Contudo, nenhum país conseguiria absorver toda a produção mundial (Moretti, 2003), sendo necessária uma seleção, o que torna a acolhida de Alencar nos disputados espaços externos um feito que atesta o êxito da busca pela consolidação literária brasileira. As traduções eram consideradas um aspecto de valorização das obras, conforme vimos na recepção crítica de Alencar em língua estrangeira. Muitas notas e críticas informavam sobre as versões estrangeiras de seus romances, apontando a existência dessas traduções como um indício do mérito das obras. Essas traduções e o circuito que desenharam nos mais diferentes países favoreceram finalmente a entrada de *O Guarani* na França, conforme se verifica nas palavras de tradutores e críticos, que aludiram justamente à tradução para o italiano, alemão e inglês como uma das razões para a importância de sua trasladação em língua francesa.

 A constituição da literatura brasileira não se restringiu à atividade de literatos do Brasil, ela foi uma ação articulada, que contou com a participação de pessoas de diferentes nacionalidades e funções e desenvolveu-se num cenário transnacional, partilhando, assim, de um movimento que marcou, no século XIX, a elaboração das identidades literárias nacionais em diferentes partes do mundo.

REFERÊNCIAS

De autoria de José de Alencar

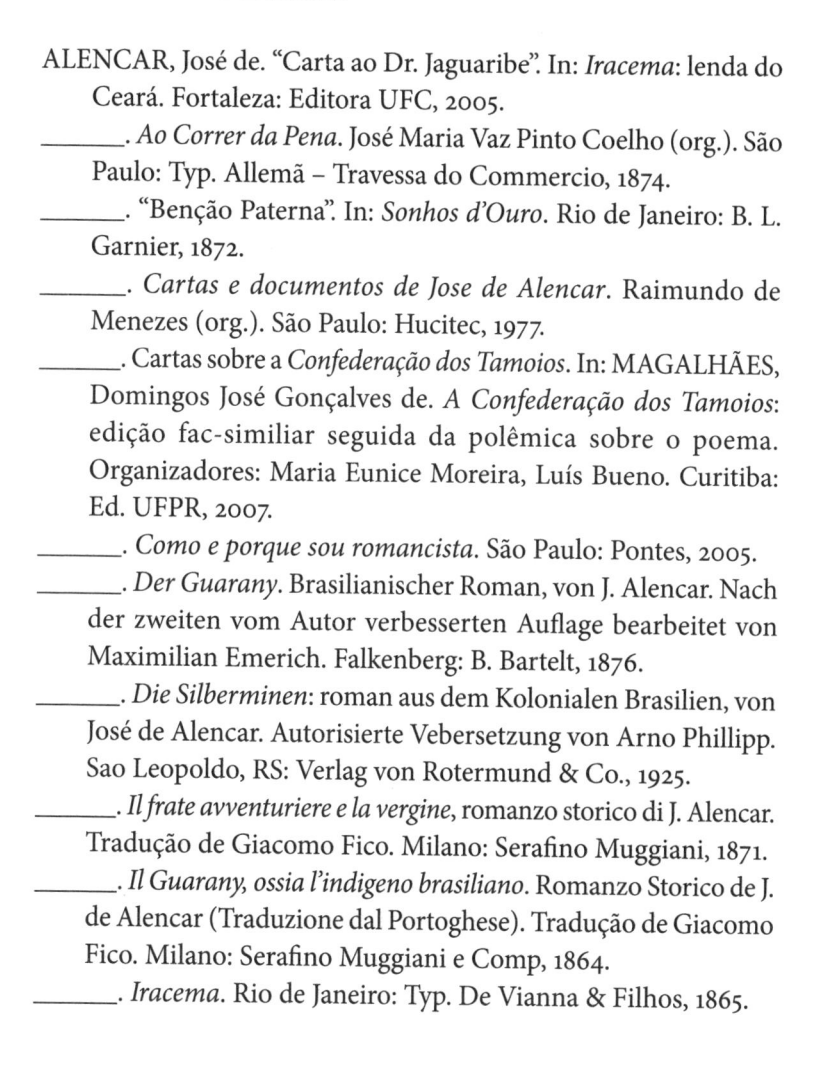

ALENCAR, José de. "Carta ao Dr. Jaguaribe". In: *Iracema*: lenda do Ceará. Fortaleza: Editora UFC, 2005.

_____. *Ao Correr da Pena*. José Maria Vaz Pinto Coelho (org.). São Paulo: Typ. Allemã – Travessa do Commercio, 1874.

_____. "Benção Paterna". In: *Sonhos d'Ouro*. Rio de Janeiro: B. L. Garnier, 1872.

_____. *Cartas e documentos de Jose de Alencar*. Raimundo de Menezes (org.). São Paulo: Hucitec, 1977.

_____. Cartas sobre a *Confederação dos Tamoios*. In: MAGALHÃES, Domingos José Gonçalves de. *A Confederação dos Tamoios*: edição fac-similiar seguida da polêmica sobre o poema. Organizadores: Maria Eunice Moreira, Luís Bueno. Curitiba: Ed. UFPR, 2007.

_____. *Como e porque sou romancista*. São Paulo: Pontes, 2005.

_____. *Der Guarany*. Brasilianischer Roman, von J. Alencar. Nach der zweiten vom Autor verbesserten Auflage bearbeitet von Maximilian Emerich. Falkenberg: B. Bartelt, 1876.

_____. *Die Silberminen*: roman aus dem Kolonialen Brasilien, von José de Alencar. Autorisierte Vebersetzung von Arno Phillipp. Sao Leopoldo, RS: Verlag von Rotermund & Co., 1925.

_____. *Il frate avventuriere e la vergine*, romanzo storico di J. Alencar. Tradução de Giacomo Fico. Milano: Serafino Muggiani, 1871.

_____. *Il Guarany, ossia l'indigeno brasiliano*. Romanzo Storico de J. de Alencar (Traduzione dal Portoghese). Tradução de Giacomo Fico. Milano: Serafino Muggiani e Comp, 1864.

_____. *Iracema*. Rio de Janeiro: Typ. De Vianna & Filhos, 1865.

_____. *Iracéma*. Roman brésilien traduit par Philéas Lebesgue. Paris: Librairie Gedalge, 1928.

_____. *Iraçéma*: the honey-lips. Tradução de Isabel Burton. London: Bickers and son, 1886.

_____. *Le fils du soleil*, les aventuriers ou le Guarani. Tradução de Xavier de Ricard. Paris: Librairie Illustrée, J. Tallandier, éditeur, 1902.

_____. *Obra Completa*. Vols. I-IV. Rio de Janeiro: Editora José Aguilar, 1960.

_____. *Ubiraiara leggenda tupica di J. De Alencar*. Tradução de G. Morena. Gênova: Tipografia di Gaetano Schenone, 1883.

_____. *Ubirajara*. Roman aus den Urwäldern Brasiliens. Nach dem portugiesischen Original überstzt und mit Anmerkungen versehen von G. Th. Hoffmann. Leipzig: Wilhelm Friedrick, 1886.

Bibliografia geral

ABREU, Estela dos Santos. *Ouvrages brésiliens traduits en français/ Livros brasileiros traduzidos para o francês*. Rio de Janeiro: Academia Brasileira de Letras, 2008.

ABREU, Márcia (org.). *Leitura, história e história da leitura*. Campinas, SP: Mercado de Letras; Associação de Leitura do Brasil; São Paulo: Fapesp, 1999.

_____. A circulação transatlântica doss impressos – a globalização da cultura no século XIX. *Livro* – Revista do Núcleo de Estudos do Livro e da Edição, n. 1, p. 115-127, mai. 2011.

_____. "O gosto dos leitores – a recepção de romances como problema para a história literária". In: SALES, Germana Maria Araújo; FURTADO, Marli Tereza; NAZAR DAVID, Sérgio (Orgs.). *Interpretação do texto, leitura do contexto*. Rio de Janeiro: 7 letras, 2013.

_____. *Os caminhos dos livros*. Campinas: Mercado de Letras; Associação de Leitura do Brasil; São Paulo: Fapesp, 2003.

_____.; BRAGANÇA, Aníbal (orgs.). *Impresso no Brasil*: dois séculos de livros brasileiros. São Paulo: Editora Unesp. 2010.

_____.; SILVA, Ana Cláudia Suriani da (orgs.) *The cultural revolution of the nineteenth century – theatre, the book-trade and reading in the transatlantic world*. Londres: I. B. Tauris, 2016.

_____. Beyond national borders: 19th century fiction from and about Brazil. *Brasil: revista de literatura brasileira*, n. 51, vol. 28, 2015.

ABREU, Mirhiane Mendes de. *Ao pé de página*: a dupla narrativa em José de Alencar. Tese (doutorado em Letras) - Instituto de Estudos da Linguagem (IEL), Unicamp, Campinas, 2002.

ADAMS, Charles Kendall (dir.). *Johnson's Universal Cyclopedia*. A new edition. Vols I e VI. New York: D. Appleton and Company, 1898. Verbete de H.H. Smith.

ALMEIDA, Leandro Thomaz. *Trajetórias da recepção crítica de Joaquim Manoel de Macedo*. Dissertação (mestrado em Letras) - Instituto de Estudos da Linguagem (IEL), UNICAMP, Campinas, 2008.

ANDREWS, C.C. *Brazil, its condition, its prospects*. New York. D. Appleton and Company, 1887.

APPLETON, D. *Appleton's Annual Cyclopedia and Register of Important events of the year 1877*. New series, vol. II. New York: D. Appleton and Company, 1889.

ASSIS, Machado de. *Correspondência de Machado de Assis*. Tomo II, 1870-1889. Coordenação e orientação Sérgio Paulo Rouanet. Rio de Janeiro: ABL, 2009.

ASSOLANT, Alfredo. *Confissão de um badense/O Coronel Happethaler*. Tradução de Abranches Gallo. Rio de Janeiro: B. L. Garnier, 1873.

_____. *O Doutor Judasshon*. Tradução de Abranches Gallo. Rio de Janeiro. B. L. Garnier, 1873.

AUDIGIER, Émilie Geneviève. As traduções francesas do conto "O Enfermeiro" de Machado de Assis. *Anais do XI Congresso Internacional da ABRALIC*. São Paulo, 2008.

AUGUSTI, Valéria. Biografias de escritores brasileiros em publicações portuguesas (1860-1890). *Boitatá* – Revista do GT de Literatura Oral e Popular da ANPOLL.

_____. Os fundamentos da propriedade literária por José de Alencar. *Todas as Letras*. São Paulo, v. 14, n. 1, p. 209-216, 2012.

_____. *Trajetórias da Consagração*: discursos da crítica sobre o Romance no Brasil oitocentista. Tese (doutorado em Letras) - Instituto de Estudos da Linguagem (IEL), Unicamp, Campinas, 2006.

BACHELET. M. Th. (dir.). *Dictionnaire Général des Lettres, des Beaux-Arts et des sciences morales et politiques*. Supplément à la deuxième édition. Paris: Ch. Delagrave et Cie, libraires-éditeurs, 1871.

BADESCO, Luc. *La Génération Poétique de 1860*. La jeunesse des deux rives. 2 vols. Paris: Editions A.-G. Nizet, 1971.

BAREL, Ana Beatriz Demarchi. *Um romantismo a oeste*: modelo francês, identidade nacional. São Paulo: Annablume; Fapesp, 2002.

BASTOS, Sousa. *Carteira do Artista*: apontamentos para a história do teatro português e brasileiro. Lisboa: Antiga Casa Bertrand, 1898.

BATALHA, Claudio H.M. "Um socialista diante da escravidão no Brasil: Louis-Xavier de Ricard e o jornal *Le Sud-Américain*". In: VIDAL, Laurent; LUCA, Tania Regina de. *Franceses no Brasil: séculos XIX-XX*. São Paulo: Editora UNESP, 2009.

BEAUVY, François. Lebesgue, Philéas. In: LOBIES, J.-P.; CHIRON, Y (dir.). *Dictionnaire de Biographie Française*. Tome Vingtième. Paris: Librairie Letouzey et Ané, 2011.

_____. *Philéas Lebesgue et ses correspondants en France et dans le monde de 1890 à 1958*. Tillé: Awen, 2004.

BEHAINE, René. *La Conquête de la vie*. Paris: Chamuel, 1899.

BELOT, A; DAUTIN, J. *O Matricida*. Versão de Abranches Gallo. Primeira parte: O atentado da rua Cardinet, Tomo I. Rio de Janeiro: B. L. Garnier, 1873.

BERGAMINI, Atilio. "Instinto de nacionalidade" na imprensa liberal. *Machado de Assis em linha*, Rio de Janeiro, v. 6, n. 12, p. 15-31, dez. 2013.

BERGER, Paulo. *A tipografia no Rio de Janeiro*. Rio de Janeiro: Cia. Industrial de Papel Pirahy, 1984.

BEZERRA, Valéria Cristina. *A recepção crítica de José de Alencar*: a avaliação de seus romances e a representação de seus leitores. Dissertação (mestrado em Letras) - Instituto de Estudos da Linguagem (IEL), UNICAMP, Campinas, 2012.

BLAKE, Augusto Vitorino Alves Sacramento. *Diccionario bibliographico brazileiro*, 5º vol. Rio de Janeiro: Imprensa Nacional, 1899.

BOASE, Frederic. *Modern English Biography*. London: Frank Cass & Co. LTD., 1995.

BONNEFON, D. *Les écrivains célèbres de la France*, ou Histoire de la Littérature Française. Paris: Librairie Fischbacher, 1895.

BOSI, Alfredo. *História Concisa da Literatura Brasileira*. São Paulo: Editora Cultrix, 1994.

BOURDIEU, Pierre. *As regras da arte*: gênese e estrutura do campo literário. Tradução de Maria Lucia Machado. São Paulo: Companhia das Letras, 2005.

BROCA, Brito. "Quando se começou a traduzir no Brasil". In: *Naturalistas, parnasianos e decadistas*. Campinas: Editora da Unicamp, 1991.

BRUNO, G. *Chiquinho*, enciclopédia da Infância. Traduzido para o português por Victoria Colonna. Segunda edição. Rio de Janeiro: B. L. Garnier, 1881.

BRUNO, Sampaio. *Notas do Exílio* (1891-1893). Porto: Livraria Internacional de Ernesto Chardron, 1898.

BRZOZOWSKI, Jerzy. *Rêve Exotique*. Images du Brésil dans la littérature française (1822-1888). Cracovie [Kraków]: Abrys, 2001.

BUENO, Alexei; ERMAKOFF, George (orgs.). *Duelos no serpentário*: uma antologia da polêmica intelectual no Brasil (1850-1950). Rio de Janeiro: G. Ermafoff, 2005.

BURTON, Isabel. *The life of Captain Sir Richard Burton*. London: Chapman & Hall, 1893.

_____.; WILKINS, W. H. *The romance of Isabel Lady Burton*: the story of her life. London: Huchinson & CO. s/d.

BURTON, Richard. *The Highlands of the Brazil*. London: Tinsley brothers, 1869.

CACHIN, Marie-Françoise. *Une nation de lecteurs ?* La lecture en Angleterre: 1815-1945. Villeurbanne: Presses de l'Enssib, 2010.

CAMOENS. *Os Lusíadas (The Lusiads)*. Englished by Richard Francis Burton; edited by his wife, Isabel Burton. London: Bernard Quaritch, 1880.

CANDIDO, Antonio. *Formação da Literatura Brasileira*: momentos decisivos. Rio de Janeiro: Ouro sobre Azul, 2006.

CAPARELLI, André. "On nous écrit de Rio... ": les frontières transnationales du système médiatique de la presse au XIXe siècle. *Relations internationales*, n. 153, jan. 2013.

CARBASSE, Jean-Marie. Louis-Xavier de Ricard. *Félibre rouge*. s/l. Éditions Mireille Lacave, 1977.

CARVALHO, Hippolyte. Études sur le Brésil au point de vue de l'émigration et du commerce français. Paris: Garnier Frères, 1858.

CASANOVA, Pascale. *A República Mundial das Letras*. Tradução de Marina Appenzeller. São Paulo: Estação Liberdade, 2002.

CASTELLO, José Aderaldo. *A polêmica sobre* A Confederação dos Tamoios. São Paulo: Faculdade de Filosofia, Ciências e Letras da Universidade de São Paulo – seção de publicações, 1953.

CASTELO BRANCO, Camilo. *Noites de Insônia*. n. 4, abril. Porto: Livraria Internacional de Ernesto Chardron - editor, 1874.

_____. *O cego de Landim*. Col. Novelas do Minho. Lisboa: Livraria Editora de Matos Moreira, 1876.

CÉSAR, Guilhermino (org.). *Historiadores e críticos do romantismo*: a contribuição europeia, crítica e história literária. Rio de Janeiro: Livros Técnicos e Científicos; São Paulo: Editora da Universidade de São Paulo, 1978.

CHAGAS, Pinheiro. Literatura brasileira, José de Alencar. In: ALENCAR, José. *Iracema*, lenda do Ceará. Edição do centenário. Rio de Janeiro: José Olympio, 1965. p. 198.

CHAMPRIS, Henry Gaillard de. Émile Augier et la Comédie Sociale. Paris: Bernard Grasset, 1910.

CHARTIER, Roger. *A história cultural*: entre práticas e representações. Tradução de Maria Manuela Galhardo. Lisboa: Difel; Rio de Janeiro: Editora Bertrand Brasil, 1990.

_____. *A ordem dos livros*: leitores, autores e bibliotecas na Europa entre os séculos XIV e XVIII. Tradução de Mary Del Priori. Brasília: Editora Universidade de Brasília, 1999.

CHATEAUBRIAND, François-René de. Œuvres choisies de Chateaubriand. Atala; René; Le dernier Abencerage. Paris: Michel Lévy Frères, éditeurs, 1870.

CINCINATO, Lucio Quinto. Carta V: de Cincinato a Semprônio. *Questões do dia*: observações políticas e literárias. Tomo 2, 14 de novembro de 1871, n. 21, p. 8.

COELHO, Amarilis Gallo. *Incursões nos meandros da crítica textual*. Dissertação (mestrado em Letras) - Faculdade de Letras da Universidade Federal do Rio de Janeiro, Rio de Janeiro, 1988.

_____. Caminhos e descaminhos da Tradução. *Anais do II Congresso Nacional de Linguística e Filologia*: Rio de Janeiro, 1999.

COELHO, José Maria Vaz. "Os críticos do Sr. José de Alencar". In: ALENCAR, José de. *Ao Correr da Pena*. José Maria Vaz Pinto (Org.). São Paulo: Typ. Allemã – Travessa do Commercio, 1874.

COLARES, Otacílio. Antônio Henriques Leal e o mau português de Alencar. *Revista da Academia Cearense de Letras*, 1977.

COLQUHOUN, Archibald. *Manzoni and his times, a biography of the author of 'The Betrothed' (I promessi sposi)*. London: J. M. Dent & Sons LTD, 1954.

COMPÈRE-MOREL. *Grand dictionnaire socialiste du Mouvement politique et économique, national et international*. Paris: Publication sociale, 1924.

COOPER-RICHET, Diana. Paris, capital editorial do mundo lusófono na primeira metade do século XIX? *Varia*, v. 25, n. 42, p. 539-555, jul.-dez. 2009.

CORDEIRO, Luciano. *Livro de crítica*: arte e literatura portugueza d'hoje. Porto: Typographia Lusitana, 1869.

_____. *Segundo Livro de Crítica*: arte e literatura portugueza d'hoje. Porto: Typographia Lusitana, 1871.

COSTA, Benedito. *Le roman au Brésil*. Paris: Librairie Garnier Frères, 1918.

COUTINHO, Afrânio (dir.). *A literatura no Brasil*: Era Romântica. São Paulo: Global, 2002.

_____. (org.). *A polêmica Alencar-Nabuco*. Rio de Janeiro: Tempo Brasileiro, 1965.

_____. *Introdução à literatura no Brasil*. Rio de Janeiro: Editora Civilização Brasileira, 1976.

COUTINHO, Afrânio; SOUSA, J. Galante de. *Enciclopédia de literatura brasileira*. 2ª ed. rev. ampl. São Paulo: Global Editora; Rio de Janeiro: Fundação Biblioteca Nacional IDNL; Academia Brasileira de Letras, 2001, 2 vols.

CUNHA, Teresa Dias Carneiro da. A literatura brasileira traduzida na França: o caso de Macunaíma. *Cadernos de Tradução*, UFSC, v. 1, n. 2, 1997.

DÉMIER, Francis. *La France du XIXe siècle* (1814-1914). Paris: Éditions du Seuil, 2000.

DENIS, Ferdinand. *Résumé de l'histoire littéraire du Portugal suivi du résumé de l'histoire littéraire du Brésil*. Paris: Lecointe et Durey, Libraires, 1832, p. 516.

DONEGÁ, Ana Laura. *Publicar ficção em meados do século XIX*: um estudo das revistas femininas editadas pelos irmãos Laemmert. Dissertação (mestrado em Letras) - Instituto de Estudos da Linguagem (IEL), Unicamp, Campinas, 2013.

EL FAR, Alessandra. *Páginas de sensação*: literatura popular e pornográfica no Rio de Janeiro. São Paulo: Companhia das Letras, 2004.

F.C. Réception des Lettres Brésiliennes en France: rapide aperçu. *Latitudes*: cahiers lusophones, n. 2, 1998.

FAGUET, Émile. *Histoire de la Littérature Française*. Depuis le XVIIe siècle jusqu'à nos jours. Paris: Libraire Plon, 1900.

FÉLIX-JEANROY, Victor. *Nouvelle Histoire de la Littérature Française*. Sous le Second Empire et la Troisième République (1852-1889). Paris: Bloud et Barral, 1889.

FEUILLET, Octavio. *Julia*. Rio de Janeiro: B. L. Garnier, 1872.

FICO, Giacomo. "Prefazione". In: ALENCAR, José de. *Il frate avventuriere e la vergine*, romanzo storico di J. Alencar. Milano: Serafino Muggiani, 1871.

FORESTA, Alberto de. *Attraverso l'Atlantico e in Brasile*. Roma: Casa Editrice A. Sommaruga e C., 1884.

FRANÇA, Eduardo Melo. *A recepção da literatura brasileira em Portugal durante o século XIX*. Tese (Doutorado) - Centro de Artes e Comunicação – UFPE, Recife, 2013.

FREIXIEIRO, Fábio. *Alencar*: os bastidores e a posteridade. Rio de Janeiro: Museu Histórico Nacional, 1977.

_____. O documento e o sonho. *Anais do Museu Histórico Nacional*, v. XXIV, 1973.

GAMA E CASTRO, José da. Correspondência (Satisfação a um escrupuloso). In: CÉSAR, Guilhermino (Org.). *Historiadores e críticos do romantismo* – 1: contribuição europeia, crítica e história literária. Rio de Janeiro: Livros Técnicos e Científicos; São Paulo: Editora da Universidade de São Paulo, 1978.

GARMES, Hélder. *O Romantismo paulista*: Os *Ensaios Literários* e o periodismo acadêmico de 1833 a 1860. São Paulo: Alameda, 2006.

_____. Os *Ensaios Literários* (1847-1850) e o periodismo acadêmico em São Paulo de 1833 a 1860. Dissertação (mestrado em Letras) - Instituto de Estudos da Linguagem (IEL), Unicamp, Campinas, 1993.

GARRAUX, Anatole Louis. *Bibliographie Brésilienne*. Catalogue des ouvrages français et latins relatifs au Brésil (1500-1898). Paris: Ch. Chadenat, libraire; Jablonski, Vogt et Cie, 1898.

GARRIDO, Luiz. *Ensaios Históricos e Críticos*. Coimbra: Imprensa da Universidade, 1871.

GAUTIER, Théophile. *Avatar*. Tradução de Salvador de Mendonça. Rio de Janeiro: B. L. Garnier, 1875.

_____. *Novelas*. Tradução de Salvador de Mendonça. Col. Bibliotheca Universal. Rio de Janeiro: B. L. Garnier, s/d.

GIACOMINI, Giovana Iliada. O Discurso do Dicionário Contemporâneo da Língua Portuguesa, de Caldas Aulete: de 1881 até a atualidade. *Revista Virtual da Linguagem* – ReVEL, v. 4, n. 6, mar. 2006.

GIRAUD, Octave. *Fleurs des Antilles*: poésies. Paris: Poulet-Malassis, éditeur, 1862.

GODOI, Rodrigo Camargo de. *Um editor no Império*: Francisco de Paula Brito (1809-1861). Tese (doutorado em História) - Instituto de Filosofia e Ciências Humanas (IFCH), Unicamp, Campinas, 2014.

GRANJA, Lúcia. Entre homens e livros: contribuições para a história da livraria Garnier no Brasil. *Revista do Livro*, v. 3, 2013.

_____. Rio-Paris: primórdios da publicação da Literatura Brasileira chez Garnier. *Letras*, Santa Maria, v. 23, n. 47, p. 81-95, jul./dez. 2013.

GRUZINSKY, Serge. *Les quatre parties du monde*: histoire d'une mondialisation. Paris: Éditions de La Martinière, 2004.

GUBERNATIS, Angelo de (dir.). *Dizionario Biografico degli scrittori contemporanei*. Firenze: Coi dei Successori le Monnier, 1879.

GUÉRIN, Paul. *Dictionnaire des dictionnaires*. Paris: Librairies-imprimeries réunies, 1892.

GUIMARÃES, Argeu. *Dicionário Bio-bibliográfico brasileiro*. Rio de Janeiro: Edição do autor, 1938.

HALL, Michael M. Reformadores de classe média no Império brasileiro: a Sociedade Central de Imigração. *Revista de História da Usp*, n. 105, 1976.

HALLEWELL, Laurence. *O livro no Brasil*: sua história. São Paulo: Editora da Universidade de São Paulo, 2012.

HARRIS, Philip Rowland. *A History of the British Museum Library* (1753-1973). London: The British Library, 1998.

_____. "Identification of printed books acquired by the British Museum, 1753-1836". In: MANDELBROTE, Giles; TAYLOR, Barry. *Libraries within the library*: the origins of the British Library's Printed Collections. London: The British Library, 2009.

HEINEBERG, Ilana. "Peri com sotaque francês: sum estudo preliminar de três traduções de *O Guarani* no século XIX". In: PELOGGIO, Marcelo; VASCONCELOS, Arlene Fernandes; BEZERRA, Valéria Cristina (orgs.). *José de Alencar*: século XXI. Fortaleza: Edições UFC, 2015.

_____. "Um Brasil para francês ler: das traduções do *Guarany* e de *Innocencia* ao exotismo dos romances de Adrien Delpech". In: ABREU, Márcia (org.). *Romances em movimento*: a circulação transatlântica dos impressos (1789-1914). Campinas-SP: Editora da Unicamp, 2017.

HOBSBAWN, Eric. *A Era dos Impérios* (1875-1914). Tradução de Sieni Maria Campos e Yolanda Steidel de Toledo. Rio de Janeiro: Paz e Terra, 1992.

JACKSON, Helen Hunt. *Ramona*. Toronto: Siobhan Senier. 2008.

KALIFA, Dominique; Vaillant, Alain. Pour une Histoire Culturelle et Littéraire de la presse française au XIXe siècle. *Nouveau Monde éditions - Le Temps des médias*, n. 2, p. 197-214, p. 205-206, jan. 2004.

KELLOGG, Day Otis (dir.). *New American Supplement to the latest edition of the Encyclopaedia Britannica*. Vol. I. New York/Chicago: The Werner Company, 1898.

KIRKPATRICK, B. J (org.). *A Catalogue of the Library of Sir Richard Burton, K.C.M.G, held by the Anthropological Institute*. London: Royal Anthropological Institute, 1978.

KRAKOVITCH, Odile. La censure dramatique, de l'ordre impérial à l'indifférence. In: YON, Jean-Claude (Dir.). *Les spectacles sous le Second Empire*. Paris: Armand Colin, 2010.

LABOULAYE, Edouard; BROGLIE, Le duc de. *Special Report of the Anti-slavery conference*. Held in Paris, in the Salle Herz. London: Published by the commute of the British and foreign anti-slavery society, 1867.

LAGARDE, André; MICHARD, Laurent. XIXe siècle. *Les Grands Auteurs du Programme. Anthologie et Histoire Littéraire*. Paris: Bordas, 1985.

LAJOLO, Marisa; ZILBERMAN, Regina. *A formação da leitura no Brasil*. São Paulo: Ática, 2009.

LANSON, Gustave. *Histoire de la Littérature Française*. Paris: Hachette, 1985.

LAROUSSE, Pierre. *Grand Dictionnaire Universel du XIXe siècle*. Tome Dix-Septième (Deuxième supplément). Paris: Administration du Grand Dictionnaire Universel, 1890.

LEAL, Antonio Henriques. *Locubrações*. Lisboa: Typographia Castro Irmão, 1874.

LEAL, Henriques Mendes. "Questão Filológica". In: ALENCAR, José. *Iracema*, lenda do Ceará. Edição do centenário. Rio de Janeiro, José Olympio, 1965.

LEONARD, John W. (dir.). *Men of America*: a biographical dictionary of contemporaries. New York: L. R. Hamersly & Company, 1908.

LEONELLI, Nardo (dir.). "Attori tragici, attori comici". In: *Enciclopedia biobibliografica italiana*. Vol 2. Roma: Istituto Editoriale Tosi, 1946.

LETOURNEUX, Matthieu; MOLLIER, Jean-Yves. *La Librairie Tallandier*. Histoire d'une grande maison d'édition populaire (1870-2000). Paris: Nouveau Monde Éditions, 2011.

LOVELL, Mary S. *A rage to live*: a biography of Richard and Isabel Burton. New York: First American edition, 1998.

LYONS, Martyn. Les best-sellers. In: CHARTIER, Roger & MARTIN, Henri-Jean. *Histoire de l'édition française*. 1. ed. Paris: Fayard/ Promodis, 1985. p. 409-448.

MACÉ, Jean. *História de um bocadinho de pão*: cartas a uma menina acerca da vida do homem e dos animais. Obra adotada pela comissão de prêmios. Traduzida da 32ª edição. Rio de Janeiro: B. L. Garnier, s/d.

MACHADO, Ubiratan. *A etiqueta de livros no Brasil*: subsídios para uma história das livrarias brasileiras. São Paulo: EDUSP, 2003.

_____. *História das livrarias Cariocas*. São Paulo: Edusp, 2012.

MARCHIS, Giorgio de. "Infelici tribù" ou "belve feroci"? O Indianismo dos italianos. In: NASCIMENTO, Maria de Fátima do; FURTADO, Marlí Tereza; GUIMARÃES, Mayara Ribeiro (Orgs.). *Fluxos e correntes*: trânsitos e traduções literárias. Belém: ABRALIC; Rio de Janeiro: Edições Makunaima, 2017.

MARTINS, Eduardo Vieira. *A Fonte Subterrânea*: José de Alencar e a Retórica Oitocentista. Londrina: Eduel; São Paulo: Edusp, 2005.

MELMOUX-MONTAUBIN, Marie-Françoise. Autopsie d'un décès: la critique dans la presse quotidienne de 1836 à 1891. *Romantisme*, n. 121, 2003.

_____. La critique littéraire. In: KALIFA, Dominique; RÉGNIER, Philippe; THÉRENTY, Marie-Ève; VAILLANT, Alain (Dir.). *La civilisation du journal*: histoire culturelle et littéraire de la presse française au XIXe siècle. Paris: Nouveau Monde Éditions, 2011.

MENDONÇA, Carlos Süssekind de. *Salvador de Mendonça*: democrata do Império e da República. Rio de Janeiro: Instituto Nacional do Livro, 1960.

MENDONÇA, Salvador de. *Marabá*: romance brasileiro. Rio de Janeiro: Tipografia do Globo, 1875.

MENEZES, Raimundo de. *José de Alencar*: literato e político. Rio de Janeiro: Livros Técnicos e Científicos, 1977.

MILLA BATRES, Carlos (Dir.) *Enciclopedia biográfica e histórica del Perú*. Siglos XIX-XX. Tomo VIII. Lima: Editorial Milla Batres, 1994.

MIRECOURT, Eugène. *Alphonse Karr*. Paris: Gustave Havard, éditeur, 1858.

MOISÉS, Massaud. *História da Literatura Brasileira*: das origens ao Romantismo. São Paulo: Editora Cultrix, 2001.

MOLINA, Matías M. *História dos jornais no Brasil*. Da era colonial à Regência (1500-1840). São Paulo: Companhia das Letras, 2014.

MOLLIER, Jean-Yves. *O dinheiro e as letras: história do capitalismo editorial*. Tradução de Katia Aily Franco de Camargo. São Paulo: Editora da Universidade de São Paulo, 2010.

_____; DUBOT, Bruno. *Histoire de la librairie Larousse* (1852-2010). Paris: Librairie Arthème Fayard, 2012.

MORENA, G. "Avvertenza del traduttore". In: ALENCAR, José de. *Ubiraiara leggenda tupica di J. De Alencar*. Gênova: Tipografia di Gaetano Schenone, 1883.

MORETTI, Franco. *Atlas do romance europeu*. Tradução de Sandra Guardini Vasconcelos. São Paulo: Boitempo editorial, 2003.

_____. "Conjecturas sobre a literatura mundial". In: SADER, Emir (Org.) *Contracorrente*: o melhor da *New Left Review* em 2000. Tradução: Maria Alice Máximo et al. Rio de Janeiro: Record, 2001.

MÜLLER, Andréa Correa Paraiso. *De romance imoral a obra-prima*: trajetórias de *Madame Bovary*. Tese (doutorado em Letras). Instituto de Estudos da Linguagem (IEL) – UNICAMP. Campinas, 2012.

MUSSET, Alfred de. *Pedro e Camilla*. Tradução de Salvador de Mendonça. Rio de Janeiro: B. L. Garnier, 1875.

NAPPO, Tommaso. *British Biographical Index*. München: K.G. Saur Verlag, 2008.

NERY, M. F.-J de Santa-Anna. *Le Brésil en 1889*. Paris: Librairie Charles Delagrave, 1889.

ORBAN, Victor. *Littérature Brésilienne*. Paris: Librairie Garnier Frères, 1913.

ORTIGÃO, Ramalho. *As Farpas*: os indivíduos. Tomo III. Lisboa: David Corazzi editor, 1887.

PALMA, Patrícia de Jesus. "The Brazilian book market in Portugal in the second half on the nineteenth century and the paradigm change in Luso-Brazilian cultural relations". In: SURIANI, Ana Cláudia; VASCONCELOS, Sandra Guardini. *Books and*

Periodicals in Brazil (1768-1930): a transatlantic perspective. Oxford: Legenda, 2014.

PASSOS, Gilberto Pinheiro. *Cintilações Francesas*. Revista da Sociedade Filomática: Machado de Assis e José de Alencar. São Paulo: Nankin, 2006.

PELOGGIO, Marcelo. *José de Alencar e as visões de Brasil*. Tese (doutorado em Letras). Universidade Federal Fluminense (UFF), Niterói, 2006.

_____. José de Alencar: um historiador à sua maneira. *Alea*, v. 6, n. 1, jan.-jun. 2004.

PEREIRA, Patrícia Regina Cavaleiro. *"Há muito tempo que não te escrevo..."*: reunião da correspondência alencariana (edição anotada). Dissertação (mestrado em Letras) - Faculdade de Filosofia, Letras e Ciências Humanas (FFLCH), USP, São Paulo 2012.

PEYRONNET, Georges. *Un fédéraliste méridional du XIXe siècle*. Louis Xavier de Ricard (1843-1911). Nimes: C. Lacour éditeur, 1997.

PHILARETE-CHASLES. Études sur la littérature et les mœurs des Anglo-Américains au XIXe siècle. Paris: Amyot, s/d.

QUEIROZ, Juliana Maia de. Brasil e Portugal: relações transatlânticas e literárias no século XIX. In *Polifonia*, Cuiabá, MT, v. 20, n. 28, p. 189-203, jul./dez., 2013.

_____. "Em busca de romances: um passeio pelo catálogo da livraria Garnier". In: ABREU, Márcia (Org.). *Trajetórias do romance*: circulação, leitura e escrita nos séculos XVIII e XIX. Campinas, SP: Mercado de Letras, 2008.

QUINTELA, Raphael. *Les périodiques brésiliens en France au XIXe siècle*. (Mémoire de seconde année). Université de Versailles Saint-Quentin-en-Yvelines (UVSQ). Versalhes, 2013.

RADIGUET, Max. Brésil, la ville et la campagne de Rio-Janeiro. In: *Les souvenirs de l'Amérique Espagnole*. Chili, Pérou, Brésil. Paris: Michel Lévy Frères, libraires éditeurs, 1856.

RAMSEY, M.M. Latin-American Literature. In: WARNER, Charles Dudley (dir.). *Library of the Best Literature*. Ancient and Modern. Vol. XXII. New York: J. A. Hill & Company, s/d, p. 8923.

RIAUDEL, Michel. O rio palimpsesto: o Amazonas de Júlio Verne, das fontes à ficção. *Revista USP*. São Paulo, n. 13, p. 5-20, mar.--mai. 1992.

RIBEIRO, Maria Aparecida. Imagens do Brasil na obra de Garrett: invocações e exorcismos. In *Camões, Revista de Letras e Culturas Lusófonas*. Lisboa, n. 4, jan.-mar. 1999.

RICARD, Xavier de. À Rémy Couzinet. In: ALENCAR, José de. *Le fils du soleil*, les aventuriers ou le Guarani. Paris: Librairie Illustrée, J. Tallandier, éditeur, 1902.

RICUPERO, Bernardo. *O Romantismo e a ideia de nação* (1830-1870). São Paulo: Martins Fontes, 2004.

RIVAS, Pierre. *Encontro entre literaturas*, França - Brasil – Portugal. Tradução coordenada por Durval Ártico e Maria Letícia Guedes Alcoforado. São Paulo: Editora Hucitec, 1995.

ROCHA, João Cezar de Castro. "José de Alencar e um projeto de Brasil". In: PELOGGIO, Marcelo; VASCONCELOS, Arlene Fernandes; BEZERRA, Valéria Cristina (Orgs.). *José de Alencar*: século XXI. Fortaleza: Edições UFC, 2015.

ROCHA, João Cezar de Castro. *Machado de Assis*: por uma poética da emulação. Rio de Janeiro: Civilização Brasileira, 2013.

RODRIGUES, A. A. Gonçalves. *A tradução em Portugal*. 4 vols. Lisboa: Ministério da Educação. Instituto de Cultura e Língua Portuguesa, 1992.

ROUANET, Maria Helena. *Eternamente em berço esplêndido*: a fundação de uma literatura nacional. São Paulo: Siciliano, 1991.

ROUANET, Sergio; MOUTINHO, Irene; ELEUTÉRIO, Sílvia (Orgs.) *Correspondência de Machado de Assis*. Tomo II – 1870-1889. Rio de Janeiro: ABL, 2009.

ROZEAUX, Sébastien. *La genèse d'un grand monument national*: littérature et milieu littéraire au Brésil à l'époque impériale (1822 – c.1880). Thèse (Doctorat). Université Lille Nord de France.

École doctorale Sciences de l'Homme et de la Société – IRHiS. Lille, 2012.

ROVITO, Teodoro. *Letterati e giornalisti italiani contemporanei*. Napoli: T. Rovito, 1922.

SAINTE-BEUVE, Charles Augustin. *Causeries du Lundi*. Tome premier. Paris: Garnier Frères, s/d.

SANCHES, Rafaela Mendes Mano. "A representação dos judeus em *As minas de prata*, de José de Alencar: diálogos com Calabar, de Mendes Leal". In: PELOGGIO, Marcelo; VASCONCELOS, Arlene Fernandes; BEZERRA, Valéria Cristina (Orgs.). *José de Alencar*: século XXI. Fortaleza: Edições UFC, 2015.

SANDEAU, Jules. *João de Thommeray*. Tradução de Salvador de Mendonça. Col. Bibliotheca de Algibeira. Rio de Janeiro: B. L. Garnier, 1873.

SANTOS, Alexandra Pinheiro. *Para além da amenidade – o Jornal das Famílias (1863-1878) e sua rede de produção*. Tese (doutorado em Letras). Instituto de Estudos da Linguagem (IEL) – UNICAMP, 2007.

SAUTHIER, Etienne. *Les Best-Sellers*: auteurs de circulation et de parution majoritaire en France et au Brésil. Relatório final de pós-doutorado, Instituto de Estudos da Linguagem (IEL) – UNICAMP, Fapesp. Campinas-SP, 2016.

SAYERS, Raymond. *Onze estudos de literatura brasileira*. Rio de Janeiro: Civilização Brasileira; Brasília: INL. 1983.

SCHMIDL, Carlo. *Dizionario universale dei musicisti*. Vol 2. Milano: Sonzogno, 1938.

SCHWARZ, Roberto. *Ao vencedor as batatas*: forma literária e processo social nos inícios do romance brasileiro. São Paulo: Duas Cidades; Editora 24, 2000.

_____. "As ideias fora do lugar". In: *Ao vencedor as batatas*: forma literária e processo social nos inícios do romance brasileiro. São Paulo: Duas Cidades; Editora 24, 2000.

SENNA, Ernesto. *O Velho Comércio do Rio de Janeiro*. Rio de Janeiro: G. Ermakoff, 2006.

SILVA, Hebe Cristina da. *Imagens da escravidão*: uma leitura dos escritos políticos e ficcionais de José de Alencar. Dissertação (mestrado em Letras). Instituto de Estudos da Linguagem (IEL) – UNICAMP. Campinas, SP 2004.

SILVA, Inocêncio Francisco da. *Dicionário bibliográfico português*. Tomo sétimo. Lisboa: Imprensa Nacional, 1862.

_____. *Dicionário Bibliográfico Português*. Tomo nono, segundo suplemento. Lisboa: Imprensa Nacional, 1870.

SILVA, José Eduardo Rolim de Moura Xavier da. *D'O Guarani a Il Guarany*: a trajetória da mimesis da representação. Maceió: EDUFAL, 2007.

SODRÉ, Nelson Werneck. *História da literatura brasileira*: seus fundamentos econômicos. Rio de Janeiro: Livraria José Olympio Editora, 1960.

SOUZA, Paulino de. *Grammaire portugaise*. Paris: Garnier Frères, libraires-éditeurs, 1870.

SOUZA, Roberto Acízelo. A crítica no romantismo brasileiro: práticas e matizes. In *Teresa: revista de Literatura Brasileira*, n.12-13. São Paulo, 2013. p. 112-129.

_____. *Na Aurora da Literatura Brasileira*: olhares portugueses e estrangeiros sobre o cânone literário nacional em formação (1805-1885) Caetés, do Rio de Janeiro, 2017.

TAPAJÓS, Vicente Costa Santos; TÓRTIMA, Pedro. *Dicionário Biobibliográfico de Historiadores, Geógrafos e Antropólogos Brasileiros*. Vol. 4. Rio de Janeiro: Instituto Histórico e Geográfico Brasileiro 1993.

TAUNAY, Alfredo d'Escragnolle. A exposição Universal de Paris: *O Guarani* nos grandes concertos do Trocadero, Carlos Gomes aclamado. *Reminiscências*. São Paulo; Caieiras; Rio de Janeiro: Companhia Melhoramentos de São Paulo, 1923.

_____. *A retirada da Laguna*. Tradução de Salvador de Mendonça. Rio de Janeiro: Typographia Americana, 1874.

TÁVORA, Franklin. *Cartas a Cincinato*. Organização Eduardo Vieira Martins. Campinas-SP: Editora da Unicamp, 2011.

THÉRENTY, Marie-Ève. Pour une Histoire Littéraire de la presse au XIXe siècle. *Revue d'histoire littéraire de la France*, v. 103, p. 625-635, mar. 2003.

THIESSE, Anne-Marie. *La création des identités nationales*. Europe XVIIIe-XIXe siècle. Collection "Points Histoire". Paris: Éditions du Seuil, 2001.

_____. *Le roman du quotidien*. Lecteurs et lectures populaires à la Belle Époque. Paris: Éditions du Seuil, 2000.

THOMASSEAU; Jean-Marie. *Commerce et Commerçants dans la Littérature*. Presses Universitaires de Bordeaux: Bordeaux, 1988.

TOMMASO, Nappo. *Indice Biografico Italiano*. München: K. G. Saur, 2007.

TORRES, Marie-Hélène Catherine. Rôle et censure des agents culturels: la littérature brésilienne traduite en français. *Atelier de Traduction*, n. 11, 2009.

TRENTO, Angelo. *Do outro lado do Atlântico*: um século de imigração italiana no Brasil. São Paulo: Nobel, 1988.

TUROT, Henri. La littérature Brésilienne. In: *En Amérique Latine*. Paris: Vuibert et Nony éditeurs, 1908.

VAILLANT, Alain; BERTRAND, Jean-Pierre; RÉGNIER, Philippe. *Histoire de la Littérature Française du XIXe siècle*. Rennes: Presses Universitaires de Rennes, 2006.

VALMONT, V. *O espião prussiano*, romance escrito em inglês, por. Vertido do inglês para o francês por J. Dubrissay e do francês para a língua vernácula por Victoria Colonna. Rio de Janeiro: B. L. Garnier, 1872.

VAN PELT, Daniel. *Leslie's History of the Greater New York*. Vol. III. New York: Arkell Publishing Company, s/d.

VERÍSSIMO, José. *História da Literatura Brasileira*: de Bento Teixeira (1601) a Machado de Assis (1908). Brasília: Editora da Universidade de Brasília, 1963.

VERNE, Jules. *A ilha misteriosa*: o segredo da Ilha, traduzido por Fortunio. Rio de Janeiro: L. Garnier, 1876.

_____. *A terra das peles*. Tradução de J. F. Valdes. Tomo I. Rio de Janeiro: B. L. Garnier, 1873.

_____. *Aventuras de três russos e três ingleses na África Austral*. Obra coroada pela Academia Francesa. Tradução de A. A. Cardoso d'Almeida. Rio de Janeiro: B. L. Garnier, 1874.

_____. *Da Terra à Lua*: trajeto direto em 97 horas. Tradução de Salvador de Mendonça. Rio de Janeiro: B. L. Garnier, s/d.

_____. *Descoberta da Terra*, grandes viagens e grandes viajantes, traduzido por Fortunio. Rio de Janeiro: B. L. Garnier, s/d.

_____. *Descobrimento prodigioso e suas incalculáveis consequências para o futuro da humanidade*. Tradução de Salvador de Mendonça. Rio de Janeiro. B. L. Garnier, s/d.

_____. *O Chancellor*, Diario do Passageiro, traduzido por Fortunio. Rio de Janeiro: B. L. Garnier, 1875.

_____. *Os filhos do Capitão Grant*. Primeira Parte: A América do Sul. Tradução de Jacintho Cardoso da Silva. Obra coroada pela Academia Francesa. Rio de Janeiro: B. L. Garnier, 1873.

_____. *Os filhos do Capitão Grant*. Segunda parte: A Austrália. Tradução de Jacintho Cardoso da Silva. Obra coroada pela academia francesa. Rio de Janeiro: B. L. Garnier, 1873.

_____. *Os filhos do Capitão Grant*. Terceira parte: O Oceano Pacífico. Tradução de Jacintho Cardoso da Silva. Obra Coroada pela Academia Francesa. Rio de Janeiro: B. L. Garnier, 1873.

_____. *Viagem ao Centro da Terra*. Tradução de Jacintho Cardoso da Silva. Rio de Janeiro: B. L. Garnier, 1873.

_____. *Viagem ao redor do mundo*. Tradução de J. F. Valdes. Rio de Janeiro: L. Garnier, s/d.

_____. *Quadragésima ascensão francesa ao monte Branco*. Tradução de Salvador de Mendonça. Rio de Janeiro: B. L. Garnier, s/d.

VOREPIERRE, B.-Dupiney de. *Dictionnaire des Noms propres ou Encyclopédie illustrée de Biographie, de Géographie, d'Histoire*. Paris: Bureau de la Publication; Michel Lévy, libraire, 1876.

XAVIER, Wiebke Röben de Alencar. "Romance brasileiro em tradução alemã: *O Guarany* e *Innocencia* produto nacional e best-seller no longo século XIX". In: ABREU, Márcia (Org.). *Romances em movimento*: a circulação transatlântica dos impressos (1789 - 1914). Campinas-SP: Editora da Unicamp, 2017.

WAGNEUR, Jean-Didier; CESTOR, François. *Les Bohèmes* (1840-1870). Écrivains-journalistes-artistes. Seyssel: Éditions Champ Vallon, 2012.

WARNER, Charles Dudley (dir.). *Library of the Best Literature*. Ancient and Modern. Vol. XLVI. New York: J. A. Hill & Company, s/d.

WATT, Ian. *A ascensão do romance*. Tradução de Hildegard Feist. São Paulo: Companhia das Letras, 1990.

WILDE, Oscar. *Le Crime de Lord Arthur Savile*. Paris: P. –V. Stock, éditeur, 1905.

WILFERT-PORTAL, Blaise. Traduction littéraire: approche bibliométrique. In CHEVREL, Yves; D'HULST, Lieven; LOMBEZ, Christine. *Histoire des traductions en langue française*. XIXe siècle (1815-1914). Lagrasse: Éditions Verdier, 2012.

WOLF, Ferdinand. *Le Brésil Littéraire*. Histoire de la Littérature Brésilienne. Berlin: A. Asher & Co., 1863.

WOODMANSEE, Martha. *The author, art and the Market*: rereading the history of aesthetics. New York: Columbia University Press, 1994.

Periódicos Consultados

Brasileiros:

A Coalição
A Constituição
A Luz
A Marmota Fluminense
A Nação
A Pátria
A Província (PE)
A Reforma - órgão democrático
A Regeneração

A República
A Semana
Almanak administrativo, mercantil e industrial da corte e da província do Rio de Janeiro
Arquivo Literário
Brasil Americano
Correio do Brasil
Correio Mercantil
Crônica Fluminense
Correio Paulistano
Chronica Franco-Brazileira
Dezesseis de Julho
Diário de Minas
Diário de Pernambuco
Diário do Rio de Janeiro
Gazeta de Notícias
Ilustração do Brasil
Imprensa Acadêmica
Jornal do Comércio
Mephistoles
O Álbum
O Apóstolo
O Caixeiro
O Cearense
O Espírito-santense
O Figaro: folha ilustrada
O Globo
O Liberal do Pará
O Mineiro
O Mosquito – jornal caricato e crítico
O Pelicano – órgão da maçonaria do Pará.
O Popular
O Ypiranga
Opinião conservadora
Pedro II

Revista Ilustrada
Revista Mensal da Sociedade
Semana Ilustrada
Vida Fluminense

Franceses:

Annuaire des Deux Mondes
Annuaire Encyclopédique
Bibliographie de France: Journal Général de l'imprimerie et de la librairie
Bulletin de l'Association Littéraire Internationale
Journal des débats politiques et littéraires
L'Aurore
La Bibliographie Contemporaine
La France Littéraire
La Grande Encyclopédie
La Nouvelle Revue
La Presse
La Revue Diplomatique
Le Constitutionnel
Le Figaro
Le Galois
Le Mémorial Diplomatique
Le Moniteur Universel
Le Penseur
Le Petit Journal
Le Réveil
Le Temps
Les Droits de l'Homme
Magasin Illustré d'Éducation et de Récréation
Mercure de France
Polybiblion: revue bibliographique universelle
Revue Contemporaine
Revue Générale
Revue des Deux Mondes
Revue des Races Latines

Revue des Revues

Portugueses:
A Illustração
Annuario do Archivo Pittoresco
Arquivo Pitoresco
Artes e Letras
Revista Contemporânea de Portugal e Brasil

Ingleses:
Publishers' Circular and general record of British and foreign literature
The Athenaeum
The Freeman's Journal
The Glasgow Herald
Estadunidenses:
O Novo Mundo
Overland Monthly and Out West Magazine
The Publishers and Stationers Weekly Trade Circular
The Publishers' Weekly
St. Nicholas, an illustrated magazine

Italiano:
La Rivista Europea

1ª EDIÇÃO [2018]

Esta obra foi composta em Minion Pro e Din sobre papel Pólen Soft 80g/m² para a Relicário Edições.